香港中華文化教育

文農

香港中華文化教育

施仲謀　蔡思行　編著

商務印書館

本項目由香港教育大學中國語言學系贊助研究及出版經費，謹此致謝。

香港中華文化教育

作　　者：施仲謀　蔡思行
責任編輯：鄒淑樺
封面設計：黃鑫浩
出　　版：商務印書館（香港）有限公司
香港筲箕灣耀興道 3 號東滙廣場 8 樓
http://www.commercialpress.com.hk
發　　行：香港聯合書刊物流有限公司
香港新界大埔汀麗路 36 號中華商務印刷大廈 3 字樓
印　　刷：美雅印刷製本有限公司
九龍觀塘榮業街6號海濱工業大廈4樓A
版　　次：2020年 9 月第 1 版第 1 次印刷

ISBN 978 962 07 0577 9
Printed in Hong Kong

目錄

序一

自內地實施改革開放政策以來，中國國力日益強盛，經濟、科技、教育等各方面的發展一日千里。中國由一個貧窮落後的國家，轉變為全球第二大經濟體，成就有目共睹。龐大的消費市場，吸引了全球投資者到中國拓展業務。據統計，目前國外已有逾二千所大學，正在教授中文課程。然而，說得一口流利的普通話，是否便足以和中國人交流呢？答案顯然是否定的。外國人每每發覺中國人的思維與行事方式，是他們難以理解的。要和中國人溝通，單是學習中文是不夠的，他們更需瞭解中華文化。中國語文與中華文化，兩者密不可分，這個論點正是本書作者所反覆強調的。

由於香港曾經是英國的殖民地，中西文化在此地經過長時間的融和交匯，令這個城市既保留著中華文化的傳統，亦揉合了西方文化的元素，形成了獨特的香港文化。基於歷史的原因，中國傳統文化的發展歷經百年沉寂，而香港卻成為了南來文人的避風港，這批翰林遺老把傳統文化的薪火帶來，使中華文化得以保留、傳承和發展。文化要傳承，離不開教育。然而，要深入地探討香港的中華文化教育，並非易事。研究者須植根於本土，熟悉香港的教育狀況與中華文化，並具備審視全域的眼光。本書第一作者施仲謀教授，正是一位非常合適的人選。1986 年，施仲謀擔任香港大學語文研習所中文組主任，專責普通話和中文二語的教研工作。1987 年出版《廣州話普通話語音對照手冊》，張志公教授稱讚本書「對於推廣、普及全民族的共同語作出了貢獻。」[1] 詹伯慧教授稱

1　張志公 . 序三 . 施仲謀編著 . 廣州話普通話語音對照手冊 [M]. 香港：華風書局，1986：vii.

許說：「香港中小學普通話教師幾乎人手一冊，並為好幾所大學的普通話高級進修課程和普通話師資培訓課程指定為參考書。」[2]

1991 年，施仲謀作為首批到內地高校攻讀博士學位的香港學人，他和一班志同道合的同學，在 1994 年成立了香港中國研究生會，並擔任創會會長。他們成功籌辦了香港工商專業人才的需求與培訓研討會和首屆中國高等教育展，社會反響極為熱烈，這對推動香港和內地的學術和文化交流貢獻至大。施仲謀既擅語文之學，兼詳佛家史乘，曾出版《延壽與禪宗》一書。羅時憲教授評論此書說：「民國以來，論永明者眾矣，無如此書之詳且盡者。」[3] 施君也雅好朗誦藝術，歷任香港學校朗誦節及全港青年學藝比賽資深評判，熱心推廣誦藝。蘇文擢教授讚賞他說：「才華迥出儕輩，於新舊文學，用力至勤。每於講堂誦讀詩古文，情必深至，其聲清越，知其於朗誦別有會心。」[4]

施仲謀曾任香港中文教育學會會長，現任世界漢語教學學會常務理事。2003 年起，他屢次獲優質教育基金資助，匯聚社會各方資源，並廣邀海內外文化教育界資深人士擔任顧問，開展中華文化教學研究計劃。範圍涵蓋初小、高小、初中、高中，成果結集為《中華經典啟蒙》、《中華經典導讀》、《中華文化承傳》、《中華文化擷英》、《香港傳統文化》系列讀物，由北京大學出版社和中華書局出版，立足香港，影響遍及整個大中華地區，並遠播歐美。許嘉璐教授對此予以高度評價：「這套書出版了，無疑對海內外起到了帶頭和示範的作用，包括對祖國內地，都有着重要的參考價值。」[5]

本書第二作者蔡思行博士，為嶺南大學榮譽文學士、哲學碩士，香

---

2 詹伯慧 . 序言 . 施仲謀編著 . 廣州音北京音對應手冊 [M]. 廣州：暨南大學出版社，2002：ii.

3 羅時憲 . 序言 . 施仲謀著 . 延壽與禪宗 [M]. 香港：文化教育出版社，1992：ii.

4 蘇文擢 . 序 . 施仲謀著 . 朗誦的技巧與訓練 [M]. 香港：現代教育研究社，1987：i.

5 許嘉璐 . 序一 . 施仲謀、杜若鴻、鄔翠文編著 . 中華文化承傳 [M]. 北京：北京大學出版社，2006：3.

港大學歷史學博士。蔡博士著作等身，尤擅長中國及香港研究。書中於香港教育歷史著墨頗多，想必得蔡博士之力不少。

本書立足於中文教育和文化教育不可劃分的基點上，分析香港自 1945 年至今的中華文化教育的發展進程。全書分為起、承、轉、合四部分，本書開宗明義闡述香港中文教育的處境，並分析語言和文化的關係；第二部分通過個案分析，考察香港中小學、大專院校、民間文化機構在中華文化教育方面的努力成果；然後以中小學中華文化實驗為案例，分享在香港推動中華文化教育的獨特模式和成效；最後從國際中文教育和國際文憑課程（IB）的教育觀點出發，以探討未來中華文化教育發展的方向。

尤為難得的，是本書作者並沒有把視野局限於香港與中華文化。書中廣泛地採用了當代文化教育學說作為理論框架，而在最後一章中，作者放眼全球，考察了東南亞各地華文教育的情況後，認為中華文化教育，不應把對象局限於中國人，而應開放予各地華僑和華裔人士，以至於全球的中華文化愛好者。本人深盼本書能拋出香港中華文化教育的「磚」，引出全球中華文化教育的「玉」來，造福中國人、全球華人，以至全世界的中華文化學習者。

李子建
香港教育大學學術及首席副校長

序二

施仲謀教授的《香港中華文化教育》就要出版，邀我說幾句話。我感到非常榮幸。施教授長期關心香港中華文化的普及工作，在這方面做了很多貢獻。現在這本書也涉及語言文化問題。我在這兩方面，說一些自己的看法。

1、先談語言問題

香港是我的第二故鄉，對香港的語言問題，我先說說自己的觀察。

1968 年到 1970 年，香港政府提供英聯邦獎學金，讓我在剛成立不久的中文大學攻讀碩士學位。那時新加坡剛獨立三年（新加坡是 1965 年獨立的），一切都在起步，而香港的發展卻遠在我們之前。當時，香港官方的大學待遇，是非常優厚的，吸引了許多優秀的學者，從美國、英國、台灣到香港從事研究與教學工作。新加坡南洋大學的一些學者，也有不少被吸引到香港來。南洋大學後期學術水準的低落，原因很多，其中之一是和學術人員向香港流動有關係。

從 1949 年到 1968 年，香港無論在經濟上、文化上都有非凡的成就，在亞洲是非常傑出的。香港人是在自力更生的基礎上，取得了這樣的成就。當時，香港的朋友對我說：在香港不能生活，最多是「返鄉下」。這是當時的香港精神。

香港的學者、作家、記者和編輯，在香港出版了許多讀物，向東南亞以及世界各地傾銷。香港的兒童讀物、雜誌和書刊，伴隨著那一代東南亞和世界華人孩童的成長。這不只造就了香港的出版業，也影響了東南亞的華語書面語。

邵氏公司當時拍攝的國語影片，佔據了世界華人區的大部分市場。後來邵氏改拍粵語影片，那是中國文革之後的事。香港娛樂語言從此轉變為粵語，至今仍影響著香港。從國語轉變為粵語，除了改變香港「粵語殘片」的地位，製造了只説粵語的香港人，對香港的國際化發展，是有利還是有害，需要香港人好好思考。

香港出版物和影片所用的語言，就是 1949 以前中國所用的「國語」、「國文」。到東南亞定居的華人知識分子，也是用「國語」、「國文」辦教育、寫作和辦報的。香港的影視業、娛樂業、出版業為全世界的華人提供了精神糧食，影響了廣大華人的語言。當時香港的書面語，仍舊是語體文，還沒有出現所謂的港式中文。

我的這些敘述，是要説明一個道理：語言上溝通的便利，是全球華人的財富。利用這個語言的財富，對自己是有無限好處的。

中國大灣區的建立與發展，給香港提供了無限的機會。香港與外界的聯繫，香港特區在制度上所提供的比較寬鬆的、比較開放的環境，更是香港的有利條件。希望香港不只看到「嶺南文化」的發展，也能看到語言國際化的趨勢，做好語言教育的工作。新加坡、馬來西亞、香港都有條件發展成為東南亞甚至是世界的華文教學與出版中心。只有向這個方向發展，才能找到新、馬、港華文教學研究與出版的發展之路。

這些只是從語言的觀察預測將來的發展。語言的背後，是大華語區文化的相通。施教授的書，就涉及文化問題。

2、香港在文化方面的作用

高度一致的書面語教育給華語區留下共同的文化與習俗。這些文化與習俗，是華人的共同財富，需要好好珍惜，共同推廣。

新加坡華人學習的華文被定義為「母語」的學習，就表示學「華文」既是學習本民族的語文，同時也是學習本民族的文化。在華文教材的內容方面，維持共同的文化核心，才有利於華語區之間的交際，也才有利於華語走向世界。

語文學習裏的文化問題，既和各地區自己的本土認同有關，也和華語區之間的共同文化認同有關。華人之間的民族認同，怎樣在不同的語文程度裏體現出來，怎樣在不同的社會制度下體現出來，都是應該思考的。

我們應該珍惜和保留共同的文化基礎，並以此作為將來發展的基石。文化和語言相連，給香港提供無限的機會，希望香港在這方面能發揮更大的作用。

哪些是我們共同認可的文化核心？怎樣將這個文化核心全面落實到中華文化的普及教育中？施教授説：「寄語從事中華文化教育的工作者，不應只著眼於本地學生，而應當面向全球華人以至外國人，為他們提供學習漢語和中華文化的教學資源，以充分發揮香港作為東西文化交流的橋樑角色。」

這是非常關鍵的論述，希望香港的文化與教育工作者，好好結合香港特殊的國際位置，發揮更大的作用，就像上個世紀七十年代的邵氏機構，把握住時機，創造了自己的事業。

周清海
新加坡國立大學

緒論　香港的語言和文化背景

由於中國 14 億人口的龐大市場和無限商機，目前全世界已有逾 80 個國家的 2,000 多所大學在教授漢語，另有不計其數的中小學、民間團體、孔子學院、孔子課堂也正在積極開展國際漢語教學。儘管漢語熱風靡全球，形勢可喜，但香港學校的中文教學，情況卻未盡如人意。

由於歷史原因，香港是一個中、英並行的雙語社會。公事和商業上人們多使用英語，社會跟家庭裏卻多使用中文。學生學習中文，只有抽象的文化教育功能；學好英語，卻有其實際的市場價值。因此長期以來，香港社會普遍重英文輕中文，學生中文水平較低。本緒論擬先剖析香港的語言環境，然後探討中學語文教學的困境和發展，冀為香港學校的中文教育進一言。

一、「兩文三語」下的語言環境

1992 年，施仲謀對內地、台灣、香港、澳門、新加坡等地的 61 所學校 2,600 多名初中三年級學生進行了一項語文能力測試，以調查各地區學生的讀寫能力究竟達到甚麼水平，並各有甚麼優缺點。測試結果反映了實際情況。各地由於地域環境的不同，歷史因素的變異，在課程、教材、師資、教學實施等方面互有差異，各有特色。從測試成績而言，香港學生的語文測試表現，較之內地和台灣學生，較為遜色。此中原因何在？根據觀察，語言環境、民族文化意識、社會心理因素以至語文科教學媒介語等問題，都是影響語文教學成效的先決條件。

香港作為東西文化交匯的國際都會，語言使用和語言教學呈多元化的發展模式。對本地學生提倡兩文三語，中、英文書面語通曉之外，也要求普通話、廣州話、英語口語兼擅，以應生活和工作所需。

香港自1842年成為英國殖民地，至1974年中文終於在「認中關社」[1]的社會思潮推動下成為香港法定語言為止，中文教育在香港教育體系內長年處於邊緣的位置，更遑論港英政府對中華文化教育的忽略態度。可惜的是，當時中文成為法定語言只是一紙空文而已，香港公務員的招聘依然看重應徵者的英文水平，公司註冊處、知識產權署呈交的數據規定以英文為準，而法院的訴訟程序都必須以英語進行，中文在社會和職業市場的地位仍然低下。利之所在，香港的學校仍然奉行重英輕中的教育政策。[2]在1998年母語教育政策正式實施前，英文中學屬於香港的主流。英文中學雖然亦有中國語文科的教授，但英國語文科在這些學校都是老師、家長和學生最看重的必修科之一。

此外，自1949年新中國成立後，香港政府以冷戰思維阻隔中國對香港教育的影響，所以香港英文中學會考將中國語文科列為非必修科。[3]在考試導向的情況下，英文科的授課時間必定多於中文科。當時便有論者指出，在有限的課時之下，英文中學偏重英文教育是必然之惡：「英文學校的學生，一任其漢文程度低下嗎？這是無可如何的。……既要使兒童學英文，又要使他們的漢文有深造，當然不會同時可以成功的。須知：增加漢文鐘點，便要減少英文鐘點，結果恐怕漢文和英文都成為『半桶水』，那不虛擲這八年光陰啊？」[4]因此，與今天香港中學視中國語文科為「主科」不同，以往英文中學曾有一段頗長的時間將中國語文科

---

1 所謂「認中關社」，是指1960年代至1970年代香港大專學生發起的「認識中國，關心社會」思潮運動。

2 周漢光．90年代的香港中文教育 [N]. 顧明遠、杜祖貽編．香港教育的過去與未來 [M]. 北京：人民教育出版社，2000：434.

3 教育當局解釋説英文學校免考中文對華學生無大影響 [N]. 星島日報，1950–5–4. 載于方駿、麥肖玲、熊賢君編．香港早期報紙教育資料選萃 [M]. 長沙：湖南人民出版社，2006：181.

4 英文學校的漢文課程 [N]. 華僑日報，1949–10–2，載于方駿、麥肖玲、熊賢君編．香港早期報紙教育資料選萃 [M]. 長沙：湖南人民出版社，2006：391.

視為「閒科」，學生視之為可及格可不及格的科目，有興趣選修中國語文科的學生雖然不是沒有，但因學習中國語文科而對中華文化感興趣的中學生，在當時可説是如鳳毛麟角。

由於政府一貫只重視英語教育，風氣所趨，上行下效。回歸前，香港的中學以英語作為授課語言的，佔了90%以上。回歸後，特區政府曾鋭意推廣母語教育，規定全港四百多所中學之中，只有114所中學可以繼續採用英語作為授課語言，其餘300多所中學必須改用粵語作為授課語言。但由於學校與家長的反對聲音不絕，於是又有教學語言的「微調」和「上落車機制」等機制，容許學校在符合條件下，可以由「中文中學」轉變為「英文中學」; 也容許同一學校同一科目的不同班級，可採用不同教學語言教學。

英語在香港雖然只是第一外國語，但卻獲社會超高比例的重視和巨額的教育投資。在同一社會環境下，中文無可避免地相應受到忽視，社會期望降低，學生語文水平難以提高，這是其來有自的。

二、中學語文教學的困境

香港的中國語文教育雖然亦有介紹中華文化的範文篇章 (詳見第一章)，但平心而論，一般學生只視之為中學會考考試的「敲門磚」，並不會視之為未來從事中華文化教育和傳播事業的學習階梯。相反，在中學中國語文科的中文作文課，雖然不乏教授議論文、描寫文和抒情文等文學創作性寫作的訓練，但無論是老師還是學生，更著重的是所謂「實用中文」，即求職信、投訴信、公函、新聞稿等「實用文」寫作的訓練。受考試分數所利誘，學生自然會加強學習和操練「實用文」寫作。但更重要的，是老師和學生都相信不少香港學生在中學五年級或預科 (2012年前香港中學學制) 畢業後，如不能升讀大學，便需立即投入職業市場工作，而「實用文」明顯較文學創作更切合現實商業社會的要求。在這樣的價值觀下，中國語文教育中的文學和中華文化教育長時間被邊緣化。

這種過度強調中國語文實用性的傾向，在 1974 年香港教育署《中小學中國語文科教學近況簡介》表露無遺：「中文教學主要目標為訓練學生表情達意能力及培養學生閱讀理解及思考。德育訓練及常識之獲得，並非主要工作。」長期任教於香港中文大學中文系的蘇文擢教授，在 1981 年對當時這種病態的中文教育情況大加批評：「當局 15 年來，先把中國傳統文化所蘊含德育，排除於中文教學之外；再將語文、文學強行分割，語文課程，虛應故事。文學則力求廣泛高深，作為選修科，巧妙地逼使教者和學者自動放棄，於是中文純工具化，而變質為中國人之第二語。」[5] 蘇氏再以其接觸香港大專學生二十多年的經驗，指出中文教育工具化所造成的可悲和嚴重後果：「一般潛質優良、觸覺鋭敏的學生，大多傾向理科或專攻英文，除了要敲中文大學之門外，對中文一科，似乎都不暇去加以注視。一位學位教師曾告訴我，他所教的班竟然有人公開聲言：『多謝校長編給我們若干中文堂，好讓我們得到小息。』更有人提問：『中文在將來社會職業競爭上究竟有多少價值？』」[6]

根據觀察，蘇氏所引兩項學生意見，需要有以下的註腳來加以理解。首先，學生意見指出中文課堂是給予他們小息的機會，這不啻為當時香港學生對於使用英文授課的其他學科反感的表現。其次，中文課堂給予他們難得能説能聽中文的機會，可説是所有學科中最令人感到輕鬆的上課時間。更重要的是，一般在香港教授中國語文科的老師，通常都會擔任班主任，班主任負有向學生進行品德和紀律教育的角色，中文科老師便因利成便，能夠以母語在課堂空隙之際向學生傳授老師個人的人生經驗和智慧。換句話説，即使中文課程沒有教育當局指定的品德情意

5　蘇文擢 . 邃加室講論集 [M]. 台北：文史哲，1985：538.

6　同上。

教育內容，作為中文老師，亦會因使命感的關係，向學生作潛移默化的文化教育。

1972 年，香港中學中文科分為中國語文科及中國文學科。中國語文科為中學一至五年級的必修科。中國文學科為中學四至五年級的選修科。高級程度課程的中學六至七年級則開設中國語文及文學科，供少數學生選修。1978 年，教育署公佈新的《中學中國語文科課程綱要》，其中提到培養學生獨立思考和分析推理的能力，在當時頗具新意。但隻字不提傳統文化和道德思想，是一派語言工具論的論調，故被斥為「不以中文為母語」、「不認知和不認同中國文化」。[7]

踏入 1980 年代，隨著《中英聯合聲明》的簽署，加強香港的中文教育終被提上日程，但其改變的原動力主要來自教育界而非政府教育當局本身。1983 年 5 月，香港 10 所中文中學校長應時任香港中文大學教育學院院長杜祖貽之邀，在九龍樂宮樓開會談論振興中文教育之道。與會人士同意成立「中文中學聯會」。該聯會與大學學者合作，推動在中學實行母語教學，並且推動中文課本的編寫，引領社會上支援使用中文作為教學語言者的呼聲。

響應教育界和社會人士的要求，港府在 1990 年代發表《中學教學語言指引》，為學校因應學生語文水平而選擇合適的教學語言的行動定下日期。在中文課程改革方面，當局以香港 1997 年回歸中國日子日近，於是一方面在 1991 年推出中六至中七中國語文及文化科以及中小學的普通話課程，而且進一步改革香港的中文課程以加入中華文化的元素。[8] 簡言之，香港的中文教育由原來著重實際用途的「實用中文」，逐步轉變為兼有提升學生中華文化知識和認同元素的教育目標，實用和文

7　方鏡熹 . 中學中國語文科課程綱要評議 [J]. 香港中文大學教育學報，第 16 卷 2 期：208.

8　周漢光 . 90 年代的香港中文教育 . 顧明遠、杜祖貽編 . 香港教育的過去與未來 [M]. 北京：人民教育出版社，2000：434–436.

化情感教育元素兼備。

1990 年代，中文教育另一發展重點是「目標為本課程」的推行。中國語文科的「目標為本課程」共分為四個學習階段，涵蓋中小學共 11 年的學習時間：小一至小三（第一學習階段）、小四至小六（第二學習階段）、中一至中三（第三學習階段）、中四至中五（第四學習階段）。而此課程在於讓學生學習和運用中文達至以下四個的學習目標：1. 傳意；2. 學習、思考和認知；3. 解決問題；4. 作出判斷。課程將中國語文科分為閱讀、寫作、聆聽、說話、語文基本知識、文化項目和品德教育等範疇。而文化項目方面，便包括以下五大類別：1. 風尚習俗；2. 神話傳說、歷史故事、成語故事；3. 傑出人物；4. 山川名勝；5. 其他如造字方法、名著介紹等。[9]

1990 年，政府公佈了新的《中學中國語文科課程綱要》，認為語文科教學目標除了培養閱讀和寫作能力外，還可以培養學生聆聽、說話、思維及自學能力。《課程綱要》並正式宣示：「借著本科的教學，啟發學生的思想，培養學生的品德，增進學生對中國文化的認識，並加強學生對社會的責任感。」除了仍然重視語文學習的工具性質外，特別加入了語文學習的教育價值和文化傳承意義。

1992 年，「中國語文及文化科」開始實施，並成為中學六、七年級的核心科目，它強調聽力、說話、文化、課外閱讀等學習範疇，是香港中文教育中一次真正的全面創新，也填補了幾十年大學預科中國語文課程的空白。2000 年，《中學中國語文課程指引》更明確地指出，語文科的學習範疇包括了閱讀、寫作、聆聽、說話、思維、文學、中華文化、品德情意、語文自學等九個方面，這樣教學目標就比較完整而全面了。

9　周漢光 . 90 年代的香港中文教育 . 顧明遠、杜祖貽編 . 香港教育的過去與未來 [M]. 北京：人民教育出版社，2000：444–446、448.

不過，由於積重難返，觀念不容易短時間改變過來；至於如何貫徹大綱精神，落實具體教學，還有待時間去驗證。

此外，目前香港的語文教材不設統一的篇章，沒有指定的名家名篇，每個年級選教的課文篇幅太少，閱讀量不足。其實，教學的成敗，關鍵在教師。教學不能沒有科研，科學研究的成果是教學實踐的理論根據；沒有科研理論的指導，教學效果是難望提高的。香港的語文老師，一般任教三至四班，工作量超出負荷，再加上兼教其他科目和行政雜務，實在很難抽出時間從事教研活動。由於缺乏教學研究，沒有觀摩聽課，老師們各自為政，教學效果可想而知。

三、普通話教學

香港語文課的教學媒介語，一向以廣州話為主，只有若干學校和國際學校採用普通話作為語文課的教學語言。在大部分的學校裏，語文課説的是廣州話，但寫的卻要求符合現代漢語的規範，形成説和寫的分歧。現代漢語各方言區的人日常説方言，但是學校的語文課程，無論聽、説、讀、寫，卻都是以標準現代漢語進行。內地和台灣的小學語文課程，一年級開學的首三、四周，主要是教授語音知識和進行漢語拼音（台灣用注音符號）拼讀練習，為以後中、小學語文課採用普通話（台灣稱國語）作為教學語言打好基礎，再加上大語言環境的配合，語文課用普通話作為教學媒介語，被視為理所當然之事。

由於歷史原因，再加上濃厚的地域觀念和方言強勢，一直以來，香港的語文教學都採用廣州話作為教學語言。聽、説訓練用廣州話，讀寫訓練用標準現代漢語，二者有機結合，發展出有香港特色的語文教學來。隨著香港政治、社會的變化，普通話的重要性與日俱增，它逐漸獨立成科，只強調語音知識和聽、説能力的訓練，並與語文課產生互補的作用，在華人社區的華語文教學中，可謂別樹一幟。

香港政府推廣普通話課程，不可謂不重視。但是實際情況如何？回歸以來，本港普通話應用日漸普及，但最近調查顯示，六成中小學教師認為學生在校內沒有足夠機會學習普通話，逾六成教師認為政府推廣普通話的工作做得不夠，[10] 這説明中小學普通話教學的質和量均遠遠落後於社會需要，有必要儘早改善。

要普及普通話，到底是獨立設科，還是該作為中國語文科的教學語言呢？近三十多年來，本港學校已不斷在進行用普通話作為中國語文科教學媒介語的教學實驗，有的學校是全面推行，更多的是在某些年級進行，而同一年級大多只選擇一、兩個班試行。學者們進行的可行性研究也不少，結果仍然莫衷一是。

2007 年 10 月，語文教育及研究常務委員會宣佈，由 2008 年度起，動用 2 億元，在中、小學推行三年用普通話教授中國語文科的試驗計劃，每年供 30 所小學和 10 所中學申請，最終有 120 所學校受惠。參與試驗計劃的學校，可增加一名教師資源，並可獲內地資深教師到校支援。投放資源以作實驗教學，是實事求是的做法。

中國經濟迅猛發展，香港和內地關係愈趨密切，普通話日益重要。香港學生要避免被邊緣化，要掌握基本謀生技能，有必要提高普通話水平。香港大學民意調查中心於 2007 年 6 月訪問了 517 名家長，結果顯示，53.4% 家長對政府提升學生普通話能力的措施整體評分為 53.4 分，34.9% 受訪者認為，以普通話代替廣州話教中文，是最有效提高學生普通話能力的方法。這些數字説明了家長認為目前學校的普通話教學不足，亟望有所加強，使子女得以應付將來工作所需。長遠而言，中文科應該用普通話作為教學語言，這對學生普通話水平和語文能力的提高，

10　香港教育工作者聯會．中小學教師對「推廣普通話和簡體字」的意見調查簡報 [N]，明報，2007-7-12.

應該大有裨益。建議經過實驗教學研究後，應儘快作出總結，並付諸行動，以造福莘莘學子。

四、非華語學生的中文教學

少數族裔兒童一般是指目前在香港居住的南亞裔（即以印度、巴基斯坦、尼泊爾等族裔為主）的兒童。促進少數族裔學童儘早融入本地社會，是特區政府的一貫政策。近年來，由於不少少數族裔學童都是土生土長，而他們的父母又是本地永久居民，為了讓子女在本地有更多的升學和就業機會，很多家長選擇讓他們的子女學習中文以及入讀本地主流學校。2004 年，教育局修訂非華語學童的入學安排，讓他們可以按照意願，選擇一般學校或傳統錄取非華語學童為主的學校。

大部分研究均指出，非華語學生在學習中文時遇到很大的困難。根據黃汝嘉、蕭寧波的研究，發現受試的小四學生大部分在兩個測驗中都遠未達本地生小一年級的平均水平，閱讀能力尤其差，聆聽水平僅及小一生的中下水平。該研究還指出少數族裔學生的中文基礎甚弱，閱讀能力更遠未能應付學校所需。[11]

非華語學生如在主流學校上中文課，每班通常只得一兩位非華語學生，他們普遍和華語生一同上課，使用和華語生一樣的教材，聆聽和運用中文的機會比較多；在指定學校的非華語生，多與其他非華語學生一起上課，每班的非華語學生人數較多，大多使用調適過的教材。政府向非華語指定學校提供到校集中支援及經常津貼，制訂《中國語文課程補充指引》並提供一系列課程資源，開辦暑期衔接課程及支持中心。教育局亦為非華語學生設立了「非華語學生課後中文延展學習計劃」，為期

11 黃汝嘉、蕭寧波．香港少數族裔小學生的中文能力水平 [J]，基礎教育學報，第 18 卷第 2 期，2009：123.

三年，旨在透過課後多元模式的中文延展學習活動，增強學生對社會的認識和歸屬感；教育局亦設立「學習中文支援中心」，為非華語學生提供課後支援服務。

由於香港的語言環境特殊，語文教學出現了言、文分家，說的和寫的不一致，加強了中文科教學的複雜性。香港的非華語學生要融入社會，將來在香港工作、生活，他們學習中文，聆聽和說話用廣州話，閱讀和寫作用現代漢語，學習經歷困難重重，是不難想像的。

研究多元文化教育的學者普遍認為，少數族裔學童入讀僑居地的學校並不單是學習當地語言的問題，而是共融教育的問題。不少研究也發現，學校裏不同族裔的協作互助，不但能為學生帶來跨種族的共融與友誼，更能提高他們的自信及學業成績。期望政府、學校和社會三方面，能提出一些協助非華語學生學習中文的可行方法。我們呼籲，除了目前推行的「中文學習架構」外，教育當局應儘快制訂一套供南亞少數族裔中文教學使用的「中文作為第二語言課程」的課程綱要，並據以編訂合適的教材和工具書。此外，當局亦應為非華語學生的中文水平，制訂清晰的指標，讓課程和教材都有據可依，這樣師生都能明確掌握教學的目標和要求。教學的成敗，關鍵在教師。教師於非華語學生學習中文至關重要，因此也必須重視中文作為第二語言教學的師資培訓。

最後，值得一提的還有國際學校。顧名思義，國際學校是為僑居於香港的外國人子弟而設立的學校。可是，近年來由於移民回流人數眾多，再加上一些本地家長也希望子女有機會接受較優質的教育，紛紛把子女送到國際學校。因此，國際學校的學生種類繁多，中文課程也趨多元化發展。

香港有 50 餘所國際學校，幾乎每一所學校都開設中文科目。課程設置方面，由於學生學習背景不同，中文課大概可以分成三種類型：第一種是類似本地主流學校母語人士的語文教學，第二種是中文作為外語學習的外國人中文課程，第三種是針對會説一點兒廣州話但不會讀寫中文的華裔學生。三種類型深淺各異，以致教學變得複雜；但其共同點是只採用普通話作為中文科的教學語言。

五、小結

人類知識的增長越來越迅猛，信息傳播的層面愈來愈廣泛，快捷、準確而高效的口語和書面語言能力，是人人必需的。長期以來，香港中學的語文教學，只強調知識學習和技能訓練，不講文化繼承、審美移情的人格薰陶作用。教材教法方面，既不以聽、説、讀、寫各種語文能力為綱領以實施單元教學，也不講求各個學習範疇的統整，而閱讀量更是嚴重不足；再加上學生處於英語和廣州話的語言環境，對本民族的歷史文化缺乏認識，教學效果因而不彰，這是可以理解的。

不過，內地語文課程歷經三十年探索求變，實驗教材百花齊放，特級教師的創新思維，對香港語文教學的發展很有啟迪作用。此外，台灣、新加坡近年來的語文教學改革，對香港也有參考意義。1990 年的《中學中國語文科課程綱要》，就特別強調語文學習的教育價值和文化傳承意義。1992 年的「中國語文及文化科」，即填補了幾十年大學預科中文課程的空白。2000 年的《中學中國語文課程指引》，便提出語文科的學習內容包括了閱讀、寫作、聆聽、説話、思維、文學、中華文化、品德情意、語文自學等九大範疇。

2009 年「三三四」新高中語文課程正式實施，2014 年教育局公佈新高中學制中期檢討，建議重新加入首批 12 篇文言文範文，2015 學年在中四開始施教，2018 年香港中學文憑試生效。12 篇文言文範文篇目如下：《論仁》、《論孝》、《論君子》；《魚我所欲也章》；《勸學》(節錄)；《逍遙遊》(節錄)；《廉頗藺相如列傳》；《出師表》；《師説》；《始得西山宴遊記》；《六國論》；《岳陽樓記》；唐詩三首：李白〈月下獨酌〉、杜甫

〈登樓〉、王維〈山居秋暝〉；宋詞三首：蘇軾〈念奴嬌〉、辛棄疾〈青玉案〉、李清照〈聲聲慢〉等[12]。學生學習這些名家名篇，對增進古代漢語知識，加強中國文學薰陶和提高中華文化修養，深具象徵意義。期望新語文課程能使學生具備將來學習、生活和工作所需要的語文能力，以迎接更富挑戰性的明天。

12 課程發展議會 . 更新中國語文教育學習領域課程（小一至中六）[M]. 43.

第一章　香港中小學的中華文化教育

本章第一節，分別以香港地區中學課程中國語文科與中國文學科教科書範文為考察對象，按時序列出不同年代的教科書範文篇目，予以歸類及比較，從而觀其沿革。第二節探討中國語文科與中華文化學習的關係，就香港地區文言文教育之討論、中國語文及中國文學分科之爭議、普通話教學與中華文化教育的關係、中學中華文化教育何去何從等議題，加以分析。第三節集中討論中學中華文化的學習內容，包括官方制訂的中學各級中國語文科課程綱要和發展路向，中國語文科教育電視節目，以至預科程度的中國語文及文化科的課程內容等。第四節介紹香港地區中小學校訓的概況，並探討辦學團體對校訓內容的影響，以及中華文化對校訓思想內容的重要性和指導意義。

第一節　中國語文及中國文學範文教學

一、中國語文範文教學

香港自 1842 年成為英國殖民地後，現代形式的中小學教育一般以教會學校和政府資助的學校為主，當中最有名者為 1862 年成立的中央書院（今皇仁書院）。中央書院雖然注重英文和世俗化的教育，但據當時德國籍傳教士歐德禮（E.J. Eitel）所言，書院所使用的中文教科書包含儒、釋、道三教的思想。[1] 由此可見，香港開埠初期的中文教材，已包含

1　方美賢 . 香港早期教育發展史 [M]. 香港：中國學社，1975：31.

中國傳統文化的內容。在 20 世紀之初，由政府開辦的英文學校內，在最低的第八班至中間的第五班，一般只有英文、地理、算術等現代西方學科可以修讀，漢文的課程只在第四班至最高的第一班提供學生選讀，當中除了有《國民教科讀本》外，亦有《鑒史節要》卷七、《婦孺釋詞》、《孟子》、《東萊博議》等與中華文化相關的內容。[2] 然而，由於當時學習英文與能夠加入西方洋行工作有直接關係，利之所在，當時華人子弟對學習英文均趨之若鶩，對漢文課程的學習並不積極。只有中國傳統的村塾、蒙館和書塾等，仍以《三字經》、《千字文》、《論語》、《孟子》、《大學》和《中庸》等作為蒙學的教材。

1945 年第二次世界大戰結束後，恢復教育是香港殖民地政府的要務之一。雖然當時世界去殖民化的浪潮此起彼落，但英國在香港採用不同的管治策略，對於中國內地不論是國民黨政權還是之後的新中國政權，都採取文化相隔的政策。因此，香港當局逐步改善以往採用中國內地出版教科書的做法。1947 年，首部在香港出版的中文教科書是中華書局發行、宋文瀚主編的《中華文選》(初中選用) 和宋文瀚、張文治主編的《新編高中國文》。[3] 然而，1956 年，皇仁書院中文教師容國章認為，由於《中華文選》原為在小學接受較多中文課程而較少英文課程的學生而設，這些學生的程度只等於英文書院的第八班 (即今小五)，要多修讀兩年時間始能升上第六班 (即今中一)。換言之，這些小學畢業生的中文水平已達第六班的水平，所以讓一路以來在英文學校升學的學生修讀《中華文選》中的文言文範文，則字詞過於艱澀，非其程度所能明白。[4] 此為後來在 1956 年香港教育司署頒佈《香港中文中學中文教材》和《香港英文中學中文教材》的原因，以適應香港學生中英文程度參差不

---

2 方美賢 . 香港早期教育發展史 [M]. 香港：中國學社，1975：68–74.

3 陳必祥主編 . 中國現代語文教育發展史 [M]. 昆明：雲南教育出版社，1987：333–334.

4 容國章 . 談談英文書院的中文課程 [J]. 中文通訊 . 第 6 期，1956–3：15.

齊的情況。《香港中文中學中文教材》及《香港英文中學中文教材》的篇目如下：[5]

初中一年級 / 第一級

中文中學（共 38 課）	英文中學（共 30 課）
一、岳飛之少年時代（《宋史・岳飛傳》、章穎著《岳飛傳》合寫）	一、岳飛之少年時代（《宋史・岳飛傳》、章穎著《岳飛傳》合寫）
二、王冕（吳敬梓）	二、王冕（吳敬梓）
三、愚公移山（列子）	三、富蘭克林做徒弟的時候（不除庭草齋夫）
四、落花生（許地山）	四、懷愛羅先珂君（周作人）
五、水的希望（呂夢周）	五、愚公移山（列子）
六、從今天起（甘績瑞）	六、落花生（許地山）
七、學問與遊歷（佚名）	七、水的希望（呂夢周）
八、沒字的書（章錫琛）	八、小雨點（陳衡哲）
九、讀書（胡適）	九、學問與遊歷（佚名）
十、愛蓮說（周敦頤）	十、沒字的書（章錫琛）
十一、繁星（巴金）	十一、少年筆耕（上）（亞米契斯著，夏丏尊譯）
十二、大明湖（劉鶚）	十二、少年筆耕（下）（亞米契斯著，夏丏尊譯）
十三、小雨點（陳衡哲）	十三、愛蓮說（周敦頤）
十四、貓捕雀（薛福成）	十四、繁星（巴金）
十五、麻雀（屠格涅夫著，石夫譯）	十五、大明湖（劉鶚）
十六、山陰道上（徐蔚南）	十六、貓捕雀（薛福成）
十七、黔之驢（柳宗元）	十七、麻雀（屠格涅夫著，石夫譯）
十八、孫悟空（節錄）（吳承恩）	十八、風雪中的北平（金兆梓）
十九、詠鳥詩二首（白居易） （一）慈烏夜啼 （二）燕詩	十九、論毅力（梁啟超）
	二十、從今天起（甘績瑞）
	二十一、春聯兒（葉紹鈞）
二十、背影（朱自清）	二十二、最後一課（上）（杜德著，胡適譯）
二十一、少年筆耕（上）（亞米契斯著，夏丏尊譯）	二十三、最後一課（下）（杜德著，胡適譯）
	二十四、齊人有一妻一妾（孟子）
二十二、少年筆耕（下）（亞米契斯著，夏丏尊譯）	二十五、風箏（魯迅）
	二十六、孫悟空（節錄）（吳承恩）
二十三、左忠毅公逸事（方苞）	

5 香港中文中學中文科教材 [J]、香港英文中學中文科教材 [J]. 中文通訊，第 7–8 期，1956–9：3–11.

（續前表）

中文中學（共 38 課）	英文中學（共 30 課）
二十四、懷愛羅先珂君（周作人）	二十七、詠鳥詩二首（白居易） （一）慈烏夜啼 （二）燕詩
二十五、最後一課（上）（杜德著，胡適譯） 風箏（魯迅）	二十八、笑（冰心）
二十六、最後一課（下）（杜德著，胡適譯）	二十九、背影（朱自清）
二十七、古寓言三則 （一）守株待兔（韓非） （二）鷸蚌相爭（《戰國策》） （三）揠苗助長（孟子）	三十、夏天的生活（孫福熙）
二十八、蠶兒和螞蟻（上）（葉紹鈞）	
二十九、蠶兒和螞蟻（下）（葉紹鈞）	
三十、笑（冰心）	
三十一、先妣事略（歸有光）	
三十二、寄小讀者通訊十（冰心）	
三十三、五七言絕律 （一）示兒（陸游） （二）竹里館（王維） （三）送友人（李白） （四）客至（杜甫）	
三十四、春聯兒（葉紹鈞）	
三十五、荷塘月色（朱自清）	
三十六、齊桓晉文之事章（孟子）	
三十七、風雪的北平（金兆梓）	
三十八、夏天的生活（孫福熙）	

初中二年級 / 第二級

中文中學（共 38 課）	英文中學（共 29 課）
一、習慣說（劉蓉）	一、古寓言二首 （一）守株待兔（韓非子） （二）鷸蚌相爭（《戰國策》）
二、最苦與最樂（梁啟超）	二、寓言兩則（達・芬奇作，胡志成譯） （一）剃刀 （二）火鐮和火石
三、西門豹治鄴（司馬遷）	三、差不多先生傳（胡適）
四、懷疑與學問（顧頡剛）	四、習慣說（劉蓉）
五、運河與楊子江（陳衡哲）	
六、為學（胡端淑）	
七、為學與做人（上）（梁啟超）	
八、為學與做人（下）（梁啟超）	

(續前表)

中文中學(共38課)	英文中學(共29課)
九、子產論尹何為邑(《左傳》)	五、蠶兒和螞蟻(上)(葉紹鈞)
十、享福與吃苦(種因)	六、蠶兒和螞蟻(下)(葉紹鈞)
十一、遊雁宕山記(徐宏祖)	七、左忠毅公逸事(方苞)
十二、趵突泉的欣賞(老舍)	八、林沖(節錄)(施耐庵)
十三、湖上中秋(舒新城)	九、籃球比賽(葉紹鈞)
十四、白馬湖之冬(夏丏尊)	十、為學(胡端淑)
十五、論毅力(梁啟超)	十一、讀書(胡適)
十六、談動(朱光潛)	十二、懷疑與學問(顧頡剛)
十七、論語四則(《論語》)	十三、信陵君救趙(司馬遷)
十八、母愛(冰心)	十四、最苦與最樂(梁啟超)
十九、齊人有一妻一妾(孟子)	十五、享福與吃苦(種因)
二十、古代英雄的石像(葉紹鈞)	十六、晉敗秦師於殽(《左傳》)
二十一、流星(劉復)	十七、諸葛亮舌戰群儒(節錄)(羅貫中)
二十二、春(朱自清)	十八、遊雁宕山記(徐宏祖)
二十三、海燕(鄭振鐸)	十九、山陰道上(徐蔚南)海燕(鄭振鐸)
二十四、世説新語五則(劉義慶)	二十、荷塘月色(朱自清)
二十五、寓言兩則(達・芬奇作,胡志成譯)	二十一、岳陽樓記(范仲淹)
(一)剃刀	二十二、白馬湖之冬(夏丏尊)
(二)火鐮和火石	二十三、海燕(鄭振鐸)
二十六、信陵君救趙(司馬遷)	二十四、魚我所欲也章(《孟子・告子上》)
二十七、林沖(節錄)(施耐庵)	二十五、收穫(蘇雪林)
二十八、祭田橫墓文(韓愈)	二十六、五七言絕律詩
二十九、犧牲(顧頡剛)	(一)示兒(陸游)
三十、收穫(蘇雪林)	(二)竹里館(王維)
三十一、詞曲選	(三)送友人(李白)
(一)虞美人(李煜)	(四)客至(杜甫)
(二)江城子(蘇軾)	二十七、想飛(徐志摩)
(三)水仙子(喬吉)	二十八、母愛(冰心)
(四)天淨沙(張可久)	二十九、寄小讀者通訊十(冰心)
三十二、想飛(徐志摩)	
三十三、一張小小的橫幅(朱自清)	
三十四、燭之武退秦師(《左傳》)	
三十五、論語四則(《論語》)	
三十六、差不多先生傳(胡適)	
三十七、魚我所欲也章(孟子)	
三十八、籃球比賽(葉紹鈞)	

初中三年級 / 第三級

中文中學（共 36 課）	英文中學（共 28 課）
一、大鐵椎傳（魏禧）	一、西門豹治鄴（司馬遷）
二、劉老老（曹雪芹）	二、運河與揚子江（陳衡哲）
三、祭妹文（袁枚）	三、子産論尹何為邑（《左傳》）
四、明湖居聽書（上）（劉鶚）	四、敬業與樂業（梁啟超）
五、明湖居聽書（下）（劉鶚）	五、世説新語五則（劉義慶）
六、師説（韓愈）	六、古代英雄的石像（葉紹鈞）
七、學問之趣味（梁啟超）	七、春（朱自清）
八、祖逖傳（房喬）	八、祭田橫墓文（韓愈）
九、桃花山月下遇虎（劉鶚）	九、談動（朱光潛）
十、岳陽樓記（范仲淹）	十、一張小小的橫幅（朱自清）
十一、可愛的詩境（易家鉞）	十一、祭妹文（袁枚）
十二、瀧岡阡表（歐陽修）	十二、明湖居聽書（上）（劉鶚）
十三、教育家的孔子（張蔭麟）	十三、明湖居聽書（下）（劉鶚）
十四、論語五則（《論語》）	十四、祖逖傳（房喬）
十五、美育與人生（蔡元培）	十五、犧牲（顧頡剛）
十六、論大丈夫（孟子）	十六、詞曲選
十七、我們對於一棵古松的三種態度（朱光潛）	（一）虞美人（李煜）
十八、方山子傳（蘇軾）	（二）水調歌頭（蘇軾）
十九、名耀世界的月光曲（豐子愷）	（三）水仙子（喬吉）
二十、報燕惠王書（樂毅）	（四）天淨沙（張可久）
二十一、論説話（朱自清）	十七、湖上中秋（舒新城）
二十二、荊軻傳（上）（《史記》）	十八、趵突泉的欣賞（老舍）
二十三、荊軻傳（下）（《史記》）	十九、燭之武退秦師（《左傳》）
二十四、楊修之死（羅貫中）	二十、楊修之死（羅貫中）
二十五、教條示龍場諸生（王守仁）	二十一、荊軻傳（上）（《史記》）
二十六、晉敗秦師於殽（《左傳》）	二十二、荊軻傳（下）（《史記》）
二十七、我所知道的康橋（上）（徐志摩）	二十三、倫敦的動物園（朱自清）
二十八、我所知道的康橋（下）（徐志摩）	二十四、教條示龍場諸生（王守仁）
二十九、答司馬諫議書（王安石）	二十五、為學與做人（上）（梁啟超）
三十、大同與小康（《禮記》）	二十六、為學與做人（下）（梁啟超）
三十一、一般與特殊（劉叔琴）	二十七、大同與小康（《禮記》）
三十二、論語五則（《論語》）	二十八、一般與特殊（劉叔琴）
三十三、敬業與樂業（梁啟超）	
三十四、許行章（孟子）	
三十五、進化論淺釋（陳兼善）	
三十六、倫敦的動物園（朱自清）	

高中一年級 / 第四級

中文中學（共25課）	英文中學（共24課）
一、小説與群治之關係（梁啟超）	一、大鐵椎傳（魏禧）
二、虬髯客傳（杜光庭）	二、劉老老（節錄）（曹雪芹）
三、項脊軒志（歸有光）	三、始得西山宴遊記（柳宗元）
四、祭王回深甫文（王安石）	四、鈷鉧潭記（柳宗元）
五、放鶴亭（蘇軾）	五、名耀世界的月光曲（豐子愷）
六、永州雜記（柳宗元）	六、可愛的詩境（易家鉞）
（一）始得西山宴遊記	七、報燕惠王書（樂毅）
（二）鈷鉧潭記	八、論説話（朱自清）
七、張中丞傳後序（韓愈）	九、送孟東野序（韓愈）
八、答李翊書（韓愈）	十、我們對於一棵古松的三種態度（朱光潛）
九、送孟東野序（韓愈）	十一、教育家的孔子（張蔭麟）
十、典論論文（曹丕）	十二、論孝（《論語》）
十一、古詩十九首選	十三、論學（《論語》）
（一）行行重行行	十四、學問之趣味（梁啟超）
（二）青青河畔草	十五、項脊軒志（歸有光）
（三）西北有高樓	十六、我所知道的康橋（上）（徐志摩）
（四）涉江采芙蓉	十七、我所知道的康橋（下）（徐志摩）
（五）庭中有奇樹	十八、虬髯客傳（杜光庭）
（六）迢迢牽牛星	十九、桃花山月下遇虎（節錄）（劉鶚）
（七）東城高且長	二十、方山子傳（蘇軾）
（八）明月何皎皎	二十一、美育與人生（蔡元培）
十二、送白馬王彪並序（曹植）	二十二、論仁（《論語》）
十三、歸園田居（陶潛）	二十三、論君子（《論語》）
（一）少無適俗韻	二十四、進化論淺解（陳兼善）
（二）野外罕人事	
（三）種豆南山下	
十四、詩品序（鍾嶸）	
十五、北征（杜甫）	
十六、宣州謝朓樓餞別校書叔雲（李白）	
十七、無題二首（李商隱）	
（一）來是空言去絕蹤	
（二）相見時難別亦難	
十八、登快閣（黃庭堅）	
十九、太息（陸游）	

(續前表)

中文中學(共 25 課)	英文中學(共 24 課)
二十、正氣歌(文天祥)	
二十一、資治通鑒(論節)(司馬光)	
二十二、兼愛(上)(墨子)	
二十三、三年間(《小戴禮記》)	
二十四、登樓賦(王粲)	
二十五、漢上琴台之銘(汪中)	

高中第二級 / 第五級

中文中學(共 27 課)	英文中學(共 18 課)
一、世說新語四則(劉義慶)	一、詩三章(《詩經》)
二、江鄰幾文集序(歐陽修)	(一)陟岵
三、論語四則(《論語》)	(二)凱風
(一)論孝	(三)蓼莪
(二)論學	二、論四端、論義利、論知言養氣(孟子)
(三)論仁	三、兼愛(上)(墨子)
(四)論君子	四、牧民:論四維(管子)
四、孟子三則(《孟子》)	五、古詩十九首選(佚名)
(一)論四端	六、登樓賦(王粲)
(二)論義利	七、送白馬王彪並序(曹植)
(三)論知言養氣	八、歸園田居(陶潛)
五、曾子大孝(《大戴禮記》)	九、北征(杜甫)
六、毛詩序(卜商)	十、宣州謝朓樓餞別校書叔雲(李白)
七、詩三章(《詩經》)	十一、江鄰幾文集序(歐陽修)
(一)陟岵	十二、祭王回深甫文(王安石)
(二)凱風	十三、登快閣(黃庭堅)
(三)蓼莪	十四、太息(陸游)
八、哀郢(屈原)	十五、正氣歌(文天祥)
九、牧民:論四維(管子)	十六、念奴嬌(蘇軾)
十、定法(韓非)	十七、滿江紅(岳飛)
十一、詞選序(張惠言)	十八、漢上琴台之銘(汪中)
十二、浪淘沙、相見歡(李煜)	
十三、念奴嬌(蘇軾)	
十四、六醜(周邦彥)	

（續前表）

中文中學（共 27 課）	英文中學（共 18 課）
十五、滿江紅（岳飛）	
十六、揚州慢（姜夔）	
十七、菩薩蠻、永遇樂（辛棄疾）	
十八、復魯絜非書（姚鼐）	
十九、玄奘傳（《舊唐書》）	
二十、太史公自敘（後段）（司馬遷）	
二十一、論不朽（《春秋左氏傳》）	
二十二、明道先生行狀（程頤）	
二十三、白鹿洞學規（朱熹）	
二十四、中國戲曲概説（吳梅）	
二十五、秋思一、二（東籬樂府）（馬致遠）	
二十六、桃花扇：餘韻（孔尚任）	
二十七、天演論（節錄）（嚴復）	

高中第三級 / 第六級第一年

中文中學（共 12 課）	英文中學（共 11 課）
一、藝文志・諸子略（班固）	一、三年問（《小戴禮記》）
二、勸學（荀子）	二、曾子大孝（《大戴禮記》）
三、秋水（節錄）（莊子）	三、勸學（荀子）
四、經解大學中庸（《大戴禮記》）	四、秋水（莊子）
五、大學問（王守仁）	五、定法（韓非）
六、明象（王弼）	六、哀郢（屈原）
七、漢學師承記自序（江藩）	七、浪淘沙、相見歡（李煜）
八、書教（上）（章學誠）	八、六醜（周邦彥）
九、文獻通考序（馬端臨）	九、揚州慢（姜夔）
十、乾文言（《周易》）	十、永遇樂、菩薩蠻（辛棄疾）
十一、洪範（《尚書》）	十一、秋思一、二（東籬樂府）（馬致遠）
十二、武王踐阼（《大戴禮記》）	

第六級第二年（只限英文中學，共 24 課）

一、乾文言（《周易》）	二、洪範（《尚書》）
三、經解大學中庸（《小戴禮記》）	四、武王踐阼（《大戴禮記》）
五、論不朽（《春秋左氏傳》）	六、太史公自敘後段（司馬遷）
七、藝文志（諸子略）（班固）	八、資治通鑒（論節）（司馬光）
九、文獻通考序（馬端臨）	十、書教（上）（章學誠）
十一、明象（王弼）	十二、玄奘傳（《舊唐書》）
十三、明道先生行狀（程頤）	十四、白鹿洞學規（朱熹）
十五、大學問（王守仁）	十六、漢學師承記自序（江藩）
十七、天演論（嚴復）	十八、毛詩序（卜商）
十九、典論論文（曹丕）	二十、詩品序（鍾嶸）
二十一、復魯絜非書（姚鼐）	二十二、詞選序（張惠言）
二十三、中國戲曲解説（吳梅）	二十四、小說與群治之關係（梁啟超）

上述教材，學校採用與否並無限制，但學校亦需採用香港教育司批准的其他中文科教材。然而，由於中四和中五級別均有中學會考所指定範文需要學習，所以香港教育司署對中學中文科的教材仍有一定程度上的控制。[6]1960 年代至 1990 年代，香港中學會考中國語文科指定範文，表列如下：

《中學國文》，現代教育研究社有限公司，1961 年 6 月初版		
編者：余景山、許錫慶		
冊數	課文篇目	作者
第七冊	1、大鐵椎傳	魏禧
	2、劉老老	曹霑
	3、始得西山宴遊記	柳宗元
	4、鈷鉧潭記	柳宗元
	5、名耀世界的月光曲	田邊尚雄著，豐子愷譯
	6、可愛的詩境	易家鉞
	7、報燕惠王書	樂毅

6 Suggested Syllabus for Chinese in Anglo-Chinese Secondary Schools [M]. Hong Kong: Education Department, 1967.

（續前表）

《中學國文》，現代教育研究社有限公司，1961年6月初版		
編者：余景山、許錫慶		
冊數	課文篇目	作者
第七冊	8、論説話	朱自清
	9、送孟東野序	韓愈
	10、我們對於一棵古松的三種態度	朱光潛
	11、教育家的孔子	張蔭麟
	12、論孝	《論語》
	附錄：中國文學史講話	
第九冊	1、詩三篇	《詩經》
	2、《孟子》三章	《孟子》
	3、兼愛（上）	《墨子》
	4、牧民	《管子》
	5、古詩十九首（錄八首）	佚名
	6、登樓賦	王粲
	7、贈白馬王彪並序	曹植
	8、歸園田居	陶潛

《國文教科書》（新制中學），香港文化服務社，1961年9月初版		
編者：經緯圖書社		
冊數	課文篇目	作者
第七冊	1、曾子大孝	《大戴禮記》
	2、《論語》四則（論孝、論學、論仁、論君子）	《論語》
	3、《孟子》三則（論四端、論義利、論知言養氣）	《孟子》
	4、牧民（論四維）	《管子》
	5、兼愛（上）	《墨子》
	6、定法	《韓非子》
	7、出師表	諸葛亮
	8、陳情表	李密
	9、真州東園記	歐陽修
	10、江鄰幾文集序	歐陽修

(續前表)

《國文教科書》(新制中學),香港文化服務社,1961 年 9 月初版		
編者:經緯圖書社		
冊數	課文篇目	作者
第九冊	1、經解	《小戴禮記》
	2、大學	《小戴禮記》
	3、中庸	《小戴禮記》
	4、勸學	《荀子》
	5、秋水	《莊子》

《國文》(英文中學適用),香港文化服務社,1967 年 5 月修訂版		
編者:經緯圖書社		
冊數	課文篇目	作者
第七冊	1、始得西山宴遊記	柳宗元
	2、鈷鉧潭記	柳宗元
	3、答司馬諫議書	王安石
	4、論説話	朱自清
	5、送孟東野序	韓愈
	6、我們對於一棵古松的三種態度	朱光潛
	7、教育家的孔子	張蔭麟
	8、論孝	《論語》
	9、論學	《論語》
	10、學問之趣味	梁啟超
	11、我所知道的康橋(上)	徐志摩
	12、我所知道的康橋(下)	徐志摩
	13、虯髯客傳	杜光庭
	14、美育與人生	蔡元培
第八冊	1、論仁	《論語》
	2、論君子	《論語》
	3、進化論淺釋	陳兼善
	4、孟子三則	《孟子》

（續前表）

《國文》（英文中學適用），香港文化服務社，1967 年 5 月修訂版		
編者：經緯圖書社		
冊數	課文篇目	作者
第八冊	5、出師表	諸葛亮
	6、古詩十九首	佚名
	7、贈白馬王彪並序	曹植
	8、歸園田居	陶潛
	9、江鄰幾文集序	歐陽修
	10、宋賢語錄	周敦頤、朱熹
	11、正氣歌	文天祥
	12、晉敗秦師於殽	《左傳》
第九冊	1、詩三首（《蒹葭》、《東山》、《蓼莪》）	《詩經》
	2、修身	《荀子》
	3、秋水	《莊子》
	4、張衡傳（節錄）	《後漢書》
	5、小園賦	庾信
	6、宣州謝朓樓餞別校書叔雲	李白
	7、北征	杜甫
第十冊	1、蘇辛詞選（《念奴嬌· 赤壁懷古》、《永遇樂· 京口北固亭懷古》）	蘇軾、辛棄疾
	2、東籬樂府選（【小令二· 雙調· 撥不斷】、【套數· 般涉調· 哨遍】）	馬致遠
	3、明儒學案凡例	黃宗羲
	4、六書論序	戴震
	5、復林琴南書	蔡元培
	6、國語與國文	羅庸

（續前表）

《中文課本》（會考版，中英文中學適用），香港書業公司 按 1971 年 1 月教育司署公佈篇目編定		
編注：中國文史教材研究所		
冊數	課文篇目	作者
上冊	1、戰城南	漢樂府詩
	2、西北有高樓	古詩
	3、贈白馬王彪並序	曹植
	4、結廬在人境	陶潛
	5、出師表	諸葛亮
	6、柳子厚墓誌銘	韓愈
	7、雜説「世有伯樂」	韓愈
	8、始得西山宴遊記	柳宗元
	9、宣州謝朓樓餞別校書叔雲	李白
	10、宿江邊閣	杜甫
	11、明妃曲二首	王安石
	12、論公德	梁啟超
	13、國語的文學，文學的國語	胡適
	以上 13 篇為會考篇目	
	14、讀者可以自負之處	夏丏尊
	15、論文思	蘇雪林
	16、論説話	朱自清
	17、我們對於一棵古松的三種態度	朱光潛
	18、教育家的孔子	張蔭麟
	以上 5 篇不包括在會考課程內	
下冊	1、豳風· 東山	《詩經》
	2、里仁篇	《論語》
	3、四端章、離婁章	《孟子》
	4、養生主「庖丁解牛」（自「吾生也有涯」至「得養生焉」）	《莊子》
	5、曹劌論戰（莊公十年）	《左傳》
	6、蘇秦為趙合縱説楚威王（楚策一）	《戰國策》
	7、宋詞選（《水調歌頭（明月幾時有）》、《永遇樂（京口北固亭懷古）》）	蘇軾、辛棄疾
	8、東籬樂府選（【小令二· 雙調· 撥不斷】、【套數· 般涉調· 哨遍】）	馬致遠
	9、出關與畢侍郎箋	洪亮吉
	10、説文解字第一	朱自清
	11、深情與至誠	傅庚生

《國文》(英文中學適用)，香港文化服務社，1972年6月新版		
編者：經緯圖書社		
冊數	課文篇目	作者
第七冊	1、漢魏六朝詩選(《戰城南》、《西北有高樓》、《贈白馬王彪並序》、《結廬在人境》)	漢樂府詩、古詩、曹植、陶潛
	2、論說話	朱自清
	3、出師表	諸葛亮
	4、我們對於一棵古松的三種態度	朱光潛
	5、韓愈文選(《雜說(世有伯樂)》、《柳子厚墓誌銘》)	韓愈
	6、教育家的孔子	張蔭麟
第八冊	1、始得西山宴遊記	柳宗元
	2、唐宋詩選(《宣州謝朓樓餞別校書叔雲》、《宿江邊閣》、《明妃曲》)	李白、杜甫、王安石
	3、讀者可以自負之處	夏丏尊
	4、論公德	梁啟超
	5、杜威博士生日演說詞	蔡元培
	6、論文思	蘇雪林
	7、與妻訣別書	林覺民
	8、國語的文學，文學的國語	胡適
第九冊	1、東山· 豳風	《詩經》
	2、山鬼· 九歌	《楚辭》
	3、里仁篇	《論語》
	4、孟子二章(《四端章》、《離婁章》)	《孟子》
	5、養生主(庖丁解牛)	《莊子》
	6、曹劌論戰	《左傳》
	7、說文解字第一	朱自清
第十冊	1、蘇秦為趙合縱說楚威王(楚策一)	《戰國策》
	2、宋詞選(《水調歌頭(明月幾時有)》、《永遇樂(京口北固亭懷古)》)	蘇軾、辛棄疾
	3、東籬樂府選(【小令二· 雙調· 撥不斷】、【套數· 般涉調· 哨遍】)	馬致遠
	4、出關與畢侍郎箋	洪亮吉
	5、深情與至誠	傅庚生

《國文》(中學適用)，啟德圖書有限公司，1974年版		
編者：啟德圖書有限公司編輯部		
冊數	課文篇目	作者
第七冊	1、漢魏六朝詩選《戰城南》	漢樂府詩
	2、漢魏六朝詩選《西北有高樓》	古詩
	3、漢魏六朝詩選《贈白馬王彪並序》	曹植
	4、漢魏六朝詩選《結廬在人境》)	陶潛
	5、出師表	諸葛亮
	6、柳子厚墓誌銘	韓愈
	7、雜說	韓愈
	8、始得西山宴遊記	柳宗元
	9、讀者可以自負之處	夏丏尊
	10、論文思	蘇雪林
第八冊	1、宣州謝朓樓餞別校書叔雲	李白
	2、宿江邊閣	杜甫
	3、《明妃曲》二首	王安石
	4、論公德	梁啟超
	5、杜威博士生日演說詞	蔡元培
	6、國語的文學，文學的國語	胡適
	7、論說話	朱自清
	8、我們對於一棵古松的三種態度	朱光潛
	9、教育家的孔子	張蔭麟
第九冊	1、豳風(東山)	《詩經》
	2、里仁篇	《論語》
	3、孟子二章(《四端章》、《離婁章》)	《孟子》
	4、養生主(庖丁解牛)	《莊子》
	5、曹劌論戰	《左傳》
第十冊	1、蘇秦為趙合縱說楚威王	《戰國策》
	2、宋詞選(《水調歌頭(明月幾時有)》、《永遇樂(京口北固亭懷古)》)	蘇軾、辛棄疾
	3、東籬樂府選(【小令二·雙調·撥不斷】、【套數·般涉調·哨遍】)	馬致遠
	4、出關與畢侍郎箋	洪亮吉
	5、說文解字第一	朱自清
	6、深情與至誠	傅庚生

《新編中國語文》(中英文中學適用)，香港文化事業有限公司，1978 年 1 月初版		
編者：香港文化事業有限公司編輯委員會		
冊數	課文篇目	作者
第七冊	共同課文	
	1、潮汐和船，榕樹的美髯	秦牧
	2、我看大明湖	梁容若
	3、醉翁亭記	歐陽修
	4、一個人在途上	郁達夫
	5、書	蘇雪林
	6、宋明遊記文選（《記承天寺夜遊》、《滿井遊記》、《香山》）	蘇軾、袁宏道、袁中道
	7、青年和科學	毛子水
	甲組課文	
	8、捕蛇者說	柳宗元
	9、張中丞傳後序	韓愈
	乙組課文	
	10、山水	李廣田
	11、談描繪	趙友培

《新編中國語文》(中英文中學適用)，香港文化事業有限公司，1978 年 12 月初版		
編者：香港文化事業有限公司編輯委員會		
冊數	課文篇目	作者
第八冊	共同課文	
	1、新詩三首（《也許》、《再別康橋》、《答客問》）	聞一多、徐志摩、臧克家
	2、槳聲燈影裏的秦淮河	朱自清
	3、廉頗藺相如列傳	司馬遷
	4、人物、語言	老舍
	5、第一個半天的工作	茅盾
	6、出師表	諸葛亮
	7、六國論	蘇洵
	甲組課文	
	8、中山狼傳	馬中錫
	乙組課文	
	9、翡冷翠山居閒話	徐志摩
	10、牛	沈從文

《中國語文課本》，上海書局有限公司，1991 年版		
主編：文軍編著：陳德榮、周淑娟、黃蘇		
冊數	課文篇目	作者
第七冊	1、以畫為喻	葉紹鈞
	2、曹劌論戰	《左傳》
	3、花潮	李廣田
	4、敬業與樂業	梁啟超
	5、醉翁亭記	歐陽修
	6、驀然回首	白先勇
	7、出師表	諸葛亮
	8、新詩三首（《也許》、《再別康橋》、《聽陳蕾士的琴箏》）	聞一多、徐志摩、黃國彬
第八冊	9、古詩兩首（《將進酒》、《兵車行》）	李白、杜甫
	10、我看大明湖	梁容若
	11、廉頗藺相如列傳（節錄）	司馬遷
	12、竹林深處人家	黃蒙田
	13、六國論	蘇洵
	14、歸去來辭並序	陶潛
	15、漢字的結構（節錄）	左民安
	16、請客	王力
第九冊	1、齊桓晉文之事章	《孟子》
	2、孔乙己	魯迅
	3、始得西山宴遊記	柳宗元
	4、我和我的唐山	錢鋼
	5、詞四首（《念奴嬌》、《一剪梅》、《青玉案》、《揚州慢》）	蘇軾、李清照、辛棄疾、姜夔
第十冊	6、論仁、論君子	《論語》
	7、范進中舉	吳敬梓
	8、吊古戰場文	李華
	9、店鋪	西西
	10、庖丁解牛	《莊子》

1950 年代至今香港初中中國語文科與儒家思想相關範文表[7]

7　何文勝博士及學生團隊整理教材篇目，謹致謝忱。

儒家經典			1950 年代	1960 年代	1970 年代	1990 年代	2000 年代	2010 年代
書 / 教材篇目	出處	作者	年級					
齊桓晉文之事章	《孟子》	孟子	中一	中一				
魚我所欲也章	《孟子》	孟子	中二	中二	中二		中三 （單元八：論理）	中三 （單元八：論理）
論語四則	《論語》	論語	中二	中二				
論語五則	《論語》	論語	中二	中二				
大同與小康	《禮記》	禮記	中三	中三	中三	中三		
論大丈夫	《孟子》	孟子	中三	中三				
論四端	《孟子》	孟子				中三		
論孝、論學	《論語》	論語				中三		
儒家價值觀			1950 年代	1960 年代	1970 年代	1990 年代	2000 年代	2010 年代
書 / 教材篇目	出處		年級					
論毅力	《飲冰室全集》	梁啟超	中一	中一	中一			
最苦與最樂	《飲冰室全集》	梁啟超	中一	中一	中一	中一		
為學與做人（演講）	《飲冰室全集》	梁啟超	中一	中二	中一中二			
敬業與樂業（演講）	《飲冰室全集》	梁啟超	中二	中二				
最苦與最樂（演講）	《飲冰室全集》	梁啟超	中二	中二				
愛蓮說	《周濂溪集》	周敦頤	中二	中二	中一	中二	中二 （單元七：借物抒情）	中二 （單元六：情隨物遷）
師說	《昌黎先生集》	韓愈	中二	中二	中一			
教育家的孔子	《中國史綱》	張蔭麟	中二	中二				

（續前表）

儒家經典			1950 年代	1960 年代	1970 年代	1990 年代	2000 年代	2010 年代
母愛〔信〕	《寄小讀者》	冰心		中一	中一			
背影	《背影》	朱自清		中一	中一	中一	中一 （單元七：借物抒情）	
正氣歌（古詩）	《指南錄》	文天祥		中三				
禮貌	/	雷淑			中一			
我愛孔子	/	宋雲彬			中二			
緹縈救父	《列女傳》	劉向			中二			
外婆和鞋							中三 （單元五：由物及人）	中三 （單元五：由物及人）
燕詩							中一 （單元五：詩歌欣賞）	中一 （單元一：念記當年）
親情傘							中一 （單元四：借事抒情）	
母親的臉							中一 （單元四：借事抒情）	
曾子殺豬	《韓非子》						中一 （單元十：借事說理）	

2015 年 12 月，課程發展議會發表了《更新中國語文教育學習領域課程（小一至中六）》的諮詢文件，臚列了現時中一至中六須學習的範文學習材料篇目，當中主要以語文能力訓練範疇為單元分類的重點，但當中亦有對中華文化反思的單元篇目，作為香港中六學生學習的內容：[8]

年級	單元名稱	學習材料	預期學習成果（閱讀範疇）
一	說理有據	《螞蟻雄兵》 《死海》 《假如沒有灰塵》 《賣油翁》	學生能運用閱讀策略以理解篇章的主題
二	說理明晰	《豆腐頌》 《說勤》 《發問的精神》 《為學一首示子侄》	學生能掌握段意、概括篇章內容，以理解篇章主題
三	議論基礎	《傷仲永》 《習慣說》 《釣勝於魚》 《想和做》	學生能歸納篇章的內容、概略分析篇章的寫作手法，以理解篇章的主題
三	論證有力	《楊修之死》 《運動家的風度》 《最苦與最樂》 《賣柑者言》	
四	思考辨析	《敬業與樂業》 《六國論》 《偏見》 《新年利是的習俗社交功能》	學生能分析、評價篇章的觀點

8　課程發展議會．更新中國語文教育學習領域課程（小一至中六）[M]. 香港：課程發展議會，2015：24–25.

（續前表）

年級	單元名稱	學習材料	預期學習成果 （閱讀範疇）
五	比較閱讀	《日》 《飛蛾與蝙蝠》 《蛾》 《石鐘山記》 《髻》 《給母親梳頭髮》 《我的母親》	學生能綜合篇章的內容和觀點，分析作者的寫作目的，評價篇章的觀點及寫作手法
六	文化反思	《請客》 《陳情表》 《自嘲》 《齊桓晉文之事章》	學生能評價篇章的內容和價值觀，有個人的心得

由此可見，現時整個香港中學中國語文課程的最終學習目標，不但是訓練學生各種的中國語文運用能力，同時亦培養學生對中國文化的欣賞和反思的能力。

二、中國文學範文教學

1972 年，香港中學四、五年級的中文科一分為二，中國語文科為必修科，中國文學科為選修科。從歷年來香港中學中國文學科的指定範文，可以瞭解 1970 年代至今香港高中文科學生中國文化認識的總體水平。

1974 年至 1977 年香港中學中國文學科指定範文如下：[9]

一、衛風・氓（《詩經》）　　二、曹劌論戰（莊公十年）（《左傳》）

三、四端章、離婁章（孟子）　　四、九歌、山鬼（《楚辭》）

9　林章新．香港中國文學科課程的過去和未來．香港中文教育學會編．中文科課程教材教法研討集 [M]．香港：文化教育出版社，1989：52–54.

五、説難（韓非子）
六、諫逐客書（李斯）
七、過秦論（上）（賈誼）
八、孟嘗君列傳（節錄）（《史記》）
九、漢魏六朝詩選
（一）戰城南（漢樂府詩）
（二）西北有高樓（古詩）
（三）贈白馬王彪並序（曹植）
（四）結廬在人境（陶潛）
十、歸去來辭（陶潛）
十一、唐詩選
（一）出塞（王昌齡）
（二）送孟浩然之廣陵（李白）
（三）輞川閒居贈裴廸秀才（王維）
（四）登高（杜甫）
十二、吊古戰場文（李華）
十三、韓愈文選（韓愈）
（一）雜説（世有伯樂）
（二）柳子厚墓誌銘
十四、醉翁亭記（歐陽修）
十五、赤壁賦（蘇軾）
十六、西河（金陵懷古）（周邦彥）
十七、東籬樂府選（馬致遠）
（一）小令二：「雙調」撥不斷
（二）套數一：「般涉調」哨徧
十八、送東陽馬生序（宋濂）
十九、圓圓曲（吳偉業）
二十、與友人論學書（顧炎武）
二十一、出關與畢侍郎箋（洪亮吉）
二十二、原才（曾國藩）
二十三、孔乙己（魯迅）
二十四、論短篇小説（(胡適）
二十五、深情與至誠（傅庚生）
二十六、理想的白話文（朱自清）
二十七、詩教論（羅庸）
二十八、談散文（李廣田）

二十九、論文思（蘇雪林）

三十、白話詩選

（一）孤山聽雨（俞平伯）

（二）春之首章（聞一多）

（三）賣花女（劉大白）

（四）假如我是個作家（冰心）

1978 年至 1990 年，香港中學中國文學科指定範文設「詩詞選」、「文選」和「小說戲曲選」三組，選修的學生可選修其中兩組。三組範文如下：[10]

第一組：詩詞選

一、衛風・氓（《詩經》）

二、隴西行（漢樂府詩）

三、短歌行（曹操）

四、七哀詩・其一（王粲）

五、山居秋暝（王維）

六、夢遊天姥吟留別（李白）

七、登樓（杜甫）

八、從軍行（王昌齡）

九、賣炭翁（白居易）

十、清明（黃庭堅）

十一、出塞曲（陸游）

十二、清平樂（別來春半）（李煜）

十三、浣溪沙（山下蘭芽短浸溪）（蘇軾）

十四、蘇幕遮（燎沉香）（周邦彥）

十五、醉花陰（薄霧濃雲愁永晝）（李清照）

十六、破陣子（為陳同甫賦壯語以寄）（辛棄疾）

十七、靜夜（聞一多）

十八、十四行之十六（馮至）

十九、還鄉（卞之琳）

第二組：文選

一、庖丁解牛（莊子）

二、說難（韓非）

10 林章新．香港中國文學科課程的過去和未來．香港中文教育學會編．中文科課程教材教法研討集 [M]．香港：文化教育出版社，1989：54–56.

三、諫逐客書（李斯）
四、垓下之圍（司馬遷）
五、與楊德祖書（曹植）
六、歸去來辭並序（陶潛）
七、答劉正夫書（韓愈）
八、遊黃溪記（柳宗元）
七、留侯論（蘇軾）
十、病梅館記（龔自珍）
十一、風的話（周作人）
十二、箱子岩（沈從文）
十三、海灘拾貝（秦牧）

第三組：小説戲曲選

一、柳毅（李朝威）
二、空城計（羅貫中）
三、火燒草料場（節錄）（施耐庵）
四、宴遊大觀園（節錄）（曹雪芹）
五、孔乙己（魯迅）
六、馬褲先生（老舍）
七、年關（節錄）（茅盾）
八、天淨沙（秋思）（馬致遠）
九、醉太平（黃庭小楷）（張可久）
十、法場（《竇娥冤怨》第三折）（關漢卿）
十一、誓師（《桃花扇》第三十五齣）（孔尚任）
十二、北京人（節錄《北京人》第三幕）（曹禺）
十三、三塊錢國幣（丁西林）

1986 年《中國文學科課程綱要》中的〈教學目標〉一節，便指出中國文學科的目標是「增進學生對中國文化的認識」以及「使學生藉本科的學習，收陶冶性情、美化人格的效果。」[11] 而《綱要》影響了 1990 年香港中學中國文學科課程的編排，在範文方面，改變以文體分類的做法，而是要求學生認識「一代之文學」的觀念，如兩漢辭賦、唐代傳奇、宋詩、明清戲曲等，每類選取一兩篇篇幅短少、內容淺近的範文。1990 年中國文學科課程的 35 篇範文表列如下：

11　香港課程發展委員會 . 中國文學科課程綱要 [M]. 香港：政府印務局，1986：7.

時代	文體類別	篇名	作者
先秦文學	詩經	魏風・碩鼠	《詩經》
	楚辭	國殤	屈原
	散文	寡人之於國也章	孟子
		知魚之樂	莊子
		蘇秦約縱	《戰國策》
兩漢文學	傳記文學	鴻門會	司馬遷
	樂府民歌	東歌行	佚名
魏晉南北朝文學	五言詩	雜詩・其五	曹植
		移居・其二	陶潛
	駢文	與宋元思書	吳均
唐宋文學	詩	月下獨酌	李白
		閣夜	杜甫
		鳥鳴澗	王維
		從軍行	王昌齡
		賣炭翁	白居易
		蟬	李商隱
	詞	八聲甘州	柳永
		定風波	蘇軾
		瑣窗寒	周邦彥
		破陣子	李煜
		南鄉子	辛棄疾
	散文	師說	韓愈
		至小丘西小石潭記	柳宗元
		送徐無黨南歸序	歐陽修
元明清文學	曲（雜劇）	法場（《竇娥冤》第三折）	關漢卿
	曲（小令）	水仙子	馬致遠
	小說	武松打虎	施耐庵
		接外孫賈母惜孤女	曹雪芹
		種梨	蒲松齡
現代文學	詩歌	死水	聞一多
		水巷	鄭愁予
	散文	漸	豐子愷
		荔枝蜜	楊朔
	小說	祝福	魯迅
	戲劇	日出	曹禺

觀乎上述範文，並非所有篇章都是反映個別作者的代表作，例如選用韓愈的《師說》，目的在於著重尊師重道的教訓，所以不選取更能代表其中心思想的《原道》、《送孟東野序》或《答李翊書》；而不選蒲松齡《聊齋誌異》中更怪異荒誕的故事，而選《種梨》，則看重當中導人向善的意義。[12]

2002 年，中六中國文學科課程學習以下 24 篇指定範文：[13]

一、秦風・蒹葭（《詩經》）
二、九章・涉江（《楚辭》）
三、齊桓晉文之事章（孟子）
四、逍遙遊（莊子）
五、荊軻傳（《史記》）
六、贈白馬王彪（並序）（曹植）
七、哀江南賦序（庾信）
八、蜀道難（李白）
九、詠懷古跡五首（杜甫）
十、進學解（韓愈）
十一、瀧岡阡表（歐陽修）
十二、前赤壁賦（蘇軾）
十三、齊天樂（周邦彥）
十四、水龍吟・登建康賞心亭（辛棄疾）
十五、雙調・夜行船、秋思（馬致遠）
十六、三國演義（第四十九回節錄及第五十回）（羅貫中）
十七、登泰山記（姚鼐）
十八、卻奩（《桃花扇》第七齣）（孔尚任）
十九、古城（何其芳）
二十、等你，在雨中（余光中）
二十一、書（梁實秋）
二十二、寂寞的畫廊（陳之藩）
二十三、藥（魯迅）
二十四、西施（「西施」本事、第一幕獻美及第二幕第三景借糧）（姚克）

除了以上的指定範文外，教師亦可以選擇額外的文學作品，以配合

12 香港課程發展委員會 . 中國文學科課程綱要 [M]. 香港：政府印務局，1986：62–63.
13 香港課程發展議會 . 中國語文教育學習領域：中國文學課程指引（中六）[M]. 香港：政府印務局，2002：7–8.

及鞏固學生在指定範文所學習的文學能力。此外，教師亦可以引領學生閱讀欣賞課程中指定的名著選讀書目，以涉獵不同文體（如詩歌、散文、小說、戲劇），藉以提高學生對文學作品的賞析和創作能力。課程指定的書目包括四個類別。學生須於詩歌、散文、小說、戲劇四類書籍中最少選讀三類，每類最少選讀一本；所選讀書籍中，古典作品及現當代作品最少各選讀一本，其餘則古今作品皆可：[14]

一、詩歌

（一）古典詩歌

1.《唐詩三百首詳析》（喻守真編注）

2.《宋詞三百首箋注》（唐圭璋箋注）

3.《唐詩三百首》（名家配畫誦讀本）

4.《唐宋詞三百首》（名家配畫誦讀本）

（二）現當代詩歌

1.《現代中國詩選：1917–1949》（張曼儀等編）

2.《中國新詩選》（尹肇池編）

3.《現代中國詩選》（楊牧、鄭樹森編）

4.《香港近五十年新詩創作選》（胡國賢編）

二、散文

（一）古典散文

1.《唐宋八大家古文》（沈德潛選編、宋晶如注釋）

2.《古文名著串講評析（雜文編、論說編、書信編、史傳編）》（周振甫、張中行主編）

14 香港課程發展議會．中國語文教育學習領域：中國文學課程指引（中六）[M]．香港：政府印務局，2002：9–10.

3.《中國歷代散文選（上、下）》（劉盼遂、郭預衡主編）

4.《古文精讀舉隅》（吳小如）

（二）現當代散文

1.《雅舍小品》（梁實秋）

2.《旅美小簡》（陳之藩）

3.《幹校六記》（楊絳）

4.《現代中國散文選》（楊牧編）

5.《豐子愷漫畫選繹》（明川）

6.《這杯咖啡的溫度剛好》（張曉風）

7.《周作人美文選》（鍾叔河編）

8.《放風》（王仁逵）

三、小説

（一）古典小説

1.《三國演義》（羅貫中）

2.《水滸傳》（施耐庵）

3.《西遊記》（吳承恩）

4.《聊齋誌異》（蒲松齡）

5.《儒林外史》（吳敬梓）

6.《紅樓夢》（曹雪芹）

（二）現當代小説

1.《彷徨》（魯迅）

2.《子夜》（茅盾）

3.《邊城》（沈從文）

4.《駱駝祥子》（老舍）

5.《圍城》（錢鍾書）

6.《寒夜》（巴金）

7.《酒徒》（劉以鬯）

8.《半生緣》（張愛玲）

9.《尹縣長》（陳若曦）

10.《我城》（西西）

11.《星雲組曲》（張系國）

12.《芙蓉鎮》（古華）

13.《紅高粱》（莫言）

四、戲劇

(一) 古典戲劇

1.《西廂記》(王實甫)　2.《牡丹亭》(湯顯祖)

3.《桃花扇》(孔尚任)　4.《中國戲曲選》(上冊)(王起主編)

(二) 現當代戲劇

1.《日出》(曹禺)　2.《茶館》(老舍)

3.《狗兒爺涅槃》(錦雲)　4.《南海十三郎》(杜國威)

5.《香港話劇選》
(方梓勳、田本相編)

2002 年，中國文學科採用較以往靈活方式處理指定範文、教師自選作品和學生自選讀物的配搭，而 2002 年的《中國語文教育學習領域：中國文學課程指引(中六)》便提出例子說明上述的配搭。如以「親情」為主題，除了選用指定範文《贈白馬王彪(並序)》外，教師可自行選取《詩經・小雅》中的《蓼莪》和《常棣》、漢樂府《孤兒行》、李密《陳情表》、胡適《我的母親》、豐子愷《我的母親》等篇章及有關親情的小說、電影作為輔助學習材料，並設計適當的學習活動，使學生能欣賞以親情為主題的文學作品。[15] 由此可見，2002 年新修訂的中國文學科當中，實際上亦有 2001 年《學會學習 —— 課程發展路向》文件所指中國語文科中「品德情意」的相關內容。

15 香港課程發展議會 . 中國語文教育學習領域：中國文學課程指引(中六) [M]. 香港：政府印務局，2002：11.

第二節　中國語文科與中華文化學習

一、文言文教育的討論

設立文言文範文作為學生學習書面語寫作有其道理，鄧仕樑便認為通過範文學習書面語，在中國已有二千多年的傳統。所以香港在 1950 年代起，連綿近半個世紀的中國語文範文教育，實際上一早便脱離口語（不論是普通話還是粵語）：「到目前為止，大部分香港人（包括今天的語文教師）學寫白話文的過程，是從書面語去學習書面語。即是説，他們多數在小學、中學、乃至大學階段寫白話文的時候，基本上還不會説普通話。能夠寫，是因為讀了或多或少的白話文作為基礎。這現象本來不奇怪，在中國傳統裏，漢以後二千年讀書人寫的文章，用的正是脱離了口語的語言。……而二千年來，讀書人學習寫作，不得不讀書，……這是長期以來中國人學習書面語的傳統。至於這樣的傳統，在學習上有甚麼效果呢？二千年來優秀的文學作品就是成績。」[16] 因此，鄧氏認為，香港學生如果要學會用書面語進行中文寫作，應該使用現在語文教學上稱為「沉浸」(Immersion）的方法，即不是在中文課程中多加幾篇範文，而是讓學生每天大量閱讀白話文，使他們每年閱讀的數量近於以至倍於整部《史記》的份量，如此寫起白話文來，會較住在北京而不大閱讀的學生有把握得多。[17]

鄧仕樑的意見並不孤立，李家樹亦指出香港學生口語（粵語）與書面語（現代漢語）有很大的分歧，要學好中文，閱讀是必須的。李氏認為，單單中學每學年二三十篇課文、三數個讀書報告以及不超過 10 篇的作文作業，無法學好應有的閱讀和寫作基本能力，只有閱讀一二千篇

16　鄧仕樑 . 語文能力和文學修養：新世紀語文和文學的教與學 [M]. 香港：三聯書店，2003：62.
17　同上：90−91.

文章，語文能力才會建立起來。[18]

對於文言文值得不值得繼續學習的問題，杜祖貽回應王力在會上「只作白話文，不寫文言文」的意見，強調文言文在中國文化傳統中的重要價值有三：[19] 第一，古人寫作，多從「言志」和「載道」出發，閱讀其作品既可知作者當時的言行和社會狀況，以及有助認識讀者所處的時代，「使我們能夠循着識古知今，繼往開來的歷史演進原則，為中國社會文化的開展而努力耕耘。」第二，古人視寫作為千古春秋「不朽」之業，有着「行遠」和「為後世法」的目標，所以出色的中國文學作品均是「文質兼備」，價值已超出作者所處的時代，能夠繼承傳統的同時又不斷進化，因此「不但延續了文化的命脈，更賦予文化以新的生命。」第三，對於五四白話文運動以來，語體文和文言文互為矛盾的問題，杜氏強調「文言文是活的文字，表達中國文化光輝的一面。」認為過去為了普及教育而推動語體文教育，誤將文言文視為陳腐的東西，將語體文和文言文不必要地對立起來。

蘇文擢便提出白話文和文言文在中學教學的兩個方法。第一，採用「文明比類教學法」，即選取主題或內容相近的白話文和文言文範文同時教授，以減少文白之間的外在阻礙。例如人子愛親之心，可以抽取朱自清《背影》、歸有光《先妣事略》和孟郊《遊子吟》三篇一起講授；又例如關於朋友死生新故之感，亦可以將朱自清《悼聞一多》、王安石《祭王深甫文》、歐陽修《江鄰幾文集序》一起講，以令學生瞭解古今友情之不同。第二，文白分教。文言文範文，教師要示範朗誦和精解當中的文詞；白話文教材，則由淺入深，讓學生自行閱讀，在課堂上進行討論。[20]

---

18 李家樹．老生常談還要談．香港語文教學策略 [M]. 南京：南京師範大學出版社，2000：20–21.

19 杜祖貽．從王力教授「只作白話文」的觀點說起並試論文言文的存廢 [J]. 語文雜誌，第 7 期，1981–1：8–9.

20 蘇文擢．文言文與白話文之教學．邃加室講論集 [M]. 香港： 1983：502–503.

二、中國語文與中國文學分科的爭議

唐秀玲指出，1972 年香港教育署將原來的「中文課程」劃分為「中國語文」和「中國文學」兩個獨立學科，只是著眼於讓理科學生只修讀語文科，以便有更多時間研習數學和自然科學的現實問題上，而讓文科學生兼讀上述兩個新的獨立學科，以維持原來「中文課程」的傳統特色，本身缺乏學理的根據。而這樣變動的最大問題在於「使語文科趨向採用語文作為傳意工具的教學模式，重視語言的訓練，道德薰陶也漸漸淡化了。」[21] 實際上，中國語文分科之舉，亦頗受 1971 至 1973 年中學會考委員會主持人英人包樂賢（A.G. Brown）的影響。包氏認為英語科既然可以分為「英國語文科」和「英國文學科」，因此在中文和英文中學會考合併之際，中文科亦應跟從英語科作分科的措施。當時在中學會考中文科科目委員會內，何世明牧師便指出中國語文的學習需要透過對中國文學的欣賞才能做到。而分科後的中國語文科雖為大部分學生所必修，但由於範文篇數太少，「會降低中文科水平，導致中學生忽略中國文化的學習。」然而何氏的意見未能改變分科的決定。[22]

1976 年，蘇文擢在諸聖堂的講座便批評上述分科的做法。蘇氏認為當時的教育當局並不明白「語文」的嚴格定義其實有四：第一，語文可分為「語言」和「文字」，前者發乎口舌，後者形於筆墨；第二，「語言」和「文學」，後者是不但包括前者研究文字，而是包括對事、景、情、理和組織字句篇章這較高層次的研究；第三，「語」是「國語」，「文」是「文言」。蘇氏認為「中國語文」就是包括白話文和文言文，觀乎 1949 年

21　唐秀玲 . 回應香港中國語文教領域的課程改革：語文和文學教學的思考 . 唐秀玲等編 . 語文和文學教學——從理論到實踐 [M]. 香港：香港教育學院，2004：68.

22　林章新 . 從公開考試看香港中學語文和文學分科教學 . 李學銘、何國祥編 . 語文運用、語文教學與課程：語文教育學院第五屆國際研討會論文集 [C]. 香港：香港教育署，1990：167–168. 分科後的「中國語文科」考試範文篇數為 21 篇，較 1974 年分科前中文中學和英文中文科的 49 篇和 29 篇為少。

前中國內地和 1949 年以後的台灣，小學有國語課本，中學有國文課本，大學有大一國文，即小學學習白話文，中學兼學文言文，大學則全是學習文言文，可為佐證。更重要的是，蘇氏舉例指當時香港中文大學對中文的研究分為「語文」和「文學」兩類，前者指語言學和文字學，但中學雖有「語文」和「文學」兩科之分，但當中的選材性質，並無差異，只令學生對「語文」一詞的觀念迷糊不清。[23] 蘇氏強調，外國人純文學的觀念認為文學只是少數人的玩意，這情況並不適合於中國文學的情況。他認為中國文學「蘊含著豐富的文化特質而予讀者以性情品格上深厚的感染，中國文學就是中國文化的精華。」[24]

鄭楚雄認為，將原來的「國文科」分作「中國語文科」和「中國文學科」之舉是過於著重效益，結果當「中國語文科」教授《遊子吟》、《燕詩》這些與母愛或倫理親情相關的篇章時，老師便不多著重作品所呈現的情感教育，而只著重當中的修辭、句式和語法知識的教授。至於不少文言文名篇範文，本來可以借著字詞貫串、文句疏解等各方面讓學生學習它們的文字美感和當中遙深的寄意，但卻被劃分至較少人修讀的「中國文學科」去。[25] 即使「中國語文科」仍留有少數對於德性情操有深刻討論的名家作品，重點亦有所改變，如孟子分析仁義禮智乃生而有之的《論四端》，則易之為僅反映與眾同樂這一般觀念的《莊暴見孟子章》。余迺永認為，孟子《魚我所欲也章》這篇具思想性的範文能夠存在於課程內，只是部分課程發展委員會委員力爭的結果。範文大部分仍代之以遊記或描述個人家庭瑣事的範文。[26] 分科的結果，一方面令香港學生的中文水

---

23 蘇文擢 . 略談「語和文」. 邃加室講論集 [M]. 香港： 1983 ： 467–469.

24 蘇文擢 . 中文教與學之正確認知 . 邃加室講論集 [M]. 香港： 1983 ： 541.

25 鄭楚雄 . 我們古典哪裡去？. 教場觀隅錄：雜説香港文化、教育 [M]. 香港：進一步媒體，2009：265.

26 余迺永 . 以中文為母語的中文科教學法課程 . 李學銘、何國祥編 . 何去何從？關於九十年代語文教學、培訓課程的策畫、管理與執行問題 [M]. 香港：香港教育署，1991：68.

平每下愈況，而語文科亦淪為只著重傳意文字的訓練，忽略思想情感和道德文化的教育。[27]

關於語文和文化教育的問題，實際上在分科以後，香港教育界已有深入的討論。1981 年 1 月，香港中國語文學會在香港中文大學舉行「語文教育與文化」座談會。著名語言學家王力清楚指出語言、文化和文學三者的關係：「沒有語言，就沒有文化；不學好語文，也就沒有法子接受文化知識；沒有語言基礎，就談不上學文化。至於語文跟文學的關係，蘇聯作家高爾基有句話：『語言是文學的第一要素。』這個話也不難懂，因為沒有語言又怎樣能夠有文學呢？」[28] 然而，王力認為文化知識的教學應該只限於古代漢語而非現代漢語，原因在於要讓學生瞭解古書，非講古代文化不可。此外，王力亦認為語法、修辭、詞匯和邏輯的知識無須獨立地講，可以隨機施教，最好結合課文來講，潛移默化。[29]

因此，在「中國語文科」和「中國文學科」分科之時，便有意見認為這是「出賣民族文化之舉」，是香港殖民地政府打擊 1970 年代興起的中文運動，是消弭民族意識的策略。[30] 然而，香港中國語文學會編纂的《語文雜誌》，刊登了不少當時現職中學老師支持「分科」的言論，如「語文是溝通工具，語文科的任務主要是訓練讀寫聽説能力，這是學文化的基礎。先普及後提高，寫詩填詞到底是少數人的事，可以在高中大學開設選科。至於道德思想教育，各科教師都有責任。」[31] 換言之，中國語文科至少不必單獨負起道德情意的教育責任。

然而，分科亦導致文化教育有空隙之弊，原因一方面是一般設置中

27 林章新 . 從公開考試看香港中學語文和文學分科教學 . 李學銘、何國祥編 . 語文運用、語文教學與課程：語文教育學院第五屆國際研討會論文集 [C]. 香港：香港教育署，1990：177.
28 王力談語文教育與文化 [J]. 語文雜誌 . 第 7 期，1981–1：3.
29 同上：4–5.
30 梁崇榆 . 我的願望 [J]. 語文雜誌 . 第 7 期， 1981–1：12.
31 毛鈞年 . 從沒有異議的地方做起 [J]. 語文雜誌 . 第 7 期， 1981–1：11.

國文學科的教節少（每週約二至三節），以及大部分學校都不開設中國文學科或只開設一班，能夠修讀的學生不多。大部分學生只通過中國語文科接觸文學，但該科大部分範文是語體文，有意見認為，這些範文不是佳作，值得欣賞的地方不多，因此實際上令學生無法對文學這一「我國最寶貴的文化寶藏」有全面的認識。也有意見認為，文學是「民族文化的靈魂」，有助學生懂得如何安身立命。而英國、美國等西方國家的文學文化不及中國歷史深厚，但他們的中學語文課程仍選有莎士比亞、海明威等文學名著作教材，所以意見指有絢爛瑰麗的文學寶庫，更應成為學生必須修讀的範文教材。因此，「中國語文科」和「中國文學科」應該合併為中文一科，以一科兩卷的形式處理考評的問題。[32]

蘇文擢在 1970 年代發表不少意見，批評香港中文教育工具論的弊端。蘇氏認為，香港中學生中文教育飽受純語文工具觀念的纏繞，以致不曾將自己的知、情、意的精神整體投入中文讀物之中，所以寫出來的文章「言之無物」。因此，蘇氏強調「中文的學習乃是中國人整體的訓練」，即是文質兼備，「質」是理智、情感和意志所凝聚的品德，「文」則是字、詞、句、篇章以至文學上的技巧。[33] 他指出，1970 年代至 1980 年代初香港中文教育之主要問題，在於嚴重的工具化傾向以及與傳統文化的徹底割裂。蘇氏指出，1969 年以前有《論語》四組和《孟子》三章的範文，1971 年只剩下《論語・里仁》和《孟子》「四端」兩章，到 1980 年則完全刪去上述的範文篇章，卻沒有補入內容相近的教材。然而，最大的問題不在教材，而是中國語文的教法過於工具化。蘇氏舉例初中語文課有白居易的《慈烏夜啼》和《燕詩示劉叟》二詩，有意見認為應只從詩的結構、造句和用字來解釋，不必發揮勸孝的意義。蘇氏便認為「終

32 何萬貫 . 論語文文學教育的普及化 [J]. 語文雜誌 . 第 7 期，1981–1：13–14.

33 蘇文擢 . 中文學習中之文與質 . 邃加室講論集 [M]. 香港： 1983：457–459.

究為全詩勸孝的情志而服務，不發揮孝道，正是捨本逐末，買櫝還珠，又怎能引起讀者的共鳴？」這種迷信語文工具論的教學方法，正是學生越來越厭惡中文學習，致使中文水平每下愈況的根本原因。[34]

李家樹強調，學習語言必須學習語言形式背後所呈現的各種民族文化，否則這樣的語言教育是不完整的。李氏指出，側重中國語文運用能力的訓練，而忽略中國文化的認識，是1950年代至1980年代香港殖民地政府以行政手段所造成的。因此，香港在1997年回歸以後，必須恢復中文教學第一語文教學的地位。他認為，「母語（中文）教學如果不與本國文化教育結合起來，僅僅強調其工具性，就根本連第二語文教學的程度也攀不上。」[35]

謝耀基認為，語言本身便能反映民族特有的文化。他引朱光潛的話，指出中文和西方語文不同的字彙便有不同的文化意涵：「中文中『風』、『月』、『江』、『湖』、『梅』、『菊』、『燕』、『碑』、『笛』、『僧』、『隱逸』、『禮』、『陰陽』之類字，對於我們所引起的聯想和情趣，也決非西方人所能完全瞭解的。這可以叫做『聯想的意義』(associative meaning)。」至於成語、俗語、諺語和歇後語等，這正好反映中國獨特的民俗文化。[36]

三、普通話教學與中華文化教育

曹順祥認為，普通話教學有助拉近香港和中國內地的文化差距：「普通話雖然是民族共同語，但相對於南方方言，它有著明顯的北方色彩，透露出更多北方生活、習性、氣質等因素，揣摩普通話的語音、詞

34　蘇文擢．當前中文教育的教者與教材 [J]. 語文雜誌．第7期，1981-1：16-17.
35　李家樹．九十年代中文教學的路向．香港語文教學策略 [M]. 南京：南京師範大學出版社，2000：64.
36　謝耀基．漢語的特點和教學．李家樹編．香港語文教學策略 [M]. 南京：南京師範大學出版社，2000：172.

匯及其語句習慣，也就是瞭解其生活方式、思維習慣的過程，透過普通話學習，我們能夠更深刻地理解歷史、理解中華民族。」曹氏亦認為香港普通話教材所選的課文，側重於20世紀上半葉的白話文作品，但這與現今中國內地真正通行的標準語言已有差距。因此，曹氏認為在普通話單元教學的設計中，可以考慮選擇一篇名家作品作為精讀課文，同時選取更好地反映現代社會生活，符合現今中國內地標準語的文章，作為泛讀和自讀的課文。[37]

黃國慶在1997年「中學普通話科新課程研討會」中的意見，更能說明普通話教學如果脫離了文化方面的教育，就不是完整的普通話教學。他認為「外國人說普通話，北方人說廣州話，雖然字正腔圓，但是我們還是常常笑他，為甚麼呢？就因為缺少一點兒味兒，這味兒就是文化，尤其是俗文化：小說、笑話、生活常識、俚語村言、口頭說唱，都有這種味兒，所以生動、親切、有趣，別人也就容易理解、感受、產生共鳴。學了這種文化，才能說活普通話，否則就是不像話的話了。」[38]

「語言教學不能離開文化」已成為語言教學的主流和共識。林章新認為，中國語文學習加強文化元素，有助培養學生思維能力、民族自尊和國家觀念的優點。[39] 因此，香港教育大學自1995年起在中國內地包括北京、長春、西安、蘇州和南京等地，為香港普通話科教師提供的普通話沉浸課程，均包括「文化考察」的沉浸式學習內容。以北京為例，學員除了要收集與北京日常生活有關的書刊、錄音帶、錄像帶等真實語言材料外，亦通過與當地不同階層和不同年齡人士的接觸，取得第一手

---

37 曹順祥、過常寶．以普通話教授中國語文的意義和作用．曹順祥編．惠僑英文中學教研文集 —— 以普通話教授中國語文 [M]. 香港：惠僑英文中學，2005：2–3.

38 黃國慶．普通話科新課程有關中國文化施教內容初探．集思廣益（二輯）：開展新世紀的普通話教學 [M]. 香港：香港教育署中文組，2000：28.

39 林章新．從對外漢語教學看香港中文教學的改善．周漢光編．優質中文教學 [M]. 香港：香港中文大學出版社，2000：74–75.

的口語材料。此外，學員亦通過課程安排的參觀、遊覽和文藝節目等，加深對北方文化的體驗。甚至有老師安排學員在北京百貨大樓當一天的售貨員。這些都令學員除了具有課堂上的語音、正音、朗讀和口語訓練外，還有實地文化生活的體驗。[40]

四、中學中華文化教育發展的探討

雖然我們多番強調中國語文教育和中華文化教育需要有機結合，不論語文能力還是中華文化的教育，均不應採取工具性割斷有機連繫的教育方法。然而，這樣的教育願景與教育工作者對中國語文科的預期教學目標存在落差。根據2001年至2002年以香港教育學院中學中國語文科教師在職培訓課程學員為對象的調查顯示，有接近八成的受訪者認為，「培養學生的聽説讀寫能力」是中國語文教學的重要目標，而只有約一成左右的受訪者認為「培養學生認識中國傳統文化」是重要的目標。至於在是項調查中，詢問學員心目中語文教學和文學教學的分別何在，結果51%的受訪者認為「培養學生語文能力」是語文教學與文學教學的分別所在，但只有7.7%的受訪者認為「讓學生認識中國傳統文化」是文學教學的分別所在，而「培養學生欣賞文學作品的能力」則佔34.6%。[41] 換言之，雖然21世紀初香港教育當局已重新引入「中華文化」作為中國語文教育的其中一個重要學習範疇，然而實際上中國語文科已失去培養學生認識和認同中華文化的學習目標，中國文學科在這方面也較以往大大褪色，變得如語文科一樣著重能力的訓練，缺少更高層次的文化教育目標。

---

40 何國祥．沉浸學習，語言、文化，兩者兼得？——香港普通話教師內地沉浸式師資培訓課程七年的回顧與新世紀的展望．何文勝主編．中國語文教育百年暨新世紀的語文課程改革 [M]. 香港：香港教育學院，2004：350−354.

41 鄺鋭強．中學中國語文科教師的教學取向．唐秀玲等編．語文和文學教學——從理論到實踐 [M]. 香港：香港教育學院，2004：264−266、269−271.

21 世紀中國語文科何去何從？中華文化教育又應該採取怎樣的發展方向？中國著名教育家葉聖陶的主張頗具啟發性。葉氏認為，「語文」中的「文」並不同於「文學」中的「文」：「口頭為『語』，書面為『文』，文本於語，不可偏指，故合言之。亦見此學科『聽』、『説』、『讀』、『寫』宜並重……唯『文』字之含意較『文學』為廣，緣書面之『文』不盡屬於『文學』也，課本中有文學作品，有非文學之各體文章，可以證之。」[42]

何文勝就中國語文科發展的方向，嘗試尋找答案。他認為，香港特別行政區課程發展議會在 2002 年發表的《中國語文教育學習領域課程指引》所列的九個學習範疇，不是並列而是從屬的關係，即學生通過讀、寫、聽、説能力的訓練，以吸收語言文字中的文學、中華文化和品德情意的養份，從而提高他們思維和語言自學的能力。因此，語言能力的訓練應是課程的主要任務。然而，何氏指出，《課程指引》並沒有處理好課程所列的九個學習範疇的關係，致使原為語文科的課程，變成文學、文化、品德等科的綜合體。[43]

何氏指出，1970 年代末，中國內地中國語文教科書由以往以講讀文章為主的「文選型教科書」，以及以比較有系統的語言知識為主要內容的「知識型教科書」，逐漸過渡至按「記敘–説明–議論」為編排順序的「文體型教科書」，再發展至 1990 年代以訓練學生聽、説、讀、寫四種能力為主線，建立不同的教學單元，以「重視語文的工具性，以培養學生語文能力為目標」的「訓練型教科書」。何氏認為，中國內地幾十年編纂中國語文教科書的經驗顯示：「語文教材改革的關鍵不在於更換文章，而是在於更新結構，由文選體系到文體體系是教材結構的重大更新。」此外，借鑒世界各地近三十年來強調語文實用性的趨勢，香港的

---

42 葉聖陶 . 答滕萬林 . 葉至善編 . 葉聖陶答教師的 100 封信 [M]. 北京：開明出版社，1989：56.

43 何文勝 .《中學中國語文課程指引》(諮詢文件) 課程取向、教學總原則及學習範疇評議 . 世紀之交香港中國語文教育改革評議 [M]. 香港：文化教育出版社，2003：125.

中國語文教材應該更新為以單元教學為本的能力訓練型教材，而非停留在屬於1920至1930年代教學目標綜合而欲面面俱到，但實際是「目標不單一，重點不突出，訓練不集中」的文選型體系內。[44] 因此，何文勝獲香港優質教育基金資助，在2000年至2003年間編寫一套六冊的《能力訓練型編選體系中國語文實驗教科書》。該書選取的文章，代表了香港中學中國語文科當中關於中華文化教育內容上的另一種可能性。

本節以朱自清的話作結，最能表達筆者對中國語文教育本質的看法。朱自清認為，中文教育有其文化使命：「大學國文不但是一種語文訓練，而且是一種文化訓練。朱（孟實）先生希望大學生的寫作能夠『辭明理達，文從字順』:『文從字順』是語文訓練的事，『辭明理達』，便是文化訓練的事：……所謂文化訓練就是使學生對於物，對於我，對於今，對於古，更能明達，也就是朱先生所謂『深一層』的『立本』。」[45] 朱氏的評論不只適用於大學國文的教育，亦適用於中學中文教育。簡言之，中華文化教育實際上是中國語文教育的根。

第三節　中學中華文化的學習內容

1989年5月，《檢討提高語文能力措施工作小組報告書》指出中國語文對學習中國文化的重要性：「在中文方面，目前的教育制度須繼續發展學生在家中已經學習到的口語技巧，以便所有人都能夠掌握聽、講、讀及寫中文的能力，以應付日常需要，並對中國文化有一些認識，儘管他們所能達到的水平會有所不同。」[46]1991年，趙令揚認同語言是

44　何文勝．內地初中中國語文教科書編選體系的改革及其對香港語文教學的啟示．從能力訓練角度論中國語文課程教材教法 [M]. 香港：文思出版社，2006：170–173、205–206.

45　朱自清．論大學國文選目．國文教學 [M]. 香港：香港太平書局，1963：14.

46　檢討提高語文能力措施工作小組．檢討提高語文能力措施工作小組報告書 [M]. 香港：教育署，1989：18.

文化的載體，所以「在文化的背景對語言進行透視，用文化發展的普遍規律去認識、揭示語言的發展規律，去闡示語言現象形成演變的原因，毫無疑問可以更深刻理解語言。」趙氏強調，文化知識和語言知識是一個整體的系統，如果文化教育從語文教學中割裂開去，語文教學是無法走上科學的軌道的。[47] 1997 年 12 月，梁雅玲在「小學普通話科新課程研討會」的演講中，亦認同「語言是文化的載體」這一說法。梁氏認為，中國文化可以分為三個層次：第一是表層，包括建築文化、劇曲文化、曲藝文化和文物文化；第二是中層，指禮儀習俗和行為方式；第三是深層，指中國人的思維方式。[48] 這些可說是中國文化教育應有的內容。

踏入 1990 年代，教育當局開始注重在中文教學中加入中國文化教育的元素。1990 年，香港課程發展議會編訂《中國語文科：中一至中五課程綱要》，設立兩項教學目標，其中一項便是「借著本科的教學，啟發學生的思想，培養學生的品德，增進學生對中國文化的認識，並加強學生對社會的責任感。」[49]《綱要》的附錄中亦詳細說明透過中國語文科介紹中國文化的三個注意事項：[50]

一、不須劃出教節孤立進行，可結合讀文教學、寫作教學和課外導讀三個教學範疇，隨機施教；

二、不必另擬教學內容，只須配合精讀教材所涉及的有關內容，加以指導，使學生對本國文化有概略的認識；

---

47 趙令揚．中國文化與語文教學．李學銘、何國祥編．何去何從？關於九十年代語文教學、培訓課程的策畫、管理與執行問題 [M]. 香港：香港教育署，1991：55–56.

48 梁雅玲．知己知彼教好普通話．集思廣益：邁向二十一世紀的普通話科課程：課程與教學 [M]. 香港：香港教育署，1997：252–255.

49 香港課程發展議會編．中國語文科：中一至中五課程綱要 [M]. 香港：政府印務局，1990：9.

50 同上：80.

三、介紹精讀教材中所涉及的文化知識，不宜過分深入，宜配合學生的程度和教學時間，作適當處理。

《綱要》亦列出精讀教材中教師可以講解的中國文化常識如下：

一、儒家仁愛、忠恕的道理，如《論孝》、《論學》、《論仁》、《論君子》、《論四端》、《大同與小康》；
二、道家超然物外的人生觀，如《庖丁解牛》；
三、「以天下為己任」的讀書人職志，如《岳陽樓記》、《走進春天的懷裏》；
四、君子的風範，如《愛蓮說》；
五、仁者「體物到雞豚」的胸懷，如《貓捕雀》；
六、司馬遷的生平和文學成就，如《廉頗藺相如列傳》；
七、胡適與新文化運動的關係，如《差不多先生傳》；
八、古代書簡的製作與演變，如《古人讀書不易》；
九、民間說唱表演的特色，如《明湖居聽書》；
十、古人名與字的關係，以及祭奠的儀式，如《岳飛之少年時代》。

《綱要》明確指出，上述的文化常識不必有系統地講授。《綱要》認為，讓學生認識中國文化有三個目的：第一，如果學生對中國優秀的傳統文化瞭解愈深，則思慕之情愈切，從而增加他們學習中文的認真程度；第二，優秀的傳統文化有助學生德性的培養，建立正確的人生觀；第三，古代的文化知識，可以增加學生閱讀古籍的能力。[51]

1990 年《中國語文科：小學課程綱要》將小學中國文化的教育局限在中國傳統文化 —— 古典文學作品的方面：「基本上，各級教材用語體

51 香港課程發展議會編．中國語文科：中一至中五課程綱要 [M]. 香港：政府印務局，1990：80.

寫成，六年級課本則每學期另編有淺易的文言文、古典詩歌共四課。如教師認為學生語文程度已達一定水平，則可選若干課，取代語體課文，使學生進一步認識中國傳統文化。」[52]1995 年，香港課程發展議會編訂《目標為本課程中國語文科學習綱要》，在小學中國語文科的三個總目標中，有兩個便提及增進「對中國文化的認識」和「啟發思想，培養品德，並加強對社會的責任感」的目標，並主要在閱讀教學方面達成這些學習目標。[53] 1996 年編訂的《目標為本課程中國語文科學習綱要補編》更清楚指出，閱讀哪些篇章可瞭解中國文化的內容。[54]

第一學習階段（小一至小三）	
風尚習俗	神話傳説、歷史故事、成語故事
傳統節日：	黃香溫席
春節	孔融讓梨
清明	守株待兔
端午	畫蛇添足
中秋	井底之蛙
重陽	亡羊補牢
除夕（大年夜）	畫荻教子（歐陽修）
親屬稱謂：	殺兩頭蛇（孫叔敖）
父系親屬	精忠報國（岳飛）
母系親屬	

52 中國語文科：小學課程綱要 [M]. 香港：政府印務局，1990：21.

53 目標為本課程中國語文科學習綱要 [M]. 香港：政府印務局，1995：引言 .

54 香港課程發展議會編訂 . 目標為本課程中國語文科學習綱要補編 [M]. 香港：政府印務局，1996：2、6.

第二學習階段（小四至小六）				
風尚習俗	成語故事	傑出人物	山川名勝	其他
四季	揠苗助長	孔子	黃河	造字方法：象形、指事、會意、形聲
	濫竽充數	孟子	長江	古典名著：
	臥薪嚐膽	莊子	泰山	《三國演義》
	指鹿為馬	屈原	黃山	《水滸傳》
	破釜沉舟	伯牙、鍾子期	桂林	《西遊記》
	黔驢技窮	魯班	三峽	
	塞翁失馬	劉邦	長城	
	聞雞起舞	項羽	故宮	
	狐假虎威	張衡	西湖	
	完璧歸趙	華陀	北京	
	世外桃源	諸葛亮	南京	
	一諾千金	王羲之	西安	
	圖窮匕現	李白		
	推己及人	杜甫		
		白居易		
		蘇軾		
		文天祥		
		李時珍		
		孫中山		
		秋瑾		
		梅蘭芳		
		詹天佑		
		魯迅		
		冰心		
		楊振寧		

《綱要補編》亦提出小一至小三和小四至小六這兩個學習階段應有的品德教育學習重點：[55]

55 香港課程發展議會編訂．目標為本課程中國語文科學習綱要補編 [M]. 香港：政府印務局，1996：20.

範圍		個人	家庭	學校	群體
學習階段	年級				
第一	小一至小三	整潔 誠懇 開朗 公平 不自大	聽長輩的話 幫助家人 尊敬長輩 與人分享 誠實 有禮貌 守信 親愛家人	守秩序 聽老師的話 幫助別人 與人分享 與人合作 友愛同學 尊敬老師 誠實 有禮貌 守信 和睦相處 敬愛師長 愛護學校	對人和氣 守秩序 幫助別人 與人合作 誠實 有禮貌 和睦相處 愛護公物 維護群體利益
第二	小四至小六	自律 節約 忍耐 樸素 有量度 自愛	關懷家人 體諒家人	接納同學 熱心服務	尊重別人 愛護生物 盡公民責任 遵守法律

2001 年 9 月，香港特別行政區課程發展議會發表《學會學習——課程發展路向》的文件，當中提及中國語文科其中一個發展方向是「加強品德情意教育、文化學習，培養對中華文化的認識、反思和認同。」[56]2002 年議會再發表《中國語文教育學習領域課程指引（小一至中三）》的文件，指出中國語文教育的其中一個主要任務是要使學生「得到審美、品德的培育和文化的薰陶，以美化人格，促進全人發展。」尤有進者，文件還提出中國語文教育的基本理念不只是讓學生懂得欣賞中華文化，同時亦讓學生有欣賞世界其他民族文化的能力：「我們要通過中

56 學會學習–課程發展路向 [M]. 香港：政府印務局，2001 年：28.

國語文教育，讓學生深入認識中華文化，吸收優秀的文化養份；進而反思、認同中華文化，增強對國家民族的感情。另一方面，也要讓學生認識、欣賞世界各民族的文化，吸收其他民族的文化精華，並具有國際視野和容納多元文化的胸襟。」[57] 在上述的《課程指引》中亦提出「閱讀」、「寫作」、「聆聽」、「説話」、「文學」、「中華文化」、「品德情意」、「思維」和「語文自學」為中國語文課程的九個學習範疇。在「中華文化」這學習範疇方面，文件認同語文和文化互為表裏，「認識文化有利溝通，也有利於文化承傳」，並提出了以下的學習目標：[58]

一、增進對中華文化的認識，提高學習語文的興趣和語文能力；
二、對中華文化進行反思，並瞭解其對現代世界的意義；
三、認同優秀的中華文化，培養對國家、民族的感情；
四、在生活中體現優秀的中華文化。

李學銘認為，中國語言教學在文化反思方面，可以考慮下列三個方向：[59]

一、中國文化的本質是落實的，並非只是理念的規範。要避免不落實，就得把理念的規範，轉化為生活的實際；
二、中國近代以至現代的物質文明，誠然有不足的地方，但與文化的早熟和不成熟並無必然關係；
三、現代化不應等同物質文明，更不應等同全盤西化，中國文化的現代化，應該是自成系統、不失特性、有所吸納，有所創獲的綜合。

---

57 香港課程發展議會 . 中國語文教育學習領域課程指引（小一至中三）[M]. 香港：政府印務局，2002：第 1 章 .

58 同上：第 2 章 .

59 李學銘 . 中國語文教學中的文化認識與反思 . 謝錫金、李鋭清、馮瑞龍編 . 中文教育論文集第二輯（上冊）[C]. 香港：香港大學課程學系，1994：64.

而《課程指引》亦認同中華文化的學習，有助學生建立正面的價值觀和培養積極的態度。[60] 文件亦附有取自中華基督教會協和小學下午校中國語文科小四級單元三「麥田稻穗」內的「青蔥歲月」單元教學的設計示例（見下圖），以示如何讓專題研習結合精讀、略讀、課外導讀、聆

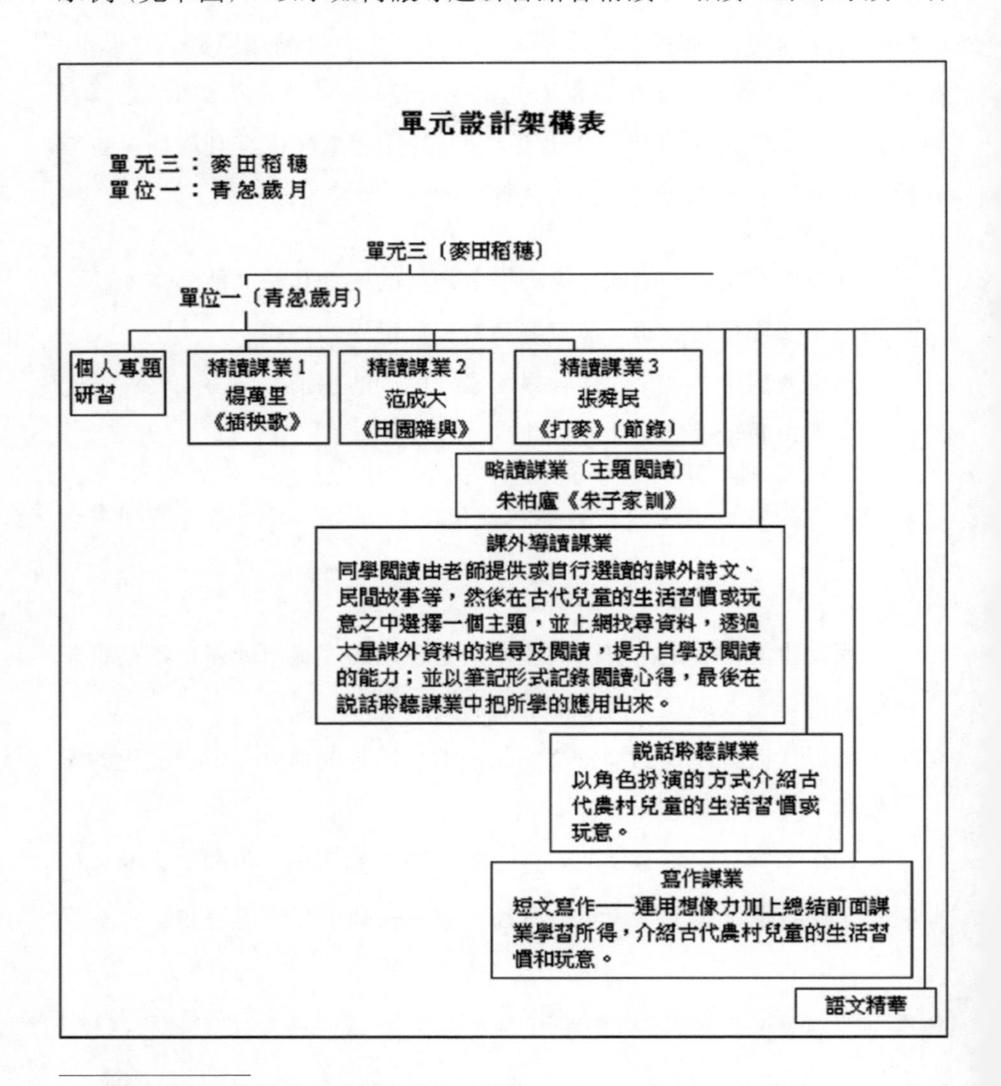

60 香港課程發展議會．中國語文教育學習領域課程指引（小一至中三）[M]．香港：政府印務局，2002：第 2 章．

聽説話、寫作等課業，以讓學生從不同的學習方式，「培養中華文化素養，鞏固對中華文化的認識，提升對中華文化的認同感及歸屬感。」[61]

2008 年，課程發展議會編訂《小學中國語文建議學習重點（試用）》採用了上述《課程指引》中包括「中華文化」、「品德情意」的學習範疇。在「中華文化」方面，《學習重點（試用）》建議學生通過三個方面去瞭解中華文化：第一，物質方面，如飲食、器物、服飾、建築、科學技術、名勝古跡等；第二，制度方面，如民俗、禮儀、宗法、姓氏、名號、交通、經濟、政治、軍事等；第三，精神方面，如哲學、宗教、倫理道德、教育、文學、藝術等。此外，《學習重點（試用）》亦提出從三個層面去學習中華文化：第一，認識。認識中華文化有助增強民族認同和提高語文學習的興趣和語文能力。文化背景是瞭解字詞、語句和篇章背後所傳達的意義。如清明節在中華文化有「慎終追遠」的意義；諸葛亮則是「足智多謀」的象徵。第二，反思。體察中華文化的優秀面和不足之處，從而產生榮辱與共的民族感情。同時也要讓學生了解世界各民族的文化，比較異同，取長補短。 如反思傳統文化中某種忌諱在今日是否還要遵循和某些文化習俗的存在價值等。第三，認同。對優秀的中華文化產生欣賞和思慕之情， 如欣賞國家的風俗習慣、傳統美德、河山風貌、科技成就，為古今文明而感到自豪。[62] 在「品德情意」方面，文件指出以下的學習重點：[63]

一、「個人」

（一）自我尊重：愛惜生命、知恥、自愛、自重、不自欺

（二）自我節制：不沉溺物欲、情緒有節

61 香港課程發展議會．中國語文教育學習領域課程指引（小一至中三）[M]. 香港：政府印務局，2002：示例 5.

62 香港課程發展議會．小學中國語文建議學習重點（試用）：聆聽，説話，閱讀，寫作，語文學習基礎知識 [M]. 香港：政府物流服務署，2008：17–18.

63 同上：18–19.

（三）實事求是：承認事實、重視證據、勇於探索

（四）認真負責：重視責任、不敷衍苟且、知所補過

（五）勤奮堅毅：努力不懈、貫徹始終

（六）專心致志

（七）積極進取：取法乎上，盡其在我

（八）虛心開放：了解自己不足，欣賞別人長處

（九）曠達坦蕩：了解客觀限制、知所調處挫折失敗

（十）美化心靈：欣賞自然、藝術，享受閒適、寧靜、淡泊

二、「親屬・師友」

（一）尊重別人：尊重對方權利、感受

（二）寬大包容：接納多元觀點、容忍不同意見、體諒寬恕

（三）知恩感戴：知所回饋

（四）關懷顧念：尊敬長輩、友愛同儕、愛護幼小

（五）謙厚辭讓

（六）重視信諾

三、「團體・國家・世界」

（一）心繫祖國

（二）守法循禮：遵守法律、有公德心、尊重社會規範

（三）勇於承擔：履行義務、盡忠職守、有使命感、具道德勇氣

（四）公正廉潔

（五）和平共享：團結合作、和平共處

（六）仁民愛物：尊重生命、珍惜資源、愛護環境

實際上，即使在中學的中國語文科在「品德情意」方面，亦與小學

的課程有相同的學習重點。[64] 雖然《課程指引》對品德情意有清楚的內容，但根據黃顯華在 2006 年對新修訂中學中國語文課程的研究顯示，有受訪的教師認為「品德情意」的範圍很大，教師缺乏相應的學科知識和課程設計去講授這些內容。[65] 由此可見，編寫與「品德情意」以至「中華文化」相關的教材在所必須。

2006 年至 2015 年的 10 年間，香港教育局製作了新一系列的中國語文科教育電視節目，並將之放在「香港教育城」的網站（http://resources.hkedcity.net/etv/?currId=13）上，讓小一至小六以及中一至中三的師生能通過網上多媒體的方式，按其程度接觸及學習中國語文科的知識。當中與中國文化直接相關的單元內容如下：[66]

年級	單元名稱	中國文化佔單元數百分比
小一（14 集）	一、寓言的智慧（《掩耳盜鈴》、《偷雞的人》、《畏影惡跡》、《守株待兔》）	約 14%
	二、新年知多少（新年習俗、年獸故事、賀年食品、新年活動）	
小二（12 集）	一、萬物之靈話部首（以甲骨文、金文、小篆、隸書至楷書的字形變化解釋「人」、「心」、「衣」、「手」和「犬」部首）	約 8%
小三（26 集）	一、部首迷蹤（以甲骨文、金文、小篆、隸書至楷書的字形變化結合嫦娥奔月的故事解釋部首）	約 35%
	二、怎樣寫字才漂亮？（漢字字形結構）（以書法讓學生認識及欣賞優秀的中華傳統文化，美化心靈）	
	三、排排坐（漢字字形結構 —— 橫向結構的合體字）（以書法讓學生認識及欣賞優秀的中華傳統文化，美化心靈）	
	四、圍出精彩（漢字字形結構 —— 包圍結構的合體字）（以書法讓學生認識及欣賞優秀的中華傳統文化，美化心靈）	
	五、美感迭出（漢字字形結構 —— 縱向結構的合體字）（以書法讓學生認識及欣賞優秀的中華傳統文化，美化心靈）	

64 香港課程發展議會 . 中國語文課程指引（初中及高中）[M]. 香港：政府印務局，2001：13–14.
65 黃顯華、李玉蓉 . 學校試行新修訂中學中國語文課程的經驗 [M]. 香港：香港中文大學教育學院，2006：19.
66 截止於 2014–15 學年。

（續前表）

年級	單元名稱	中國文化佔單元數百分比
小三 （26 集）	六、點畫流出萬象美（一）（毛筆的執筆和運筆方法）（以書法讓學生認識及欣賞優秀的中華傳統文化，美化心靈） 七、點畫流出萬象美（二）（毛筆的運筆方法）（以書法讓學生認識及欣賞優秀的中華傳統文化，美化心靈） 八、后羿射日（查字典的方法） 九、便衣探員（部首（四）—— 難檢字）（有關文字緣起、變化的文化知識）	約 35%
小四 （11 集）	一、煉石補青天（詞典的認識） 二、人生的啟示（人物傳記）（通過王羲之和沈括的事蹟，介紹閱讀人物傳記的好處）	約 18%
小五 （28 課）	一、形神兼備（直接描寫和間接描寫）（以古今經典範例為例，如白居易《長恨歌》等） 二、成雙成對（對偶）（以古今經典範例為例，如白居易《長恨歌》等） 三、博學慎思（論語選讀（一））（「吾十有五而志於學」、「其為人也，發憤忘樂，樂以忘憂，不知老之將至云爾」、「學而時習之，不亦悅乎？」、「敏而好學，不恥下問」、「三人行，必有我師焉；擇其善者而從之，其不善者而改之」、「學而不思則罔，思而不學則殆」、「溫故而知新，可以為師矣」 四、難得一知己（論語選讀（二））（「有朋自遠方來，不亦樂乎？」、「巧言令色，鮮矣仁」、「益者三友，損者三友。友直，友諒、友多聞，益矣。友便辟、友善柔、友便佞，損矣。」、「群居終日，言不及義，好行小慧，難矣哉！」、「忠告而善道之，不可則止，毋自辱焉」、「君子和而不同，小人同而不和」、「吾日三省吾身 —— 為人謀而不忠乎？與朋友交而不信乎？傳不習乎？」	約 14%
小六 （24 集）	一、臨別贈言表寸心（文化認識）（使用《論語》「人無遠慮，必有近憂」、「欲速則不達」、「學而不厭，誨人不倦」、「學而不思則罔，思而不學則殆」、「敏於事而慎於言」、「食不語，寢不言」、「溫故而知新」、「不以規矩，不能成方圓」） 二、詩情繫古今（唐詩欣賞）（李白《早發白帝城》、杜甫《絕句》、《春望》、王維的《渭城曲》） 三、自由的古風（古詩） 四、規則內見精彩（律詩（一）） 五、詩性的探索（律詩（二）） 六、陰陽和諧自強不息（《易經》介紹） 七、粵語通古今（粵語和古詩文誦讀）	約 29%

（續前表）

年級	單元名稱	中國文化佔單元數百分比
中一 （10 集）	一、大坑火龍 二、道可道非常道（老子選讀） 三、蝴蝶夢（莊子選讀） 四、非常想法非常手段（韓非子選讀）	約 40%
中二 （5 集）	一、楊柳寄別情（唐詩中的送別文化）	約 20%
中三 （5 集）	一、別情別趣（唐宋詞欣賞） 二、長洲太平清醮（報告的寫作） 三、詩文傳情（抒情方法）（楊慎《臨江仙》（滾滾長江東逝水）、曹操《步出夏門行》、范仲淹《岳陽樓記》、元曲《天淨沙》）	約 60%

鑒於 21 世紀流動網絡和網上多媒體平台對兒童和青少年的影響，教育界均構思如何利用這些網絡資源建立網上學習平台，以便利學生能在課堂以外學習。因此，教育電視亦改變了以往只通過電視收看的模式，設計能在智能手機運行的程式，讓學生在智能手機下載程式後，便能在手機上看到教育電視的節目。美國麻省理工學院在 2012 年出版的專書《數碼人文學科》（*Digital Humanities*）正可研究和解釋這些現象。該書認為，「數碼人文學科」不是關於「數碼文化」（digital culture）的研究，而是探討原來人文學科知識的學習如何被多媒體所改變，以及訓練教師如何通過「問題導向學習」（problem-based learning）的方式加強課室教學的效果。[67] 觀乎過去幾十年香港教育電視的歷史，一般由教師在小學階段在課堂上播放教育電視的節目，以協助教學和引起學生的學習興趣。而在初中階段，由於課業繁重的關係，在課堂上有足夠時間播放教育電視的情況並不多見。然而，在小學階段的中國語文科教育電視節

67 ANNA BURDICK and others. Digital Humanities [M]. Cambridge, Mass.: The MIT Press, 2012: 122.

目中，除了大量與語文基本知識的內容外，當中仍有不少內容與中華文化相關，而且更包括《論語》、《易經》和詩歌這些屬於中國傳統核心文化的內容，其對香港小學生潛移默化的作用不容忽視。小學生具備這些中華文化知識的基本教育，有助他們日後吸收深層的中國文化。

2007年，《中國語文課程及評估指引（中四至中六）》在指定的範文以外，亦向學生提供10個選修單元，當中的「小説與文化」和「文化專題探討」正與中華文化直接相關，這兩個單元的內容如下：[68]

選修單元三：小説與文化（課時：28小時）

一、學習目標：閱讀不同時代、不同類型的小説，探討作品所蘊含的文化內涵，培養理解、分析、評價的能力，並增強對中華文化的認識、反思和認同。

二、建議學習重點：

（一）認識小説與社會、思想、文化等方面的關係；

（二）理解、分析、評價小説中的文化內涵（如歷史面貌、風尚習俗、道德價值、家庭倫理方面）；

（三）探討作品的思想內容和文化底蘊，分析中華文化的優秀面和不足之處。

三、學習成果：

（一）能聯繫知識和經驗，理解、分析小説中的文化內涵；

（二）能從多角度（如歷史角度、現代的觀點）評價小説的文化內涵，並有個人的見解；

（三）認識中華文化，能對中華文化有所反思，認同優秀的中華文化。

---

68 香港課程發展議會、香港考試及評核局聯合編訂．中國語文課程及評估指引（中四至中六）[M]. 香港：政府物流服務署，2007：102、105−106.

四、學習評估建議：進行本單元的校內評估，宜在學生學習過程中，以進展性評估，透過適切的評估活動，察看學生的學習表現，並給予適當的回饋，讓學生瞭解自己的學習情況，促進學習效能。而在單元學習終結時，教師宜作總結性評估，安排適當的評估活動，查考學生整體的學習成效，惟評估活動須多元化，不宜單一設卷測考。有關的評估活動，舉例如下：

(一) 進展性評估：如講故事、演故事、編故事、個人短講、小組討論。

(二) 總結性評估：例一，專題報告：自選幾部小説，探討有關小説和文化的問題。例二，論文：就所提供的作品，分析、評價其中的文化內涵。例三，寫書評：讀一部長篇小説，分析、評價作品中的文化內涵。

選修單元四：文化專題探討 (課時：28 小時)

一、學習目標：透過文化專題，探討文化現象背後的文化意義和人文精神，增強對中華文化的認識、反思和認同，並提高批判性思考能力。

二、建議學習重點：

(一) 認識中華文化的多樣性和豐富性；

(二) 理解、分析文化現象背後的文化意義和人文精神；

(三) 從不同的角度反思文化現象；

(四) 提高批判性思考能力。

三、學習成果：

(一) 能理解、分析文化現象，並有個人的見解；

(二) 能從不同角度反思文化現象；

(三) 認識中華文化，能對中華文化有所反思，認同優秀的中華文化。

四、學習評估建議：進行本單元的校內評估，宜在學生學習過程中，以進展性評估，透過適切的評估活動，察看學生的學習表現，並給予適當的回饋，讓學生瞭解自己的學習情況，促進學習效能。而在單元學習終結時，教師宜作總結性評估，安排適當的評估活動，查考學生整體的學習成效，惟評估活動須多元化，不宜單一設卷測考。

有關的評估活動，舉例如下：

（一）進展性評估：如參觀、訪問、資料搜集、分組討論、口頭彙報、撰寫短文等。

（二）總結性評估：例一，分組討論：選擇一個文化專題，學生須搜集資料，對專題有深入認識，然後分組討論，探討傳統文化現象的成因及分析其現代意義；例二，製作專題報告：如分析飲食、信仰與生態環境的關係。搜集相關資料，結合時下飲食文化潮流，論述「吃素菜」的理由，及從吃素、戒殺、放生，探討宗教對於生態問題有何貢獻等。例三，舉辦文化專題研討會：如就某一文化專題舉辦研討會，並撰寫論文一篇。

蘇文擢認為，中文教育不應只停留在語言符號的教育，而是順勢承擔作為「人」的基本教育。蘇氏認為，應該將中國傳統道德的價值觀念教育，有意識和有系統地滲入中小學的中文教學內，而與這些觀念有關的範文，通過口誦心維，潛移默化，便成為完成上述道德教育的最有力媒介。例如諸葛亮的《出師表》，既能令學生瞭解「親賢臣，遠小人」的大道理，同時亦感受諸葛亮鞠躬盡瘁的精神。又例如韓愈的《柳子厚墓誌銘》，可以令學生感受柳氏捨己為友的精神。這些在蘇氏的眼中，是文質兼備的好文章，可以發揮中文教學完整的功能。[69] 至於是否只有儒

---

69 蘇文擢 . 中文教育基本觀念之我見 . 邃加室講論集 [M]. 香港，1983：488–490.

家孔孟的思想才能做到「人」的基本教育呢？蘇氏不以為然。在香港工商業的社會環境，墨子勞動節儉的學說，對消費狂熱和生產遲滯的社會有指導意義；韓非明賞罰、任法制的主張，對奉公守法、肅貪倡廉也深有啟發；莊子的《齊物論》則有助青年人獨立思考。因此，諸子百家的思想，只要屬中國傳統文化的菁華，均可成為學生德育的教材。[70]

李家樹指出，在1970年代以前，香港的中文老師在學生心目中不只是「經師」，亦是「人師」，指導學生在課堂以外所面對日常生活的種種問題，這是為甚麼當時中學的班主任一般由中文老師擔任的重要原因之一。中文老師有如此舉足輕重的原因，在於教學方式和內容上：老師注重「串講」—— 向學生講清每一字、詞、句在作品語境中的意思、感情色彩和修辭手法，令學生對文章的內容有整體的把握；要求學生反復「諷誦」課文，以培養語感。無論是「串講」還是「諷誦」，其對象必須是名家名篇，因為當時的中文老師相信「典範文章、優秀作品以準確的語言和恰當的寫法表現出積極深刻的思想內容，中文課循著這方面對學生進行思想品德教育是深刻有力的，也是其他科目所不能替代的。」[71]

有意見認為，中國歷史科應擔起中國文化的教學責任。但王培光認為，中國歷史科大部分的內容涉及政治和社會為主，關於思想和文物的篇幅頗少，而且是偏向理性的說明文字。相反，中文科課文傳遞的文化訊息以感性為多，對學生有潛移默化的作用，所以王氏認為中文科不應放棄文化教學的功能。[72] 而香港課程發展委員會中學中國語文科委員會所選取的中文課程範文，大都是中國古代偉大思想家、政治家、文學家、歷史學家和科學家等所編纂或著述的名著節選，對中學生認識和繼

70 蘇文擢．道德教育與中文運動．邃加室講論集 [M]. 香港，1983：530.

71 李家樹．把語文訓練緊緊抓住．香港語文教學策略 [M]. 南京：南京師範大學出版社，2000：10.

72 王培光．中文水平與中文教學．李學銘、何國祥編．語文教與學素質的維持與達成：語文教育學院第七屆國際研討會論文集 [C]. 香港：香港教育署，1992：95−96.

承中國深厚而優秀的文化有幫助。[73] 按孫邦正的劃分，教材最有價值的元素之一是「代表我國文化的傳統精神。」[74] 周漢光認為，以中文科而言，包含上述元素的範文，應該是中國古代典籍中明白曉暢之嘉言懿行、堪作表率的篇章。這些都可以從中國古代子、史、集的之作品尋找思想健康，能以理化人，導人向善，並且有高尚人格典範的篇章作教材之用。[75]

1986 年，香港教育統籌委員會《第二號報告書》初次提出在中六開設「中國語文及文化科」之議。 1989 年 11 月，中六教育工作小組發表報告書，正式建議於 1992 年開始在中六開設「中國語文及文化科」。1989 年的報告書中，只提及在訓練學生中文講、寫的技巧以外，「並應加入一些有關中國文化的部分，以加強學生對中國文化的瞭解。」[76] 1991 年，香港課程發展議會編訂《中學課程綱要：中國語文及文化科(高級補充程度)》。《綱要》提出三個教學目標，當中與文化教育有關的有以下兩個：[77]

一、增進學生對中國文化的認識，啟發學生的思想，培養學生的品德，使能建立正確的價值觀，加強對社會的責任感；
二、提高學生學習中國語文及文化的興趣，並使學生有繼續進修的自學能力。

在課程的閱讀材料方面，中國語言及文化科分「語文」和「文化」

73 郭全本．我對語文教學的認識與實踐．李學銘、何國祥編．語文運用、語文教學與課程：語文教育學院第五屆國際研討會論文集 [C]. 香港：香港教育署，1990：188.
74 孫邦正．教育概論 [M]. 台北：中正書局，1955：170.
75 周漢光．選取文學作品作為語文教材的準則．李學銘、何國祥編．語文運用、語文教學與課程：語文教育學院第五屆國際研討會論文集 [C]. 香港：香港教育署，1990：238−239.
76 中六教育工作小組．中六教育工作小組報告書 [M]. 香港：政府印務局，1989：13.
77 香港課程發展議會編．中國課程綱要：中國語文及文化科（高級補充程度）[M]. 香港：政府印務局，1991：9.

兩部分。「語文」部分，中六、中七的預科學生需要閱讀下列四本指定書目：[78]

一、語文知識類（必讀）

《語文常談》（呂叔湘）

二、散文類（三選一）

《香港之秋》（思果）

《生命的奮進》（梁漱溟、牟宗三、唐君毅、徐復觀）

《西潮》（蔣夢麟）

三、小説類（三選一）

《吶喊》（魯迅）

《台北人》（白先勇）

《棋王》（張系國）

四、報告文學類（二選一）

《唐山大地震》（錢鋼）

《沉淪的國土》（徐剛）

至於「文化」部分，則有以下六篇專題文章，作為教師在課堂上講解和指導學生研習和討論中國文化精神的指定範文，讓學生瞭解中國文化精神，從而進行反思和展望：[79]

一、〈與青年談中國文化〉（節錄）（唐君毅）

二、〈情與中國文化〉（節錄）（吳森）

---

78 香港課程發展議會編．中國課程綱要：中國語文及文化科（高級補充程度）[M]. 香港：政府印務局，1991：11.

79 同上：19.

三、〈中國科學思想〉(節錄)(毛子水)

四、〈中國文化概論・藝術〉(韋政通)

五、〈中國的傳統社會〉(節錄)(金耀基)

六、〈人生的意義〉(殷海光)

除了專題文章以外，《綱要》亦建議學生自行閱讀馬重奇、周麗英在1992年編著出版的《中國古代文化知識趣談》一書，以補充文化常識。然而，《綱要》認為此書只是貼近課程的精神以及適合中六程度的學生閱讀，未必是最理想的讀物。因此，《綱要》亦詳細列明適合香港中六學生學習的中國文化常識，讓教師就學生的興趣和程度，引導他們學習：[80]

一、社會方面

(一) 朝代(歷朝順序)

(二) 風尚習俗

1. 陰陽五行
2. 干支節氣：天干、地支、六十甲子、十二時辰、廿四節氣
3. 生肖：十二生肖
4. 傳統節日：春節、元宵、清明、端午、乞巧、盂蘭盆節、中秋、重陽、冬至、除夕
5. 稱號：姓、氏、名、字、號、廟號、年號、謚號、避諱

(三) 科舉考試：秀才、舉人、進士、狀元、榜眼、探花、八股文

二、宗教方面

(一) 原始宗教：自然崇拜、鬼神崇拜、圖騰崇拜、祖先崇拜

(二) 佛教

80 香港課程發展議會編．中國課程綱要：中國語文及文化科(高級補充程度)[M]. 香港：政府印務局，1991：80-83.

1. 傳入時間
2. 大乘、小乘
3. 禪宗
4. 名僧：法顯、玄奘、義淨、慧能

（三）道教

1. 道教的源流（五斗米道、丹鼎派、符籙派）
2. 道教對中國科技醫藥的貢獻（內丹、外丹等的影響）

（四）基督教

1. 傳入時間
2. 著名傳教士：利瑪竇、湯若望、馬禮遜

（五）回教

1. 傳入時間
2. 發展地區

三、藝術方面

（一）書法

1. 中國書法藝術的特色
2. 文房四寶：紙、筆、墨、硯
3. 著名書法家：王羲之、歐陽詢、褚遂良、顏真卿、柳公權、蘇軾、黃庭堅、米芾、趙佶（宋徽宗）、趙孟頫

（二）繪畫

1. 中國繪畫藝術的特色
2. 著名畫家：李思訓、王維、吳道玄、趙佶（宋徽宗）、馬遠、馬珪、趙孟頫、沈周、董其昌、朱耷（八大山人）、原濟（石濤）

（三）音樂

1. 中國音樂的藝術特色

2. 樂器：鐘、磬、古琴、古箏、簫、笛、胡琴、琵琶、鼓

（四）建築

1. 中國古代建築的藝術特色

2. 著名建築物：明清故宮、長城、蘇州四大名園（拙政園、留園、網師園、滄浪亭）

（五）雕塑

著名石窟：敦煌石窟、雲岡石窟、龍門石窟

（六）陶瓷

中國名窯：景德鎮窯、廣東佛山石灣窯、江蘇宜興窯

四、科技方面

（一）重要發明及發現：指南針、火藥紙、印刷術、渾天儀、候風地動儀、農業上的輪作、算盤、十進制、診脈法、針灸術

（二）工程：大運河

（三）重要科學著作：賈思勰《齊民要術》、沈括《夢溪筆談》、宋應星《天工開物》、李時珍《本草綱目》

五、文學方面

（一）先秦文學：《詩經》、《楚辭》、《論語》、《孟子》、《莊子》、《左傳》、《戰國策》

（二）兩漢文學：

1. 散文：司馬遷《史記》

2. 賦：司馬相如、揚雄

3. 樂府詩、五言古詩：《古詩十九首》

（三）魏晉南北朝文學：

1. 五言詩：陶潛

2. 駢文：庾信

3. 文學批評：鍾嶸《詩品》、劉勰《文心雕龍》

（四）唐宋文學：

1. 詩：李白、杜甫、王維、白居易、李商隱、蘇軾、黃庭堅

2. 散文：韓愈、柳宗元、歐陽修、蘇軾

3. 詞：李煜、柳永、蘇軾、周邦彥、辛棄疾、姜夔

（五）元明清文學：

1. 戲曲：關漢卿、王實甫、馬致遠、湯顯祖

2. 小說：羅貫中《三國演義》、施耐庵《水滸傳》、吳承恩《西遊記》、笑笑生《金瓶梅》、蒲松齡《聊齋誌異》、吳敬梓《儒林外史》、曹雪芹《紅樓夢》

（六）新文學：

1. 新詩：徐志摩、聞一多、艾青、卞之琳

2. 散文：朱自清、魯迅、周作人

3. 小說：魯迅、巴金、沈從文、老舍

4. 戲劇：田漢、曹禺

六、學術思想方面

（一）先秦顯學：儒、道、墨、法

1. 儒家：以孔子、孟子、荀子為代表

2. 道家：以老子、莊子為代表

3. 墨家：以墨子為代表

4. 法家：以韓非子為代表

（二）清談玄學

1. 簡介

2. 重要人物：嵇康、阮籍、何晏、王弼

（三）宋明理學

1. 簡介

2. 重要人物：程顥、程頤、朱熹、陸九淵、王守仁

(四) 新文化運動

1. 簡介

2. 重要人物：胡適、陳獨秀

第四節　從中小學校訓看中華文化

本節第一部分先介紹香港中小學校訓的概況。第二部分探討辦學團體對校訓內容的影響，以辦學團體的類型、宗教信仰及歷史傳承作依據。第三部分分別就儒、釋、道這三家傳統中華文化主流的思想，對校訓文化內涵的影響作分析。第四部分則研究基督文化對校訓文化內涵的影響，並通過比較，彰顯中華文化對校訓思想內容的重要性與指導意義。

一、中小學校訓概覽

1842 年以後，在英國的統治和中西文化的交流之下，香港的教育產生了劃時代的變化，傳統的學塾教育逐步被現代教育所取代。校訓也隨著教會學校的建立，西方現代教育的逐步引入而成為大多數中、小學校園文化中所必備的元素。為了考察中、小學校訓所反映的文化教育元素，我們調查了本港的 1,096 所中、小學校。其中，119 所學校沒有校訓或沒有回應查詢。擁有校訓的學校數量，達到被調查學校總數的 89.15%。

香港的中、小學校訓，從語言上來看，有使用中文的（如惇裕學校的「惇孝裕昆」）；有使用英文的（如五旬節聖潔會永光書院的「Development of Soul Mind Body」）；還有中、英文兼用的（如啟思中學「Be Positive, Act Positvely 正面思維，知行合一」）。使用中文校訓的學校中，有使用文言文的（如五邑司徒浩中學的「崇德敦行，進學退思」），也有使用白話文的（如官立嘉道理爵士小學的「善用每一天」）。

從校訓的語言結構上來看，有以白話文或文言文整句作為校訓的，且多為教會學校取自聖經白話譯本或文言譯本（如「教養孩童，使他走當行的道，就是到老他也不偏離」,「凡事長進，連於元首基督。」）；有以四字或多個四字表述並列的，且多為對仗的句式（如「敦品力學，立己善群」,「堅毅不屈，勇於承擔，忠誠待人，勤奮不懈」）；有三字表述的（如「勤有功」,「勤而樂」）；有兩個字或多個二字表述並列的（如「恒毅」,「自律、互愛」,「恒心、寬恕、容忍」,「明道、律己、忠主、善群」）；還有一字表述或多個一字表述並列的（如「愛」,「愛、真、誠」,「博、智、禮、群」,「孝、悌、忠、信、禮、義、廉、恥」）。

從校訓的內容來看，可大致分為三類：為學之道，勸勉學生努力學習，掌握學習的方法（如「博學、審問、慎思、明辨、篤行」,「進學明道」,「志學知天」）；品德修養，對如何修身做人提出具體的要求（如「修己善群」,「謙恭仁愛」,「克明峻德」,「至善達德」,「思明俊德」,「明德修身」,「立誠明善，擇善力行」）；社會責任，強調個體對於社會奉獻與責任（如「慈悲博愛」,「博愛行仁」,「尊仁濟世」,「普濟勸善」,「公誠仁愛」）。

香港中、小學校訓的內容不僅受到辦學團體的直接影響，更受到中、西兩種文化的深層影響。通過分析校訓背後的文化內涵，更可以看到校訓對於中華文化面貌的反映。

二、辦學團體對校訓內容的影響

香港的辦學制度與世界其他地區有所不同，其最為獨特的就是「津貼學校」制度。[81] 津貼學校數量佔到學校總數的 90% 左右，其實質上是介乎公立和私立之間的一種公費私營學校。而正是這樣一種在香港特殊

81 所謂「津貼學校」制度，是指由政府資助校舍建設和學校日常運作的絕大部分經費，但由辦學團體肩負學校的教學和管理。學校錄取學生、聘用教員、設置課程等，都根據政府訂定的基本制度和辦法；但在教育宗旨和理念，以至教師的選拔、聘用和升遷，以至日常運作、教學方式等，辦學團體都有相當大的自主權。

文化背景下產生的辦學制度，讓不同的辦學團體可以按照各自所秉持的教育理念辦學，充分發揮教育多元化的功效。對學校教育理念、校園文化有著高度概括性的校訓，其內容無疑受到辦學團體最直接的影響。

通過對全港各中、小學校訓的逐一分析，並結合各學校自身的辦學歷程概述，學校歷史簡介，以及有關校刊、校報文獻的敘述，辦學團體對校訓內容的影響歸納為以下三個因素：辦學團體的類型、宗教信仰、歷史傳承。

（一）辦學團體的類型

香港各中、小學的辦學團體，除香港特區政府外，還有宗教團體、民間慈善機構、宗親會、同鄉會、商會、工會、校友會、行業協會、其他社會組織以及英基協會等國際學校組織。近年來，甚至還出現了由個人獨立創辦、有著獨特教學理念的學校。[82]種類繁富的辦學團體也造就了內容豐富，形式多樣的校訓。結合所搜集到的校訓，實際上即使辦學團體類型相近，其校訓也可以各呈異彩。

由特區政府開辦的官立學校中，其校訓各異，如「敦品勵學」（屯門官立小學）、「樂善勇敢，服務社群」（元朗官立小學）、「文行忠信」（金文泰中學）、「修己善群」（伊利沙伯中學）等。且不同學校，表述各有不同，鮮見雷同者。

由民間辦學團體所辦學校中，隸屬於同一辦學團體的不同學校，其校訓往往相同或是相似。例如，保良局下屬各學校校訓皆採用「愛、敬、勤、誠」；東華三院下屬學校校訓全部採用「勤、儉、忠、信」；仁濟醫

82 如陳智思伉儷創立的培生學校，其注重品德教育，學生沒有課業負擔。倫惠芬女士開辦的香港第一所兒童神學院「撒母耳學校」，將學校、教會、神學院、宣教訓練等元素結合，實踐真實的基督教教育。2007 年，由自然協會創辦的鄉師自然學校，其推廣綠色生活和自主學習，鼓勵孩子在大自然中成長。

院下屬學校全部使用「尊仁濟世」的校訓；樂善堂下屬學校都使用「仁、愛、勤、誠」作為校訓。此外，香海正覺蓮社（「覺正行儀」）、道教香港青松觀（「尊德貴道」）、香港明愛（「忠誠勤樸，敬主愛人」）等宗教團體所辦學校的校訓也都採用統一的校訓。保良局與香港道教聯合會合辦的保良局香港道教聯合會圓玄小學，其校訓「愛敬勤誠，明道立德」分別是保良局與香港道教聯合會各自下屬學校所通用的校訓。

當然也有例外，在五邑工商總會下屬的四所學校中，就有兩所採用「明道律己」作為校訓，一所（五邑司徒浩中學）使用「崇德敦行，進學退思」作為校訓，另一所（耀山學校）的校訓則是「修業立德」。而慈善團體仁愛堂下屬的各所學校所使用的校訓亦各有不同。

以上所舉民間團體開辦學校的校訓，內容大致統一，與官立學校校訓內容各異成鮮明對比。這些學校校訓內容一貫，或多或少反映著學校背後辦學團體自身的傳統與追求。

前述慈善機構仁濟醫院，是在上世紀中葉，為解決荃灣地區就醫困難，由時任荃灣商會理事長葉德範先生聯絡當地紳商共同籌建的。其名稱乃取「仁者存心，痌瘝在抱；濟世利眾，保健為先」的首字聯成，旨在服務當地市民，提供適切醫療服務。其下屬學校所通用之「尊仁濟世」校訓內含「仁」、「濟」二字，不僅體現其辦學團體，更是對仁濟醫院「仁濟」精神的傳承與發展。同樣是為解決元朗居民求醫無門的狀況，為貧病者提供賑濟服務，而由當地熱心人士發起籌建的博愛醫院，近百年來一直本著「博施濟眾，慈善仁愛」的精神服務市民。其下屬學校校訓有「博文愛德」（博愛醫院陳國威小學、博愛醫院八十周年鄧英喜中學、博愛醫院陳楷紀念中學）、「博愛行仁」（博愛醫院歷屆總理聯誼會鄭任安夫人學校）、「博愛行仁，省善修德」（博愛醫院歷屆總理聯誼會梁省德中學、博愛醫院歷屆總理聯誼會鄭任安夫人千禧小學、博愛醫院歷屆總理聯誼會梁省德學校）、「博學於文，愛人以德」（博愛醫院鄧佩瓊紀念中學）四類，其校訓內容都將辦學團體博愛醫院的「博愛」精神在校訓中加以闡釋。

至於國際學校方面，由於教育理念及教育制度等方面的原因，這些學校大都沒有正式的校訓。不過，以弘立書院為例，該校推行國際文憑課程（International Baccalaureate），學校的使命是培養勤學好問、知識淵博、富有愛心的年輕人，學生通過對多元文化的理解和尊重，為開創更美好、更和平的世界貢獻力量。與此同時，學校也提倡忠、孝、仁、愛、禮、義、和、平「八德一智」的核心價值，可見中華文化於此亦相當重要。

總上所述，政府所辦官立學校校訓，內容雖各有不同，但所倡導者皆符合社會的普遍價值觀和道德標準。民間團體所辦學校的校訓，隸屬於同一團體的學校校訓雖大致相同，但都反映出其辦學團體的傳統與追求，有其個性一面。而英基協會等組織創辦的國際學校，雖鮮有明確的校訓，但都有各自的辦學宗旨和核心價值。

（二）宗教信仰

在全港眾多的非政府辦學團體中，由宗教團體興辦的學校，為數佔現時香港所有中小學總數的一半以上。宗教團體所興辦的學校，其校訓內容深受所屬宗教信仰的直接影響。

在香港這樣一個文化多元的社會中，各種宗教信仰和諧共存。佛教、道教、伊斯蘭教、天主教、基督教以及民間信仰都有相關團體興辦學校。香港佛教聯合會轄下各學校的校訓為「明智顯悲」；香港道教聯合會下屬學校校訓為「明道立德」；中華回教博愛社轄下學校校訓為「博學愛群」；崇奉儒、釋、道三教的嗇色園，其轄下學校校訓則是「普濟勸善」。而在宗教團體興辦的學校中，數量最多的當數基督教、天主教相關團體和組織興辦的學校。這些學校的校訓，除了常見的「非以役人，乃役於人」和「信、望、愛」外，亦常直接從《聖經》等經典中選取相關語句作為學校的校訓，如「敬畏耶和華是智慧的開端，認識至聖者便是聰明」便是選自《舊約聖經 · 箴言》第 9 章第 10 節的經文。

受宗教信仰影響，宗教團體所辦學校的校訓，反映出鮮明的宗教色彩。我們很容易從校訓中就瞭解到學校背後辦學團體的宗教信仰。

（三）歷史傳承

所謂辦學團體歷史傳承的影響，是指校訓成為學校或辦學團體建立、發展的見證，反映出學校或辦學團體變遷的歷史過程。雖然這類學校在所調查學校總數中所佔的比例不高，但卻是影響校訓內容的一個特殊因素。

在香港，有好幾所校名稱為「真光」的學校。其校訓都是「爾乃世之光」(《聖經 · 馬太福音》第 5 章第 14 節)。初看起來，與香港本地眾多的教會學校校訓差別不大。只有進一步瞭解其校史才會發現，這條由創校人那夏理女士（Harriet Newell Noyes）於建校之初所擬定的校訓已經伴隨這幾所學校輾轉多地，走過了一百多年的發展歷程。1872 年 5 月，美國基督教傳教士那夏理女士於廣州沙基金利埠（今六二三路容安街）創立真光書院。這所學校是南中國首間女子中學。後來為方便香港學生入學，才於 1935 年在港建校。香港的眾多「真光」學校與廣州的「真光」學校至今仍使用著相同的校訓與相似的校徽、校歌。「爾乃世之光」的校訓見證了穗、港兩地「真光」學校的變遷，它將「真光」一百多年的歷史與現實連接在了一起。「真光」的精神與追求也將繼續在這條簡短的校訓中傳承下去。

無獨有偶，1888 年始創於廣州，於抗戰初期後來港的香港培道中學（校訓為「愛、誠、貞、毅」）；1889 年開辦於廣州，曾獲「北有南開，南有培正」美譽的香港培正中學（校訓為「至善至正」）也都受到歷史傳承的影響而一直將「祖校」的校訓沿用至今。

如果說上述學校的校訓見證了穗、港兩地各校歷史的變遷，那麼在香港還有不少學校的校訓則是在建校伊始就傳承了厚重的歷史與傳統。

創立於 1977 年的中華基督教會燕京書院，由前燕京大學香港校友會贊助了部分創始經費。其取名「燕京」，校訓沿用與燕京大學相同的校訓「因真理，得自由，以服務」的原因，即是希望該校能繼承及發揚燕京大學的辦學精神與傳統。1986 年，滬江大學香港同學會為紀念母校八十周年校慶，倡議並興辦了滬江小學。滬江小學的校訓 (「信、義、勤、愛」)、校徽、校歌全部與滬江大學相同，足見創辦者期望之殷切。由新亞教育文化會創辦的新亞中學，使用與新亞書院相同的，由錢穆先生題寫的「誠明」校訓。由香港幾所大學同學會、校友會所創辦的學校校訓基本沿用其大學校訓，或對其內容有所增加。香港中文大學校友會聯會教育基金會有限公司下屬各學校沿用中大校訓「博文約禮」。嶺南大學香港同學會直資小學沿用嶺南大學校訓「作育英才，服務社會」。源自嶺南大學的嶺南教育機構，其下屬學校則都使用與嶺南大學校訓相似的「弘基格致、服務社群」作為校訓。香港大學畢業同學會教育基金下屬各學校校訓將港大校訓「明德格物」延伸為「明德惟志、格物惟勤」。香港浸會大學附屬學校王錦輝中、小學校訓，則將浸大「篤信力行」的校訓發展為「敏求篤信、明辨力行」。而在香港歷史悠久、享負盛名的男校英皇書院，其同學會所辦學校 —— 英皇書院同學會小學，也採用與英皇書院相同的校訓「慎思篤行」。辦學團體對歷史的傳承，為所辦學校賦予了厚重的文化內涵。

前述三點可看作是影響校訓內容的表層因素，而對校訓內容、內涵起到深層影響的，則是校園文化乃至社會文化的各方面。香港作為中西文化薈萃交融之地，東西方文明都在這座國際化都市留下了深深的印記。香港自開埠以來，許多西方傳教士紛紛來到這裏，他們除了傳教之外，多從事諸如開辦學校，翻譯、出版中西方書籍等文化教育工作。在中西方文化的交流中，中、英兩國的文化傳統直接影響著香港的文化、教育的發展。由於政治環境特殊，香港的社會環境相對自由、安定，宗教與社會團體十分興盛，民間的各類社團也熱衷興辦教育事業。因此，無論傳統的舊式教育，還是新的現代教育，東西方的教育都在這裏自由發展，互相影響，相互融合。

就香港學校的校訓文化內涵而言，中華文化的影響是長久而深遠的。校訓的內容體現出對中華傳統道德、民族精神的傳承，而其文化內涵更是深受中華傳統文化思想的浸潤，並彰顯出中西文化思想的交流與融合。但由於香港華洋雜處的文化教育氛圍由來已久，如果單一的以辦學團體或宗教信仰等因素來對全港各所學校的校訓內涵加以歸類分析，恐怕有失偏頗，更有矛盾之處。故研究者主要討論以儒家文化為代表的中華文化思想對校訓產生的影響，兼論基督文化及其他文化對校訓文化內涵的影響。在分析校訓所呈現的文化思想的同時，結合辦學團體的歷史傳統、宗教信仰等因素，梳理其間中西文化交流融合的過程。

三、中華文化對校訓文化的影響

中華傳統文化思想的形成是一個漫長的歷史過程，再經歷了春秋戰國時期百家爭鳴的繁榮之後，逐步形成了以儒家為正統，融匯諸子思想精粹，儒、釋、道三家互相影響的思想體系。

（一）校訓中所體現的儒家思想

儒家思想是中國思想文化的主流，香港地區學校的校訓同樣反映了儒家思想的這一主流地位。僅僅從思想文化內涵的角度，對所搜集到的校訓進行分類，能夠反映儒家文化思想，體現儒家文化思想影響的校訓就有 562 條，佔全香港中小學總數的 51.28%，佔擁有校訓學校總數的 57.52%。

這 562 條校訓又可分為校訓內容源自儒家經典文獻，校訓內容體現儒家傳統思想或完全借用儒家語彙，校訓內容部分借用儒家語彙或同時反映儒家思想與西方基督文化思想三類。

校訓內容源自儒家經典文獻的一共有 138 條，這些校訓的來源散見於《論語》、《孟子》、《尚書》、《禮記》、《周易》、《左傳》、《孝經》、《荀子》、《三字經》等文獻中。有關校訓來源、校訓、以及使用該校訓的學校，見右表列。

校訓源自儒家經典文獻中的相關語句，反映了儒家思想文化對於各中、小學校園文化的直接影響。而儒學史上著名思想家的有關思想以及後世對於儒家思想的概括總結則也成為了眾多學校校訓的來源。這類校訓體現了儒家思想對於校訓文化內涵的深刻影響。

「修己善群」是南宋名儒朱熹教育思想的重要組成部分。他在白鹿洞書院講學期間，親自擬定了《白鹿洞書院揭示》。這份類似學規的文本，確立了教育的任務，闡明了教學的過程，對學生的修身、處事、接物也提出了基本要求。在朱熹看來，教育首先是要教導學生去反省自身，不斷完善自我，達到個人的提升；同時也應當與周圍的群體融洽相處，進而服務社會大眾。朱熹「修己善群」的教育思想對後世的書院教育影響很深，在香港，共有 7 所學校使用「修己善群」作為校訓，這其中不僅有官立中學（將軍澳官立中學），還有基督教會開辦的學校（中華基督教會蒙黃花沃紀念小學）。

明代大儒王守仁，其教育思想針對程朱理學「知先後行」的主張而提出「知行合一」的觀點，體現了他在道德教育中對於實踐和實際效果的重視。王守仁認為：「知是行之始，行是知之成。若會得時，只說一個知，已自有行在。只說一個行，已自有知在。」[83]「知行合一」的實質

83 王陽明撰、鄧艾民注 . 傳習錄注疏 [M]. 上海：上海古籍出版社，2012.

源自儒家經典文獻校訓分析表

儒家經典文獻		校訓來源的具體語句	有關校訓	使用有關校訓的學校
書名	篇章			
《論語》	學而第一	有子曰：「其為人也孝弟，而好犯上者，鮮矣；不好犯上，而好作亂者，未之有也。君子務本，本立而道生；孝弟也者，其為仁之本與！」 子曰：「弟子入則孝，出則弟，謹而信，泛愛眾，而親仁。行有餘力，則以學文。」	博學親仁；孝悌忠信；孝悌勤；孝悌忠信禮義廉恥	筲箕灣東官立中學；閩僑中學；聖母無玷聖心學校；孔聖堂中學
	雍也第六	子曰：「君子博學於文，約之以禮，亦可以弗畔矣夫！」	博文約禮	中文大學校友會聯會下屬學校（3 所）；長洲官立中學；大埔官立中學；加拿大神召會嘉智中學
			博文愛德	博愛醫院陳國威小學；博愛醫院八十周年鄧英喜中學；博愛醫院陳楷紀念中學
		子貢曰：「如有博施於民而能濟眾，何如？可謂仁乎？」子曰：「何事於仁，必也聖乎！堯舜其猶病諸！夫仁者，己欲立而立人，己欲達而達人。能近取譬，可謂仁之方也已。」	立己愛人；己立立人；立己達人；明道立己，好學立人；立己立人、日新又新；立己立人	東涌天主教學校；仁愛堂田家炳中學；五育中學；中華基督教會馮梁結紀念中學；路德會沙崙學校；天主教南華中學；鄧鏡波學校
	述而第七	子曰：「志於道，據於德，依於仁，游於藝。」	志於道、游於藝	佐敦道官立小學
		子以四教：文，行，忠，信。	文行忠信	金文泰中學；粉嶺官立中學；柏立基教育學院校友會下屬學校（2 所）；順德聯誼總會下屬學校（11 所）
	泰伯第八	子曰：「篤信好學，守死善道。」	篤學力行	興德學校
	子罕第九	子曰：「知者不惑，仁者不憂，勇者不懼。」	智者不惑，仁者不憂，勇者不懼	北角衛理小學

（續前表）

源自儒家經典文獻校訓分析表

儒家經典文獻		校訓來源的具體語句	有關校訓	使用有關校訓的學校
書名	篇章			
《論語》	顏淵第十二	顏淵問仁。子曰：「克己復禮為仁。一日克己復禮，天下歸仁焉。為仁由己，而由人乎哉？」	克己復禮	喇沙書院
	子路第十三	子曰：「君子和而不同，小人同而不和。」	和而不同	地利亞（閩僑）英文小學；地利亞修女紀念學校〔百老匯〕
	子張第十九	子夏曰：「博學而篤志，切問而近思，仁在其中矣。」	博學篤志	香港鄧鏡波書院；十八鄉鄉事委員會下屬學校（2 所）；香港中國婦女會下屬學校（3 所）
		子夏曰：「百工居肆，以成其事，君子學以致其道。」	學以致用	中華基督教會基新中學
《孟子》	離婁上	孟子曰：「誠身有道：不明乎善，不誠其身矣。」（《禮記．中庸》亦有相同語句）	明善誠身；明善力行；立誠明善，擇善力行	趙聿修紀念中學；滬江維多利亞學校（中、小學）；新會商會學校
《尚書》	虞書 ．堯典 （又名《帝典》）	「克明峻德，以親九族。」	克明峻德	聖言中學；天主教博智小學
	商書 ．說命下	說曰：「惟學，遜志務時敏，厥修乃來。允懷於茲，道積於厥躬。」	敬遜時敏	寶安商會溫浩根小學；寶安商會王少清中學
	周書 ．周官	「戒爾卿士，功崇惟志，業廣惟勤，惟克果斷，乃罔後艱。」	業廣惟勤	皇仁舊生會中學
《左傳》	宣公十二年	「林父之事君也，進思盡忠，退思補過，社稷之衛也」	崇德敦行，進學退思	五邑司徒浩中學

（續前表）

源自儒家經典文獻校訓分析表

儒家經典文獻		校訓來源的具體語句	有關校訓	使用有關校訓的學校
書名	篇章			
《禮記》	學記	「古之教者，一年視離經辨志，三年視敬業樂群，五年視博習親師，七年視論學取友，謂之小成；」	敬業樂群	般咸道官立小學；李升小學；大埔官立小學；崇蘭中學
	中庸	「博學之，審問之，慎思之，明辨之，篤行之。」	慎思篤行；慎思明辨；明辨篤行；博學篤行；篤行力學；博學、審問、慎思、明辨、篤行；敏求篤信，明辨力行；博學多識，仁而愛人；博學慎思；博學弘德；博學明思；博學展才，創意求新；敏行、正心、博學、日新	英皇書院及其同學會下屬學校（3所）；天主教伍華中學、小學，德蘭中學；天主教領島學校，中華基督教會香港區會下屬學校（2所）；恒生商學書院；香港潮陽同鄉會下屬學校（2所）；文理書院（香港、九龍）（2所）；浸會大學附屬學校（2所）；大角嘴天主教小學（海帆道）；梁文燕紀念中學（沙田）；樂華天主教小學；紡織學會美國商會胡漢輝中學；塘尾道官立小學；張祝珊英文中學
		「誠者，天之道也；誠之者，人之道也。」；「自誠明，謂之性；自明誠，謂之教。誠則明矣，明則誠矣。」	誠明； 忠恕誠明	新亞中學；新會商會中學；天主教郭得勝中學
	大學	「大學之道，在明明德，在親民，在止於至善。」	明德惟志、格物惟勤；明德新民，止於至善；明德惟馨；明德修身；止於至善；思明至善；博愛明誠；明德至善	港大同學會下屬學校（2所）；聖瑪加利教育機構下屬學校（2所）；瑪利諾修院學校（中、小學）（2所）；閩僑小學；大埔、九龍三育中學，荃灣公立何傳耀紀念中學、小學，聖若瑟英文小學，天主教普照中學，天水圍天主教小學；田家炳中學；深培中學；天主教新民書院，天主教培聖中學

（續前表）

源自儒家經典文獻校訓分析表

儒家經典文獻		校訓來源的具體語句	有關校訓	使用有關校訓的學校
書名	篇章			
《禮記》	大學	「古之欲明明德於天下者，……欲修其身者，先正其心；欲正其心者，先誠其意；欲誠其意者，先致其知，致知在格物。物格而後知至，知至而後意誠，……」	誠正；格致正誠；明德惟志、格物惟勤；致知力行；恒善致知；明道致知；謙恭進德，力學致知	新會商會陳白沙紀念中學；觀塘官立小學〈秀明道〉；港大同學會下屬學校（2所）；聖公會林裘謀中學；天主教慈幼會伍少梅中學；浸信會呂明才中學；福德學校
		湯之盤銘曰：「茍日新，日日新，又日新。」	立己立人、日新又新；明道日新；敏行、正心、博學、日新	路德會沙崙學校；聖公會白約翰會督中學；張祝珊英文中學
《周易》	乾卦·象傳	「天行健，君子以自強不息。」	行健自強；自強不息	張振興伉儷書院；何文田官立中學；裘錦秋中學校董會下屬學校（3所）；麗澤中學；長沙灣天主教英文中學；明愛白英奇專業學校；慈雲山天主教小學；黃大仙天主教小學
	乾卦·文言傳	九三曰：子曰：「君子進德修業，忠信，所以進德也，修辭立其誠，所以居業也。」	進德修業；進德修業、服務坊眾；謙恭進德，力學致知；修業立德	九龍塘官立小學；農圃道官立小學；聖嘉祿學校；深水埗街坊福利會小學；福德學校
		九四曰：「君子進德修業，欲及時也，故無咎。」		
	繫辭上	夫易，聖人所以崇德而廣業也。	崇德廣業	港九潮州公會中學；港九潮州公會馬松深中學
《孝經》	三才章	子曰：「先王見教之可以化民也，是故先之以博愛，而民莫遺其親，陳之德義，而民興行。」	博愛行仁；博愛行仁，省善修德；博愛明誠	博愛醫院下屬學校（4所）；深培中學
《荀子》	勸學	「吾嘗終日而思矣，不如須臾之所學也。吾嘗跂而望矣，不如登高之博見也。」	登高博見	庇理羅士女子中學
《三字經》		「勤有功，戲無益。」	勤有功	皇仁書院；聖公會聖西門呂明才中學

在於把「知」和「行」結合起來，要求人們不能離開「行」而只追求「知」。許多學校都用「知行合一」來作為校訓。在香港，有 4 所學校的校訓含有「知行合一」，這其中有民間社團所辦學校（三水同鄉會禤景榮學校），也有天主教會所辦學校（恩主教書院），還有國際文憑組織學校（啟思中學）。

清代著名思想家顧炎武針對宋明理學「明心見性」的説法，作出了深刻的批判：「君子之為學，以明道也，以救世也。徒以詩文而已，所謂雕蟲篆刻，亦何益哉！」「學以明道」作為他經世致用學術精神的重要代表，一直為後人稱頌。在香港，以「學以明道」作為校訓的學校共有 6 所，全部為基督教團體興辦的學校。

成書於戰國時期的《管子》在其「牧民」篇中首次提到了「禮義廉恥」：

「國有四維，一維絕則傾，二維絕則危，三維絕則覆，四維絕則滅。傾可正也，危可安也，覆可起也，滅不可復錯也。何謂四維？一曰禮、二曰義、三曰廉、四曰恥。禮不踰節，義不自進。廉不蔽惡，恥不從枉。故不踰節，則上位安；不自進，則民無巧軸；不蔽惡，則行自全；不從枉，則邪事不生。」

《管子》將「禮義廉恥」與法相比，將其視為比法更重要的，維繫國家命脈的綱紀。「禮義廉恥」逐漸成為儒家思想，尤其是儒家思想道德的重要內涵。到了宋代，歐陽修在《新五代史・馮道傳》的評論中更將士大夫個人的道德修養同國家興亡聯繫起來：

「『禮、義、廉、恥，國之四維；四維不張，國乃滅亡。』善乎管生之能言也！禮、義，治人之大法；廉、恥，立人之大節。蓋不廉則無所不取，不恥則無所不為。人而如此，則禍敗亂亡，亦無所不至。況為大臣而無所不取，無所不為，則天下其有不亂，國家其有不亡者乎？」

歐陽修將馮道斥之為「士不自愛其身而忍恥偷生者」，把他作為沒有廉恥的典型加以批判。在這一時期，人們開始將「禮義廉恥」與「孝悌忠信」合稱為「八德」。「禮義廉恥」這「四維」與「八德」逐漸成為封建社會的道德標準和行為規範。到了近代，孫中山吸收西方近代道德倫理的精華，在其《三民主義之民族主義》中提出了由「忠、孝、仁、愛、信、義、和、平」構成的新「八德」。1934 年，由蔣介石發起的「新生活運動」又將「四維」與「新八德」列為兩大主題在全國推廣。「四維八德」作為重要的社會道德而一直受到人們的推崇與重視。在香港，使用「禮義廉恥」作為校訓的學校共有 13 所，這其中既有公立學校（山咀公立學校、南丫北段公立小學），也有民間社會團體所辦學校（啟基學校（港島）、仁愛堂陳黃淑芳紀念中學、光明英來學校、香港潮商學校），亦不乏天主教團體所辦學校（德貞女子中學、天主教鳴遠中學）。

「五倫」是儒家倫理學說的重要原則之一，它強調在父子、君臣、夫婦、兄弟、朋友之間實現「父子有親，夫婦有別，君臣有義，長幼有序，朋友有信」的理想狀態。與「五倫」相呼應的是「五常」。「五常」中的「仁、義、禮、智」由孟子首先提出，後由董仲舒擴充為「仁、義、禮、智、信」。「五常」作為儒家倫理價值體系中最為重要的行為準則在中國傳統社會被廣泛接受。尤其在傳統的私塾教育中，「五常」是私塾塾師教育學生所要遵循的基本準則。因此，在深受傳統教育影響的香港，許多學校的校訓都反映出對儒家傳統思想的傳承。

在體現儒家傳統思想的校訓中，除了直接使用「五常」的內容，作為傳統社會基本道德標準的「五常」也常與儒家的核心思想「仁」，以及「四維八德」中的相關表述混合使用，有時還會加入其他一些被傳統社會所認同的優秀道德品質，如「勤」、「儉」、「毅」、「謙」、「勇」、「節」、「友」等。這類校訓在搜集到校訓中，數量眾多，且內容變化多樣。這其中亦不乏相當數量的基督教、天主教教會學校，其校訓完全借用儒家的語彙。有關校訓舉例見下表：

三字校訓						
誠恕愛	智仁勇	勇智仁	智信愛	勤誠儉	勤而樂	
四字校訓						
愛敬勤誠	愛健忠勤	博智禮群	誠愛勤樸	誠敬勤健	誠信勤毅	誠正達仁
誠正思行	德智健勤	惇孝裕昆	公樸勤信	公誠仁愛	禮仁勤信	禮義勤儉
謙愛勤誠	謙恭勤慎	謙慎誠敏	謙信勤敏	勤誠禮愛	勤誠勇毅	勤儉愛誠
勤進忠誠	勤儉忠信	勤懇謙讓	勤廉信慎	勤敏愛誠	勤信仁義	勤孝友誠
勤孝忠誠	勤毅誠樸	仁愛勤誠	仁誠敏毅	仁樂進勤	仁毅樂誠	仁義勤儉
仁智善德	孝信禮義	信義勤愛	毅敏仁義	友愛忠信	真謙恒誠	智仁勇達
智義勇節	智勇勤誠	忠愛勤儉	忠禮勤樸	忠恕勤敏	忠孝勤誠	忠義仁勇
忠勇禮智						
五字校訓						
德勤博美新						
六字校訓						
仁信謙禮忠毅						

還有一些校訓則將上述單字表述的道德品質與一些單字動詞合用，形成「動賓結構」，舉例見下表：

博識修身	崇德尚學	創業興仁	敦品勵學	好學力行	恒德弘毅	敬教勸學
克勤自勉	樂善忠信	勵志揚善	敏思慎行	敏事正道	明禮尚義	明善力行
求真擇善	尚義克勤	思明俊德	務本力學	宣道展慈	修業立德	臻善敏行
正己修業	正心修身	至知至善	尊德問學			

雖然香港的基督教、天主教教會學校眾多，教會學校也多於日常教育教學中滲透宗教思想。但從校訓的內容表述、文化內涵來看，卻明顯受到儒家思想的深刻影響。而同時反映儒家思想與西方基督文化思想的學校，則無一例外地都是教會組織或曾為教會組織所辦學校。這類學校的校訓，或以單字並列（如「仁義禮智信望愛」）；或使用「動賓結構」校訓（如「博文弘道」）；或三字並列（如「行仁愛、顯真理」）；或四字並列

(如「孝悌忠信、服務人群」),在使用儒家語彙的同時,亦體現出儒家傳統思想與基督信仰。

在分析校訓的內容與文化內涵時,如果不去考察校訓使用學校的宗教信仰背景,有時很難將基督教、天主教教會學校與其他無宗教信仰的學校區分開來。由此可見,校訓文化內涵深受中西文化交流融合的影響。

（二）校訓中所體現的佛家思想

佛教傳入香港,始於南朝劉宋年間,杯渡禪師駐扎屯門之時。[84] 香港的佛教團體自二十世紀三十年代起,開設了多間「義學」,以收留失學的貧苦兒童。何東爵士夫人張蓮覺居士鑒於當時女子教育不受重視,於1931 年在銅鑼灣波斯富街創立寶覺義學,為貧苦女童提供教育。寶覺義學即是現今寶覺中、小學的前身。慈航淨院智林法師於 1952 年創辦的慈航義學是今慈航學校的前身。二戰以後,大量僧眾為躲避戰亂而南下香港。這其中包括許多高僧大德,他們的到來,奠定了日後香港佛教蓬勃發展的基礎。二十世紀七十年代前後,逐漸發展壯大的香港佛教團體和其他宗教團體一樣,參與教育、衛生和社會福利事業的推展。至今仍在運作的佛教學校中,絕大部分都是這一時期開始興辦的。

目前,香港的佛教辦學團體除香港佛教聯合會、香港佛教僧伽聯合會、佛教道場之外,還有佛教慈善機構,民間組織等。這些團體及其所辦學校校訓見下表:

---

84 鄧家宙 . 香港佛教史 [M]. 香港:中華書局,2015:6.

香港佛教學校校訓分析表

辦學團體名稱	下屬學校校訓	有關學校數量
香港佛教聯合會	明智顯悲；明平等智，顯同體悲；明智顯悲，至善達德；	20
香海正覺蓮社	覺正行儀	7
東覺蓮社	慈悲博愛	3
志蓮淨苑	信解行證；慈悲喜捨，信解行證；	2
香港佛教僧伽聯合會	明心見性；公樸勤信；	2
妙法寺	明心見性	1
慈航淨院	明智顯悲	1
五邑工商總會	修業立德	1
圓玄學院	明道立德、慈悲喜捨	1

需要特別指出的是，民間機構五邑工商總會雖不是佛教團體，但其所主辦的耀山學校卻是佛教學校，其校訓「修業立德」也旨在教導學生有慈悲喜捨精神及懂得明信因果。2012 年由崇奉三教的圓玄學院接手的圓玄學院妙法寺內明陳呂重德紀念中學雖然校訓中有道教學校常用的「明道立德」，且香港校名中含有「圓玄」的學校多為道教學校，但從學校的校園文化來看，還是屬於佛教學校。而作為佛教團體的香海蓮社，其所辦學校曾璧山中學，雖為紀念香海蓮社創辦人曾璧山居士，其校訓也亦是佛教思想的表述「慈悲喜捨」，但該校並沒有宗教信仰，也不是佛教學校。

由於在佛教學校創辦之初，通過「義學」教化窮苦民眾進而宣揚佛理，是當時佛教團體除講經、説法之外，一項重要的弘法利生工作。因此，佛教學校的校訓也都體現出佛家思想的精髓。

以香港佛教聯合會下屬學校校訓「明智顯悲」為例，其完整表述為「明平等智，顯同體悲」。所謂「平等智」，是佛教的術語。如來有四智：大圓鏡智，平等性智，妙觀察智，成所作智。平等智，是「平等性智」

的簡稱。世人以「我見」，轉而提升得到智慧，來證明自己與他人，乃至一切都可平等而觀，人們彼此的佛性相同，都是常住不變的。所以稱「平等性智」，也即密宗的「灌頂智」。「同體悲」即「同體慈悲」，也是佛教術語。《大乘起信論》云：「一切諸佛菩薩，皆願度脫一切眾生，常恒不舍，以同體智力之故，就隨應見聞而現作業。」又曰：「一切眾生如己身，平等無別。」因而，此則校訓意在告訴師生，「平等性智」你自己有，他人同樣也有，應該以平等之心待人。同時，一切眾生的身體都與己身一樣，會有痛苦，會有快樂，應有同體的慈悲心。而這種慈悲心，於儒家而言，即是「仁」，以當今之表述，就是「同情心」。

東海正覺蓮社下屬學校校訓「覺正行儀」，體現了創辦團體佛化教育的特點。「覺正」是對佛教「八正道」(正見、正思惟、正語、正業、正命、正精進、正念、正定）的概括。「覺正」就是要憑藉著佛化教育，使學生覺悟到自己清淨高尚的本質，令其思想純潔，樹立正確的人生觀。「行儀」則是讓學生以純正的思想，指導自己的言行。因為思想純正，言語和順，行為端正，使學生表現出符合儀禮法度的狀態，而這就是學校以佛教思想教化學生的最終目標。

志蓮淨苑下屬學校的校訓「信解行證」，是對佛法修行過程的概括。《佛學大辭典》對此的解釋是：「是佛道之一期也，先信樂其法，次瞭解其法，依其法而修習其行，終證得其果也。」[85]「信」，就是對三寶的正信。《大智度論》云：「佛法大海，唯信能入。」《華嚴經》亦云：「信為道源功德母，長養一切諸善法。」「解」，就是對佛法義理獲得正解。《大毗婆沙論》云：「有智無信，增長邪見；有信無智，增長愚癡。」徒有對佛法的信心，卻沒有對佛法深入的理解，還是愚癡的表現。唯有理解佛法的真義，才能進一步堅固信心。「行」，則是依法奉行，將佛理付諸實

85 丁福保．佛學大辭典 [M]. 北京：文物出版社，1984：829.

踐。《法苑珠林》轉述《摩訶衍大寶嚴經》中的譬喻：「譬如醫師持藥遊行。而自身病不能療治。多聞之人有煩惱病亦復如是。雖有多聞不制煩惱不能自利徒無所用。」博學多聞的人，如果不將所學的知識與實踐結合，就如同手持良藥的醫師，無法治療自己的疾病。「證」，即通過修行而證果。這也是修行的最終目標。「信解行證」的修行方法於學校教育而言，就是引導學生通過學習、思考、實踐以達到對人生境界的提升。佛家修行的智慧之學，為學校的教育提供了有益的借鑒。

其他佛教團體所辦學校的校訓也反映了上述的佛家思想。這些辦學團體都希望借著佛家思想的影響與教化，使學生能夠充分認識自我，樹立正確的人生觀，並在生活中付諸實踐，以佛家的慈悲之心對待社會大眾，奉獻社會。

（三）校訓中所體現的道家思想

清代時，香港已興建了不少道觀。民國時，自羅浮山而來香港的許多晚清遺老信奉道教，促進了香港道教的發展。此後，道教團體開建宮觀，印行經書，既重內外修煉，又重濟世度人，為社會作出貢獻。在教育方面，香港的道教學校主要由香港道教聯合會和道教香港青松觀兩個團體興辦，共計 14 所。

香港道教聯合會下屬學校的校訓皆為「明道立德」。「明道立德」是道家的傳統主張，香港道教聯合會在辦學中，一直強調通過「道化教育」來實現對「道」的瞭解，對「德」的樹立。所謂「道」，是引導人向善，幫助人們建立正確的人生觀、價值觀。同時，樂善好施、扶危濟困，也是道教所推崇的「道」。道家對於環境保護的重視，也讓愛護自然成為珍愛自己，尊重他人之外的另一種「道」。所謂「德」，即是中華傳統文化中的優秀品德。通過道教藝術文化的薰陶與道化教育的「內外兼修」，道家「明道立德」的主張便在學校的教育、教學過程中得以實現。

道教香港青松觀下屬學校的校訓是「尊道貴德」。「尊道貴德」的思想源自《道德經》中關於道生德育的論說。《道德經》云:「道生之,德畜之,物形之,勢成之,是以萬物莫不尊道而貴德。道之尊,德之貴,夫莫之命而常自然。」閔智亭道長在他所撰《道教的根本教理及其核心信仰》一文中,曾指出「道」和「德」是道教的根本教理和核心信仰。[86] 道教尊「道」,是因為道教的全部信仰和修行都是以「道」為中心的。道家哲學中,「道」是永恆的宇宙與自然的規律和法則。而「德」又是「得於道果」的。道和德是一個整體。修道必須立德,立德的關鍵在於提升自我修養,樹立良好品德。來源於道家核心思想的「尊道貴德」,對於學生的品德培育而言,有著獨特的借鑒意義。

此外,由尊崇三教的嗇色園主辦的10所學校,其校訓「普濟勸善」是香港黃大仙信仰的核心思想。黃大仙信仰自傳入香港以來,一直以「普濟勸善」的思想教化信眾。所謂「普濟」就是黃大仙所倡導的贈醫施藥,安老扶幼,育才興學,撫災恤難等善舉。而「勸善」最初則是指刊印《驚迷夢》、《醒世要言》等善書。1960年代以後,嗇色園的「勸善」工作藉由育才興學開始融入社會,逐步轉為傳播傳統道德文化。到了1970年代,嗇色園因「懼夫青年學子,崇拜物質享樂,囿於物欲與私利,而忘其精神生活及正義與公益(《三教經訓序》)」,於是編纂《三教經訓》,在中學課程中,增設「經訓」科,讓學生認識三教要義,加強品德培育。1995年,《三教經訓》改為《三教經訓科教材》,採用較為生活化的例子來闡釋三教的義理,使學生能夠更加容易理解。[87] 因此,「普濟勸善」亦可視為受道家思想影響較深的一則校訓。

---

86 閔智亭 . 道教的根本教理及其核心信仰 [J]. 中國宗教 . 2003 年 04 期:48–49.
87 吳麗珍 . 香港黃大仙 [M]. 香港:三聯書店,2012:113.

四、非中土宗教文化對校訓文化的影響

香港的教育從其發展的初期就一直受到中、英兩國文化傳統的影響。在香港被割讓給英國之後，基督教會隨著英國人的到來，開始了其傳教工作。為了傳播宗教信仰，教會一方面建立教堂、神學院，一方面則開設學校。[88] 教育成了與傳教同等重要的事業。而隨著外國傳教士在華活動範圍的擴大，香港成為他們進入中國內地傳教的跳板，教會學校的發展一度活躍。[89] 在二戰以前，教會學校一直都是教育發展的先驅。二戰之後，因教會人員教育水平較高，也因港英政府的偏好，香港的教會與教育當局建立夥伴關係，代政府接替沒有能力承辦的中小學校。[90] 到了 1960 年代到 1980 年代，香港教會學校的發展更進入全盛時期。時至今日，香港基督教、天主教相關團體所辦學校的數量，仍然佔到各類學校總數的一半以上。以基督文化為代表的西方文化對於校訓文化內涵的影響，不容忽視。

香港基督教、天主教學校的校訓大致可以分為兩類。一類校訓內容來源於聖經。這其中，一部分直接援引自聖經中的語句，另一部分是對聖經中的某些語句的轉述。而另一類校訓則是對基督教、天主教思想的概括。來源於聖經的校訓，具體分析見下表：

88 王齊樂．香港中文教育發展史 [M]. 香港：三聯書店，1996：85.

89 同上：119.

90 陸鴻基．香港辦學制度回顧 [J]. 思（雙月刊）第 92 期，2004–11.

源自聖經校訓分析表			
	篇章名稱	校訓舉例及所在章節	使用學校數量
舊約	詩篇	耶和華是我的亮光（27:1）	2
		以耶和華為神的、那國是有福的。（33:12）	1
	箴言	寅畏上主是為智之本（1:7）	2
		你要專心仰賴耶和華，不可倚靠自己的聰明，在你一切所行的事上，都要認定祂，祂必指引你的路。（3:5–6）	1
		敬畏耶和華，是智慧的開端，認識至聖者便是聰明。（9:10）	21
		教養孩童使他走當行的道，就是到老他也不偏離。（22:6）	1
新約	馬太福音	作鹽作光（5:13–15）	1
		爾乃世之光（5:14 文理和合譯本）	7
		你們是世上的光（5:14 國語和合譯本）	
		你們要完全，像你們的天父完全一樣。（5:48）	2
	馬可福音	非以役人，乃役於人（10:45）	52
	約翰福音	光與生命；人人為我，我為人人（1:4 轉述）	3
		爾識真理，真理釋爾（8:32 轉述）	5
		真理使爾得以自由（8:32 轉述）	
		道路、真理、生命（14:6 轉述）	3
		基督是我們的道路、真理、生命（14:6 轉述）	
		耶穌聖心是道路、真理、生命（14:6 轉述）	
	哥林多前書	為一切人，成為一切（9:22 轉述）	4
		凡事包容，凡事相信（13:7）	4
		信望愛：凡事包容、凡事相信、凡事盼望、凡事忍耐（13:7，13:13 轉述）	
		如今常存的有信、有望、有愛，這三樣，其中最大的是愛。（13:13）	23
		信望愛（13:13 轉述）	
	以弗所書	凡事長進，連於元首基督。（4:15）	1
	腓立比書	你們顯在這世代中，要好像明光照耀。（2:15）	2
		你們顯在這世代中，好像明光照耀，將生命的道表明出來。（2:15–16）	
	歌羅西書	當用各樣的智慧，讓基督的道理，豐豐富富的存在心裏，用詩章、頌辭、靈歌，彼此教導，互相勸戒，心被恩感，歌頌神。（3:16）	1
	提摩太前書	不可叫人小看你年輕，總要在言語、行為、愛心、信心、清潔上，都作信徒的榜樣。（4:12）	1
	約翰一書	上帝是愛（4:10）	2
	啟示錄	取生命的水喝（22:17）	1

基督教、天主教思想校訓舉例：

四字句

崇德尚藝	崇聖敬道	道成肉身	業精禱誠	敬神愛人	明道衛理
榮神愛人	信愛誠勤	遵循主道	同繫於愛	以樂事主	主為我佑

八字句

效法基督，榮神益人	協力藉恩，信主愛群	宣基行道，建德育才
耶穌乃主，十架為榮	忠誠勤樸，敬主愛人	以此徽號，汝可得勝
點燃火炬，照耀人群	服膺真理，締造和平	服從聖神，實踐真理

其他句式

基督乃生命之主	因真理、得自由、以服務	身心齊共長，信愛並同增
學識與虔敬並重	我要時時讚美上主	天主是我的明燈

行公義、好憐憫、存謙卑心、與神同行。

遵循主道愛己愛人積極盡心各展潛能

尚卓越煉剛毅熱切求真，效基督學捨己榮神愛人。

從以上的分析和舉例可以看出，作為基督信仰道德觀中最重要的「愛」，在基督教、天主教學校的校訓中被多次提及，除了「愛神」之外，更強調「愛人」，重視與歌頌人的地位。西方文化中勇於探索，征服未知世界，以及追求真理的大無畏精神，同樣體現於校訓之中。

除了基督文化的影響，香港伊斯蘭教學校的校訓也反映著伊斯蘭文化的影響。在伊斯蘭教的歷史上，有許多教義學家都強調，伊斯蘭教是注重知識、鼓勵求學的宗教。[91] 他們還根據「求學為男女穆斯林的天職」的聖訓，主張興辦教育。「博學愛群」的校訓，便是伊斯蘭教教育觀念與道德觀念在校訓中的體現。

香港的基督教、天主教學校校訓，無論源自聖經的部分，還是對教義概括的部分，都傾向於使用文言表述或對仗的句式。這種形式工整、講求押韻的校訓形式，明顯不同於西方的校訓，很顯然是受到古代家

91　馬忠傑 . 伊斯蘭教知識觀淺説 —— 兼談伊斯蘭教育 [J]. 中國穆斯林 . 1992 年第 6 期：18.

訓、對聯、格言句式的影響。雖然校訓所表達的思想內容涉及西方的宗教教義，但其呈現形式卻是深受中華文化影響的傳統句式。

值得一提的是，香港的天主教學校中，有許多學校的校訓，完全是儒家思想的表述。如「克己復禮」(喇沙書院)、「智、義、勇、節」(寶血女子中學)、「克明峻德」(聖言中學)、「孝悌勤儉」(聖母無玷聖心學校)、「臻於至善，力行仁愛」(聖若瑟英文中學) 等，如僅看校訓，而不顧及學校名稱及辦學團體，人們實在不容易察覺學校的宗教背景。儘管基督教、天主教相關團體所辦學校的數量，佔到各類學校總數的一半以上，相比以基督文化為代表的西方文化，香港中、小學校訓更多的是受到以儒家文化為代表的中華文化廣泛而深遠的影響。

第二章　中小學中國語文科中華文化教學實驗

本章以施仲謀研究團隊於 2003 年至 2011 年獲香港特區政府教育局優質教育基金資助的初小、高小和初中、高中中華文化教學實驗項目為例，探討香港地區中小學中華文化教學的優化和創新發展。

第一節　初小中國語文科中華文化教學研究及實驗計劃

一、研究背景

目前，香港坊間以初小學生為對象的文化讀物良莠不齊，學生難以從龐雜的讀物中選學適合自己程度的文化知識；初小中文課本的編撰，雖已滲入中華文化的元素，但欠缺較為系統的編排；相關的網上資源，總體給人以零散的印象，缺少較全面的規劃。文化知識應如何因應不同學習階段學生的認知能力而有所取捨？如何根據初小學生的心智發展水平，制訂「以學生為本」的演繹模式？如何較為系統地選取適當的文化知識點結合「語文教學」、「朗讀教學」、「品德情意」和「從生活中去體現」？這都是亟待解決的問題。要建構一套具「科學性」和「代表性」的初小中華文化教學大綱和教材，是不可以純粹由研究人員單方面操作的，而必須經過學校的教學實驗驗證其適切性。除了專職研究人員、教育學、心理學的專家學者外，校長、教師、學生共同參與實驗的過程是不可或缺的。具體內容應以專家學者的意見和老師、學生的迴響作綜合研究確定。

基礎教育影響學生一生至為深遠，而語文可謂基礎教育的重中之重。從小培養學生的誦讀興趣，以提高其文化感悟和語文能力，實為當務之急。小學階段我們採用了「誦讀經典原文」的模式，讓學生從小就有接觸經典原文的機會。

根據施仲謀的研究，誦讀在語文教學上的效用至大。首先，誦讀可以提高閱讀的興趣和能力：誦讀可以把書面上無法表達的內在感情變化，先經過理解和分析，再利用語調的輕重緩急、抑揚頓挫表達得淋漓盡致，從而補充文字上的不足。學生聽了生動而有感情的誦讀，不但可以加深他們對誦材的理解和感受，還可以提高學生的閱讀興趣和能力。其次，誦讀可以培養口頭和書面的表達能力：學生多誦讀生動、優美的作品，可以累積詞匯，理解詞義，掌握句子和段落的組織，懂得連段成篇的佈局手法，對於文章結構、語法、修辭等技巧的運用，通過語調、節奏等變化的表現，可留下深刻的印象。這樣，在口頭表達能力和書面表達能力方面便可大大提高。

此外，誦讀可以發展形象思維能力：生動的誦讀能把課文中各種人物、事件、景物展現在學生眼前，開廣心胸，擴闊思維，把誦讀的規律運用到無聲的閱讀中去，就可使書面上的文字變成腦海中的形象，連成一幅幅活動的畫面，引發想像，激動感情，加深對讀物的理解和鑒賞。最後，誦讀還可陶冶品德：進行誦讀時，學生會不自覺地對作品中的警句和優美語言，留下深刻的印象，久而久之，會收到潛移默化的作用，對學生品德的陶冶，可以發揮很好的效果。[1]

按學生的認知能力，初小階段應著重學生對中華文化精粹的吸收，從而感受中華文化，提升思想素質，優化人格。這樣，學生在完成初小的學習階段後，才能為將來縱深的學習奠定堅實的基礎。計劃在深度和

1 施仲謀、葉植興 . 朗誦教與學 [M]. 香港：中華書局，2009：11–12.

廣度方面，還須緊密注意與高小的銜接性，密切配合中國語文科「學會學習」、「寓文化於語文學習」和「跨學科學習」的宗旨，制訂初小階段中國語文科中華文化的學習大綱和範圍，然後依此編訂適合初小程度的中華文化讀物，組織學校進行實驗。

二、目標與對象

研究計劃目標如下：

(一) 配合小學中國語文新課程，為全港初小學生學習中華文化知識制訂基本大綱。
(二) 為校本課程老師自編教材提供參考。
(三) 配合語文科的朗讀（粵/ 普）教學，提高學生語文能力。
(四) 培養小學生正確的人生觀，樹立正確的道德、是非觀念。
(五) 培養學生對優秀的中華文化、國家和民族的感情。
(六) 從文化活動中增進學生對中華文化的認識。
(七) 培養學生認同中華文化。
(八) 建構小學至高中漸進式的系統化文化學習模式。
(九) 為學生奠定文化基礎。

至於受惠對象，可分為以下五類：

(一) 學生：參與實驗計劃的初小學生作為計劃的直接受惠對象，可從各種形式的活動中得到不同程度的教益。實驗完成後，系列文化讀物將分贈全港所有小學及各公共圖書館，因而最終全港的初小學生皆可受惠。
(二) 教師：如果學校自行編訂語文教材，文化部分尤難以掌握；計劃為校本課程的學校提供了一個經過驗證的基準，對他們極具參考價值。本計劃也為參與實驗學校的教師舉辦培訓性質的工作坊，全方位地提供協助，鼓勵教師積極參與。

(三) 家長：家長也可通過接觸經典讀物及光碟，進行親子閱讀。

(四) 教育決策者：本計劃通過定期評估和文化活動全方位提高學習效能，對教育決策者具有一定的參考價值。

(五) 社會人士：社會人士也可通過接觸經典提高對中華文化的認識。

三、計劃與措施

(一) 整體規劃

本研究計劃旨在為小學生提供一個接觸經典的平台，讓他們通過誦讀經典原文，不斷積累，奠定文化及語言的功底。生動的誦讀，可以提高我們的口頭表達能力，還可以累積詞匯，理解詞義，掌握句子和段落的組織，懂得連段成篇的技巧，提高我們的閱讀興趣和書面表達能力。此外，優美的誦讀還可訓練形象思維，發揮想像力，加深對文化的理解和鑒賞。傳統美德，例如尊重、誠實、勤奮、堅毅、謙厚、禮讓，是中華文化的核心價值，應該從小培養，優秀的傳統經典正是最佳的誦讀材料。所謂「聲入心通」、「口誦心惟」，經典誦讀不但可以加深學生對文化的感悟，也可聯繫生活實踐，古為今用，學生對作品中的警句和優美的語言，會留下深刻的印象，潛移默化，潤物無聲，得到品德情意的薰陶。

初小文化讀物乃建基於經典、易讀、易懂、易記四個基礎上。我們依據文化內涵豐富、思想內容健康、語言精煉優美、易讀易誦易記、聯繫生活實踐五項原則，摘錄經典原文中的片斷和選取詩詞韻文；然後分門別類，加入注釋、語譯、分析、誦讀指導、提取文化要點，再配以全新的演繹方式，通過輕鬆活潑的敘述筆調介紹文化知識；圖文並茂，引導學生自學；通過深入淺出的評析及點撥式的提問引導學生思考和分析；以選擇、判斷、填充、配對等命題方式進行評估，提高學生學習興趣；並設計朗誦示範配套光碟，輔助學生學習，使學生易學易記，通過誦讀，穩固積累，奠定文化及語言功底。

除了制訂初小中文科中華文化學習大綱、編寫文化讀物、製作誦讀示範光碟、建立數據庫網站、培訓教師和進行實驗教學作為重點項目外，計劃再以舉辦文化講座、家長教師大型座談會、全港小學讀經大賽、學生工作坊等方式全方位配合，以引起全港初小教師和學生的主動參與，做到身體力行，認識中華文化，提高思想品德的作用。

（二）制訂中華文化學習大綱

1. 制訂大綱

(1) 配合中國語文新課程，為全港初小學生學習中華文化制訂基本大綱。

(2) 邀請中國內地、台灣、澳門、新加坡、泰國、菲律賓、美國、紐西蘭及本港專家學者和校長老師，配合中國語文科中華文化的教學目標，制訂文化大綱。

(3) 具體內容以顧問委員會的意見和老師、學生的迴響作綜合研究確定。編寫之前先以問卷作意見調查，充分考慮師生對內容和形式的要求，同時結合顧問委員會的意見，逐步修訂。

(4) 建基於經典、易讀、易懂、易記基礎上。

(5) 所選知識點以學生為本，以適切性為原則，深淺度力求符合初小的程度。

2. 選取原則

(1) 文化內涵豐富。　(2) 思想內容健康。

(3) 語言精煉優美。　(4) 易讀易誦易記。

(5) 聯繫生活實踐。

3. 選材範圍

(1) 經典書籍：如《禮記》、《論語》、《孟子》、《三字經》、《千字文》、《弟子規》、《孝經》、《朱子治家格言》、《增廣昔時賢文》等。

(2) 詩詞韻文：如《詩經》、唐詩、宋詞、元曲、童謠等。

（三）編寫實驗教材

1. 編寫原則

比較高小、初中、高中三個教學階段而言，初小階段文化讀物的演繹方式無疑最為重要，因此，我們制訂八項原則如下：

(1)「以學生為本」，內容的深淺符合初小學生的程度。

(2) 透過輕鬆活潑的敘述筆調介紹文化知識。

(3) 採用鮮活的形式作主題介紹，引導學生自學。

(4) 透過深入淺出的評析及點撥式的提問引導學生思考和分析。

(5) 設計誦讀示範光碟，輔助學生學習。

(6) 注重聯繫學生的學習生活實踐，以加強學習效果。

(7) 圖文並茂，以提高學習的興趣。

(8) 以選擇、判斷、填充、配對等命題方式進行評估，提高學生學習興趣。

2. 編寫模式

(1) 經典節錄或詩詞韻文。

(2) 注釋。

(3) 語譯。

(4) 思考。

(5) 誦讀指導（粵普誦讀示範光碟作為配套）。

(6) 提取文化要點，以備應用、實踐、反思。

(7) 評估，鞏固所學。

(8) 相關篇章 / 片斷（供學生進階學習）。

3. 編寫程序

(1) 完成的初稿，由特約顧問及編審統一編例，加以潤飾。
(2) 經專家顧問初步審閱後，由研究小組作出修訂。
(3) 在選定的十九所小學進行教學實驗研究。
(4) 評估後諮詢專家顧問作綜合分析（評估方法詳請參見第六點）。
(5) 進行修訂，定稿。
(6) 出版成果。

（四）製作誦讀（粵/ 普）示範光碟

目的：配合文化誦讀材料，聘請專家進行示範誦讀。分廣州話、普通話兩種，供學生、老師、家長參考學習。

（五）建立數據庫網站

1. 文化誦讀材料及誦讀示範光碟將放置於網站，以供學生學習之用。
2. 提供討論區、遊樂場、文化教室、評估站等，加強互動教學。
3. 定期檢討網站的成效，收集校長、老師和學生的意見，不斷完善。
4. 發佈試教經驗報告供教師參考，提高文化教與學的效益。

（六）教學實驗

1. 在選定的 19 所小學進行有關的教學實驗研究。每所學校的初小一年級至三年級各選出一個班級參與教學實驗。
2. 建構一套教學模式：實驗前先舉辦教師工作坊，指導參與實驗學校的老師掌握實驗教材的編寫精神和施教方法，以及怎樣指導學生自學、怎樣進行誦讀練習和如何進行評估。

3. 老師每天在中文科課堂或班主任堂抽出五至七分鐘，進行誦讀指導及練習。
4. 每次學到一篇篇章後，儘量要求學生熟讀成誦；老師親自考核班長，班長負責考核每組組長，組長負責考核每個組員。通過考核，就在記錄表上加上貼紙，以資鼓勵。
5. 每期實驗教學完成後，用問卷方式向學生、老師、家長收集意見，再結合專家意見，逐步修訂、完善誦讀教材。
6. 學生並須參加能力測驗，分別於實驗前和實驗後進行，以探討教學實驗的成效。
7. 測驗試卷的設計及擬題，由研究小組制訂，再徵詢顧問意見。至於測驗的評核及統計分析，由研究小組負責，以減輕老師的工作負擔。
8. 我們於網上數據庫「中華文化教與學」同時提供網上學習教材、廣州話和普通話誦讀的錄音，以供老師、學生、家長隨時登入瀏覽和自學。
9. 參加教學實驗學校共 19 所，名單如下 *：

中華基督教會協和小學（上午）
中華基督教會協和小學（下午）
孔教學院大成小學
聖馬可小學
聖公會油塘基顯小學
聖公會聖雅各小學（上午）
東華三院李志雄紀念小學
北角循道學校（上午）
秀茂坪天主教小學
牧愛小學下午校
保良局方王錦全小學
香港潮商學校
香港普通話研習社科技創意小學
培僑小學
博愛醫院歷屆總理聯誼會梁省德學校
循道學校（上午）
嘉諾撒聖方濟各學校
嘉諾撒聖家學校
藍田循道衛理小學

* 按筆畫序排列

（七）文化講座 / 大型座談會

目的：增加學生對中華文化的認識。

形式：舉行三次，主題圍繞中華文化的兩大層面：

1. 培養學生學習文化的興趣。
2. 培養學生感受文化的美。

日期	講者	講題
2009 年 12 月	陳年芳（資深音樂工作者）	唐詩聽唱
2010 年 11 月	葉植興（香港詩歌朗誦團團長）	朗誦之樂
2011 年 4 月	教師–家長大型座談會	分享學習及試教經驗

（八）工作坊

目的：讓教師和學生分享、交流學習文化的心得，以提高學習效能。

形式：

1. 專為培訓教師的工作坊，使他們正確掌握文化誦讀材料的編寫精神、施教方法和評估方式，然後指導學生閱讀。
2. 專為培養學生學習文化的工作坊，提供交流、分享的機會，以提高他們對中華文化的興趣。
3. 共舉行三次。

日期	對象	主題
2009 年 9 月	教師	教師培訓及指導
2010 年 11 月	學生	誦讀方法與訓練
2011 年 3 月	學生	朗誦表演及示範

（九）出版《中華文化通訊》

1. 介紹最新的文化知識。
2. 提供和介紹學習文化的網絡資源。
3. 為學生提供文化分享園地。
4. 印製實驗小學教師的試教心得供其他教師參考。

（十）經典誦讀欣賞會及全港小學讀經大賽

目的：通過朗誦觀摩，推動學生的文化參與，落實文化紮根。

形式：全港公開，以學校為單位。並邀請內地、台灣讀經團體參加，以收觀摩交流之效。

合作夥伴：中國內地、台灣及其他地區讀經教育推廣中心。

為推動經典誦讀的風氣，2008 年 12 月，研究團隊與香港詩歌朗誦團等機構合辦「朗誦欣賞會」，廣邀朗誦藝術家、學校朗誦節評判及優勝者、實驗小學代表等積極參與；2009 年 2 月，又與國際經典協會合辦大型經典誦讀大賽。

四、《中華經典啟蒙》制訂説明

（一）選材分三部分：

1. 小學一年級探討人與家庭、學校、朋友等的關係。
2. 小學二年級探討人與社會、國家、世界等的關係。
3. 小學三年級探討人與生命、自然、宇宙等的關係。

（二）選材來源：

1. 童蒙書籍：《三字經》、《百家姓》、《千字文》、《弟子規》、《聲律啟蒙》、《幼學瓊林》、《龍文鞭影》、《孝經》、《朱子治家格言》、《增廣昔時賢文》等。
2. 較淺易的詩詞曲，如《詩經》、《千家詩》等。

（三）選材數量：

1. 小學一年級 28 篇，其中蒙學佔 7 篇（25%）、詩詞曲佔 21 篇（75%）。
2. 小學二年級 28 篇，其中蒙學佔 10 篇（35%）、詩詞曲佔 18 篇（65%）。
3. 小學三年級 28 篇，其中蒙學佔 7 篇（25%）、詩詞曲佔 21 篇（75%）。

（四）篇數和字數：

1. 每篇最多摘錄兩首詩歌。
2. 字數約 80 字以內。

（五）篇章目錄：

小學一年級：

1. 人之初，性本善 / 三字經
2. 玉不琢，不成器 / 三字經
3. 父母教，須敬聽 / 弟子規
4. 雲對雨，雪對風 / 聲律啟蒙
5. 孝為德之本，聿修可立身 / 孝經
6. 黎明即起，灑掃庭除 / 治家格言
7. 讀書千遍，其義自見 / 童蒙須知
8. 桃夭 / 詩經・周南
9. 江南 / 樂府詩；敕勒歌 / 樂府詩
10. 迢迢牽牛星 / 古詩十九首
11. 七步詩 / 曹植；遊子吟 / 孟郊
12. 飲酒 / 陶淵明
13. 鵝 / 駱賓王；惠崇春江曉景 / 蘇軾
14. 贈范曄詩 / 陸凱；宿建德江 / 孟浩然
15. 回鄉偶書 / 賀知章；題都城南莊 / 崔護
16. 詠柳 / 賀知章；竹石 / 鄭燮

17. 芙蓉樓送辛漸 / 王昌齡；贈王倫 / 李白
18. 雜詩 / 王維；靜夜思 / 李白
19. 月夜 / 杜甫
20. 喜見外弟又言別 / 李益
21. 憫農 / 李紳
22. 秋夕 / 杜牧；嫦娥 / 李商隱
23. 夜雨寄北 / 李商隱；泊船瓜洲 / 王安石
24. 金縷衣 / 杜秋娘；冬夜讀書示子聿（其三）/ 陸游
25. 明日歌 / 錢福
26. 酒泉子 / 潘閬
27. 如夢令 / 李清照
28. 四塊玉・閒適 / 關漢卿

小學二年級：

1. 三才者，天地人 / 三字經
2. 馬牛羊，雞犬豕 / 三字經
3. 凡出言，信為先 / 弟子規
4. 見人善，即思齊 / 弟子規
5. 趙錢孫李 / 百家姓
6. 性靜情逸，心動神疲 / 千字文
7. 孝乃天經地義，教之可以化民 / 孝經
8. 山川名勝，五嶽五湖 / 幼學瓊林
9. 得榮思辱，處安思危 / 名賢集
10. 不忘小善，不記小過 / 內訓
11. 易水歌 / 荊軻；大風歌 / 劉邦
12. 望月懷遠 / 張九齡
13. 從軍行（其四）/ 王昌齡；從軍行（其五）/ 王昌齡
14. 關山月 / 李白
15. 題破山寺後禪院 / 常建
16. 前出塞九首（其六）/ 杜甫
17. 八陣圖 / 杜甫；示兒 / 陸游
18. 別董大（其一）/ 高適；逢入京使 / 岑參
19. 烏衣巷 / 劉禹錫；江南春絕句 / 杜牧
20. 寄揚州韓綽判官 / 杜牧；泊秦淮 / 杜牧
21. 蟬 / 李商隱
22. 烏江 / 李清照；讀《陸放翁集》/ 梁啟超

23. 秋夜將曉出籬門迎涼有感 / 陸游；獄中題壁 / 譚嗣同
24. 論詩 / 趙翼；己亥雜詩 / 龔自珍
25. 採桑子 / 歐陽修
26. 卜算子・詠梅 / 陸游
27. 臨江仙 / 楊慎
28. 山坡羊・潼關懷古 / 張養浩

小學三年級：

1. 犬守夜，雞司晨 / 三字經
2. 凡是人，皆須愛 / 弟子規
3. 道人善，即是善 / 弟子規
4. 天地玄黃，宇宙洪荒 / 千字文
5. 天對地，雨對風 / 笠翁對韻
6. 施惠無念，受恩莫忘 / 治家格言
7. 植物有萬卉之名，穀物有百穀之號 / 幼學瓊林
8. 木瓜 / 詩經・衛風
9. 上邪 / 樂府詩
10. 步出夏門行・觀滄海 / 曹操
11. 歸園田居（其三）/ 陶淵明
12. 登幽州台歌 / 陳子昂；秋浦歌 / 李白
13. 與諸子登峴山 / 孟浩然
14. 鹿柴 / 王維；竹里館 / 王維
15. 鳥鳴澗 / 王維；江雪 / 柳宗元
16. 山居秋暝 / 王維
17. 登金陵鳳凰台 / 李白
18. 早發白帝城 / 李白；遊園不值 / 葉紹翁
19. 望岳 / 杜甫
20. 登高 / 杜甫
21. 絕句 / 杜甫；山行 / 杜牧
22. 竹枝詞 / 劉禹錫；贈別二首（其二）/ 杜牧
23. 登樂遊原 / 李商隱；秋日湖上 / 薛瑩
24. 小兒垂釣 / 胡令能；鄉村四月 / 翁卷
25. 送春 / 王令；村居 / 高鼎
26. 浪淘沙 / 李煜
27. 定風波 / 蘇軾
28. 黃鐘・人月圓 / 張可久

附：《中華經典啟蒙》樣章

rén zhī chū ， xìng běn shàn　　sān zì jīng
人之初，性本善[1]　　三字經

rén zhī chū xìng běn shàn xìng xiāng jìn xí xiāng yuǎn
人之初[2]，性[3]本善，性相近，習[4]相遠。

gǒu bù jiào xìng nǎi qiān jiào zhī dào guì yǐ zhuān
苟[5]不教，性乃遷[6]，教之道[7]，貴以專[8]。

Xī mèng mǔ zé lín chǔ zǐ bù xué duàn jī zhù
昔[9]孟母，擇鄰處[10]，子不學，斷機杼[11]。

Dòu yān shān yǒu yì fāng jiào wǔ zǐ míng jù yáng
竇燕山[12]，有義方，教五子，名俱揚。

yǎng bù jiào fù zhī guò jiào bù yán shī zhī duò
養不教，父之過，教不嚴，師之惰[13]。

zǐ bù xué fēi suǒ yí yòu bù xué lǎo hé wéi
子不學，非所宜[14]，幼不學，老何為？

認識作者

《三字經》是古時一部流傳甚廣、家喻户曉的傳統蒙學經典，被譽為「千古第一奇書」。相傳此書是南宋名儒王應麟（1223–1296 年）編著，後世一些學者又有所增補、修訂，主要是補充了宋以後直至清末的歷史敘述。

《三字經》全書文字簡潔，三字一句，以韻文寫成，讀起來琅琅上口，便於兒童記誦。全書內容廣博，既有知識啟蒙，又有方法引導，且以敦品勵學貫穿始終。

注釋

① 這篇文章節選自《三字經》，題目是選文時加上的。據李逸安譯注《三字經．百家姓．千字文．弟子規》（北京：中華書局，2009 年）。

② 初：開始。

③ 性：秉賦、天性。

④ 習：習性、習慣。

⑤ 苟：如果。

⑥ 遷：變化。

⑦ 道：方法。

⑧ 專：專一、一貫。

⑨ 昔：往日、過去。

⑩ 擇鄰處：擇，選擇；處，安家。擇鄰處，選擇好的鄰居安家居住。

⑪ 機杼：古人織布時用作穿引緯線的梭子。

⑫ 竇燕山：五代後周時人，名叫禹鈞。竇，姓。因家居漁陽（今屬北京市），在燕山腳下，所以有燕山的名號。燕，粵音「咽」。

⑬ 惰：懶散。

⑭ 宜：適合、應該。

語譯

人生下來的時候，本性都是善良的，秉賦雖然相近，習慣卻相差很遠。

如果不加以教誨，秉性就會改變，教育的方法，貴在始終一貫。

昔日孟子的母親，選擇好鄰居才安家，孟子逃學，就停下織機把布剪斷來警示教誨。

還有竇氏燕山，家教良好有方，培育五個孩子，個個都聲名遠播。

撫養而不教導，這是父親的過錯，教育而不嚴格，教師要負上責任。

小孩子不好好學習，實在不應該，小時如不努力，到年老能做甚麼呢？

學而思之

本篇是《三字經》的開首部分，重在説明孩子的後天學習與先天秉賦的關係。人生下來的時候，本性是善良的，而後天學習環境的好壞，則是導致性情善惡差別的原因之一。「孟母三遷」的故事，充分説明了這一道理。

孩子在成長過程中，父母和老師可發揮一定的引導作用，但自身的誠懇學習態度也是不可或缺的。如果從小不好好學習，善良的本性就容易變壞，一生無所作為；相反，如能養成良好的習慣，就可以學有所成。

篇章特點

本樣章取自《中華經典啟蒙》第一課，對象讀者為小學一年級學生，以蒙學經典《三字經》頭六句作教學內容，饒富深意。「人之初，性本善」，説的是幼童善良的本性，所描述的年紀和小一學生相近，讀來分外親切。隨著他們入學讀書，認識了為數不少的同學，便會發現彼此的差異。好奇的小朋友不禁問：「為何有這樣的差異呢？」答案是「性相近，習相遠」。學生知道習氣會改變人，自然會明白教育的影響力：「苟不教，性乃遷」。經文接著以兩位古人 —— 孟母與竇燕山 —— 教子的故事，説明教育的重要性。最後勸勉學生要在小時候開始用功學習，否則便會到老仍一事無成。文章雖短，但言簡意賅，把人天生的心性與後天的習氣貫串起來，説明了教育的功能，並點出了用功學習的重要性。

第二節　高小中國語文科中華文化教學研究及實驗計劃

一、説明

誦讀在語文教學上的效用至大。誦讀可以提高閱讀的興趣和能力，可以培養口頭和書面的表達能力，可以發展形象思維能力，可以陶冶品德。高小文化讀物建基於經典、易讀、易懂、易記四個基礎之上。我們採用「誦讀經典原文」的模式，讓學生從小就有接觸經典原文的機會。圍繞這個模式，依據文化內涵豐富、思想內容健康、語言精煉優美、易讀易誦易記、聯繫生活實踐五項原則，摘錄經典原文中的片斷和選取詩詞韻文；然後分門別類，加入注釋、語譯、提取文化要點。圖文並茂，引導學生自學；通過深入淺出的評析及點撥式的提問引導學生思考和分析；以選擇、判斷、填充、配對等命題方式進行評估，並設計朗誦示範配套光碟，輔助學生學習，穩固積累，奠定文化及語言功底。

二、目標與措施

(一) 目標：

1. 配合高小中國語文課程，為學生學習中華文化制訂基本大綱。
2. 配合語文科的朗讀（粵／普）教學，提高學生語文能力。
3. 培養小學生積極的人生觀，樹立正確的道德、是非觀念。
4. 為校本課程老師自編教材提供參考。
5. 為學生瞭解中華文化對現今社會的意義奠定基礎。
6. 培養學生對優秀的中華文化、國家和民族的感情。

(二) 施行辦法：

1. 制訂文化學習大綱：邀請中國（包括台灣、澳門、香港等地區）、美國、新加坡、紐西蘭、泰國、菲律賓等國家的專家學者和校長老師，配合教學目標，共同制訂學習大綱。
2. 編寫文化讀物：建基於經典、易讀、易懂、易記的基礎，通過學校試驗、評估。
3. 製作誦讀（粵／普）示範光碟：聘請專家進行示範誦讀，供老師、學生參考。
4. 建立數據庫網站：提供討論區、遊樂場、文化教室、評估站等，加強互動教學。

5. 舉辦文化講座：邀請文化工作者作文化講演，提高學生思考能力。
6. 舉辦工作坊：培訓教師掌握文化誦讀材料的編寫精神、施教方法和評估方式。
7. 定期出版《中華文化通訊》：介紹最新的文化知識和網絡資源。
8. 舉辦全港小學中華文化寫作比賽：推動學生的文化參與，表達對中華文化的所思所感。
9. 舉辦全港小學讀經大賽：通過朗誦比賽，感悟中華文化，推動思想品德教育。

三、《中華經典導讀》制訂説明

(一) 制訂説明

1. 小學的基礎教育，影響學生一生至為深遠。語文是基礎教育的基礎，意義尤其重大。從小培養學生的誦讀興趣，以提高其文化感悟和語文能力，實為當務之急。
2. 優美的經典、詩文，是最佳的誦讀材料。學生通過正確、流利而有感情的朗讀，口誦心惟，不但可加深他們對文化的理解和鑒賞能力，還可培養閱讀興趣，提高口語和書面語的表達能力，並誘發想像，促進思維發展。
3. 傳統美德，如尊重、誠實、勤奮、堅毅、謙讓、包容等，是中華文化的核心價值，應該從小培養，以建立良好的思想品德和積極的人生態度。朗讀時，聲入心通，學生會對作品中雋永的語言，留下深刻的印象，潛移默化，潤物無聲，得到品德情意的薰陶。
4. 選材儘量涵蓋經、史、子、集最具代表性的篇章，文化內涵豐富，思想內容健康，聯繫生活實踐。

5. 入選篇章，力求語言精煉生動，聲調鏗鏘優美，宜於誦讀。
6. 選材分三部分：第一部分側重人與家庭、學校、朋友等的關係，第二部分側重人與社會、國家、世界等的關係，第三部分側重人與生命、自然、宇宙等的關係。作品的主題和內容有時是多元的，只能大概劃分，方便歸類而已。
7. 三部分選材共一百篇，各按作者或作品時序排列。經典及散文多為節錄，標題附注釋說明。
8. 若干篇章，文辭或許略嫌艱深，但並不要求學生完全理解；只須略懂大意，熟讀成誦，待將來人生閱歷豐富了，再仔細體會。
9. 為配合語文科的朗讀教學，有廣州話及普通話的誦讀錄音，僅供參考。關於字詞的讀音，從切從眾，莫衷一是。我們既參考有關文獻，也適當採用一般讀音；普通話儘量根據統讀規定，但也保留了一定的古音。
10. 教學實驗：參加實驗的小學，以一學年為期，在四至六年級同時進行有關的教學實驗研究。教師工作坊指導參與實驗學校的老師掌握文化誦讀材料的編寫精神和施教方法，以及怎樣指導學生自學、怎樣進行誦讀練習和如何進行評估等。每期實驗教學完成後，用問卷方式向學生、老師、家長收集意見，再結合專業意見，逐步修訂、完善誦讀教材。

參加實驗教學的小學共 20 所，名單如下＊：

中華基督教會協和小學（上午）	中華基督教會協和小學（下午）
孔教學院大成小學	聖馬可小學
聖公會油塘基顯小學	聖公會聖雅各小學（上午）
東華三院李志雄紀念小學	北角循道學校（上午）

東莞工商總會張煌偉小學
油麻地天主教小學（海泓道）
香港潮商學校
培僑小學
循道學校（上午）
嘉諾撒聖方濟各學校
牧愛小學下午校
保良局方王錦全小學
香港普通話研習社科技創意小學
博愛醫院歷屆總理聯誼會梁省德學校
藍田循道衛理小學
嘉諾撒聖家學校

* 按筆畫序排列

11. 網上數據庫「中華文化教與學」，提供學習大綱、網上學習教材、廣州話和普通話誦讀的錄音等，歡迎老師、學生、家長登入瀏覽和自學。

(二)《中華經典導讀》篇目

《中華經典導讀》選材的分類及篇目如下：

1. 四書

(1) 論孝 / 論語
(2) 論學（一）/ 論語
(3) 論學（二）/ 論語
(4) 論交友 / 論語、孟子
(5) 論仁（一）/ 論語
(6) 論仁（二）/ 論語
(7) 論仁（三）/ 論語
(8) 論君子（一）/ 論語
(9) 論君子（二）/ 論語
(10) 論賢者 / 論語
(11) 侍坐 / 論語
(12) 二子學弈 / 孟子
(13) 揠苗助長 / 孟子
(14) 論四端 / 孟子
(15) 論仁愛 / 孟子
(16) 孟子見梁惠王 / 孟子
(17) 天時不如地利 / 孟子
(18) 魚我所欲也 / 孟子
(19) 論大丈夫 / 孟子
(20) 天將降大任於是人也 / 孟子

2. 五經

(1) 詩大序 / 毛詩
(2) 關雎 / 詩經
(3) 碩鼠 / 詩經
(4) 采薇 / 詩經
(5) 中庸 / 禮記
(6) 學記 / 禮記
(7) 苛政猛於虎 / 禮記
(8) 大同與小康 / 禮記
(9) 大學 / 禮記
(10) 在上位不陵下 / 禮記
(11) 致中和 / 禮記
(12) 曹劌論戰 / 左傳

3. 散文

(1) 信言不美 / 老子
(2) 曲則全 / 老子
(3) 道可道非常道 / 老子
(4) 道法自然 / 老子
(5) 知魚之樂 / 莊子
(6) 勸學 / 荀子
(7) 兩小兒辯日 / 列子
(8) 愚公移山 / 列子
(9) 自相矛盾 / 韓非子
(10) 鷸蚌相爭 / 戰國策
(11) 唐睢説信陵君 / 戰國策
(12) 狐假虎威 / 戰國策
(13) 鄒忌諷齊王納諫 / 戰國策
(14) 刻舟求劍 / 呂氏春秋
(15) 鑿壁偷光 / 西京雜記
(16) 管鮑之交 / 史記
(17) 孔子世家贊 / 史記
(18) 座右銘 / 崔瑗
(19) 塞翁失馬 / 淮南子
(20) 杯弓蛇影 / 晉書
(21) 岳飛之少年時代 / 佚名
(22) 典論論文 / 曹丕
(23) 出師表 / 諸葛亮
(24) 師説 / 韓愈
(25) 世有伯樂 / 韓愈
(26) 黔之驢 / 柳宗元
(27) 陋室銘 / 劉禹錫
(28) 岳陽樓記 / 范仲淹
(29) 愛蓮説 / 周敦頤
(30) 賣油翁 / 歐陽修
(31) 醉翁亭記 / 歐陽修
(32) 為學 / 彭端淑
(33) 習慣説 / 劉蓉
(34) 人間詞話 / 王國維

4. 詩

(1) 離騷 / 屈原

(2) 長歌行 / 樂府詩集

(3) 行行重行行 / 佚名

(4) 木蘭詩 / 佚名

(5) 歸園田居 / 陶潛

(6) 移居 / 陶潛　客至 / 杜甫

(7) 與宋元思書 / 吳均

(8) 杜少府之任蜀州 / 王勃　黃鶴樓 / 崔顥

(9) 春曉 / 孟浩然　滁州西澗 / 韋應物　楓橋夜泊 / 張繼

(10) 涼州詞 / 王翰　涼州詞 / 王之渙　出塞 / 王昌齡

(11) 登鸛雀樓 / 王之渙　題西林壁 / 蘇軾　觀書有感 / 朱熹

(12) 終南別業 / 王維　春夜喜雨 / 杜甫

(13) 九月九日憶山東兄弟 / 王維　清明 / 杜牧　元日 / 王安石

(14) 渭城曲 / 王維　黃鶴樓送孟浩然之廣陵 / 李白
和子由澠池懷舊 / 蘇軾

(15) 將進酒 / 李白

(16) 望廬山瀑布 / 李白　飲湖上初晴後雨 / 蘇軾
曉出淨慈送林子方 / 楊萬里

(17) 茅屋為秋風所破歌 / 杜甫

(18) 春望 / 杜甫　蜀相 / 杜甫

(19) 兵車行 / 杜甫

(20) 雪歌送武判官歸京 / 岑參

(21) 燕詩 / 白居易

(22) 賦得古原草送別 / 白居易　遊山西村 / 陸游

(23) 錢塘湖春行 / 白居易　山園小梅 / 林逋

(24) 書憤 / 陸游　過零丁洋 / 文天祥

5. 詞曲

(1) 憶江南 / 白居易　漁歌子 / 張志和

(2) 虞美人 / 李煜

(3) 水調歌頭 / 蘇軾

(4) 念奴嬌 · 赤壁懷古 / 蘇軾

(5) 滿江紅 / 岳飛

(6) 西江月 / 辛棄疾

(7) 破陣子 / 辛棄疾

(8) 念奴嬌 / 張孝祥

(9) 天淨沙・春夏秋冬 / 白樸

(10) 天淨沙・秋思 / 馬致遠　西廂記・長亭送別 / 王實甫
牡丹亭・驚夢 / 湯顯祖

附：《中華經典導讀》樣章

lùn xué yī lún yǔ
論學（一）[1] 論語

zǐ yuē xué ér shí xí zhī bù yì yuè hū
1. 子曰：「學而時[2]習[3]之，不亦説[4]乎？
yǒu péng zì yuan fāng lái bù yì lè hū rén bù zhī ér
有朋[5]自遠方來，不亦樂乎？人不知而
bù yùn bù yì jūn zǐ hū xué ér piān dì yī
不慍[6]，不亦君子乎？」（《學而》篇第一）

zǐ yuē xué ér bù sī zé wǎng sī ér bù xué zé
2. 子曰：「學而不思則罔[7]，思而不學則
dài wéi zhèng piān dì èr
殆[8]。」（《為政》篇第二）

Zǐ yuē sān rén xíng bì yǒu wǒ shī yān zé qí shàn
3. 子曰：「三人[9]行，必有我師焉，擇其善
zhě ér cóng zhī qí bù shàn zhě ér gǎi zhī
者而從之，其不善者而改之。」
shù ér piān dì qī
（《述而》篇第七）

zǐ yuē wú cháng zhōng rì bù shí zhōng yè bù qǐn
4. 子曰：「吾嘗[10]終日不食，終夜不寢[11]，
yǐ sī wú yì bù rú xué yě wèi líng gōng
以思，無益，不如學也。」（《衛靈公》
piān dì shí wǔ
篇第十五）

認識作者

《論語》是紀錄孔子及其弟子言行的語錄結集，儒家經典之一。由孔子門人和再傳弟子集錄整理，共二十篇，是研究孔子思想的主要資料。

孔子（公元前 551—前 479），名丘，字仲尼，春秋末期魯國陬邑人（陬，漢語拼音 zōu，粵音「周」；陬邑，今山東曲阜），是偉大的思想家、教育家。孔子開創了私人講學的風氣，據説他的弟子達三千多人，而出色的有七十二人。後世尊稱他為「聖人」。

注釋

① 這篇文章選自《論語》，題目是選文時加上的。據《十三經注疏·論語注疏》，（北京：北京大學出版社，1999 年）。

② 時：適當的時候。

③ 習：温習、複習，也可指實習、實踐。

④ 説：通「悦」，喜悦，愉快。

⑤ 朋：這裏指同一師門的師兄弟，即學友。

⑥ 慍：怨恨、怨憤。慍，粵音「温」陰去聲。

⑦ 罔：通「惘」，困惑，迷惑。罔，粵音「妄」。

⑧ 殆：危險，不安。

⑨ 三人：這裏是幾個人的意思。

⑩ 嘗：曾經。

⑪ 寢：睡覺。

語譯

1. 孔子説：「學了以後，適當的時候去實踐，不是很令人喜悦嗎？有朋友從遠方來，不是很令人快樂嗎？別人不知道自己的才學，自己並不因此而怨憤，這不就是一位有修養的君子嗎？」
2. 孔子説：「只讀書而不思考，就會困惑而無所得；只思考而不讀書，就很危險而失依據。」
3. 孔子説：「幾個人在一起走，其中一定有人可以當我的老師。我選擇他們的優點去學習，借鑒他們的缺點而改正。」
4. 孔子説：「我曾經整天不吃飯，整夜不睡覺，用來思考，但沒有甚麼獲益，還不如去學習。」

學而思之

在《論語》全書中，「學習」是一再被提及的一個重要問題。孔子認為探索新知識是一個快樂的過程。過程中，「學習」又必須和「思考」相結合，兩者不可偏廢，一邊虛心求學，一邊細心思考，這樣，才能將學問功夫做得扎實。孔子也告訴我們，除了在書本上得到豐富的知識外，還必須吸收他人的長處以補充自己的不足，增廣見識，提高修養。

篇章特點

樣章從《論語》中選取了四個章節，主題都是「論學」。〈學而〉篇第一句第一字便標出了「學」字。既説是「學」，那麼，學生該從《論語》「學」甚麼呢？答案在這段文字的結尾：君子。《論語》一書的主旨，便在於教人通過學習，成為君子。我們希望學生能在小學時起，瞭解儒家傳統的核心價值，訂立正確的人生目標。目標既明，那麼下一步要怎樣做呢？這問題對正在求學的讀者十分重要。《論語》開頭便教人「學而時習之」，學到了的知識，在適當的時候實踐出來。單是學習還不夠，還要多思考，「學」與「思」並重，兩者結合才能相得益彰。自己學有所得後，不要把它掩藏起來，要和同學與朋友分享，一同切磋，交流心得。別人有優點，要虛心學習；別人有缺點，要警惕自己。這樣，無論遇到甚麼人，都能把他當作為自己的老師，向他學習。透過這篇文章，我們希望學生能從中華傳統經典中，學到正確的學習態度和方法。

四、結語

2008 年 3 月香港《明報》以「20 小學背中國經典培養品德」為題，《大公報》以「中學推廣中華文化」為題，對第三階段的「中華文化教學研究及實驗計劃」的來龍去脈和文化價值作了專題介紹。報導指出，本計劃能配合小學生記憶力較強的優點，誦讀能加強學生印象，提升語文表達及寫作能力，亦能培養學生的品德。

研究團隊編寫的文化教材，無論是哪個學習階段，都採取文化味、生活化並重，趣味性、知識性、可讀性兼具的原則；我們注意內容的深淺儘量符合學生的程度，內容與品德情意的培養相結合，透過輕鬆活潑的敘述筆調介紹文化知識，透過深入淺出的評論風格引導學生思考和分析，圖文並茂以提高學習的興趣，以及採用鮮活的形式作主題介紹，使學生積極自學。此外，具體程度應根據不同學習階段而有所區別。如小學的文化學習內容，應較著重趣味性，以引起小學生的學習動機；初中的，趣味性和知識性宜有所平衡；高中的，則可較側重知識性。而小學和初中以認識基本知識為要，反思部分不能硬銷，避免說教；高中則可相對注重反思部分。

除了制訂文化教學大綱、編寫文化教材和進行教學實驗作為重點項目外，研究團隊並安排小組討論、專題辯論、常識大賽、文藝導賞、文化講座、工作坊、田野考察等活動相配合，以鼓勵學生主動參與，從活動中學習優秀的中華文化，並著重啟導學生思考文化問題和提高思考能力。中華文化源遠流長，涵蓋面廣，文化學習項目眾多，實難在課堂內逐一處理。所以教師宜啟導學生自學，善用文字、音像等不同的媒體，幫助學生學習。

活動形式的可行性要視乎實際情況，以文化講座為例，如「中華文化的過去、現在和未來」、「中西文化的交流與互動」、「中國人的思維方式」等講題，探討較高層次的文化問題，比較適合高中學生；又如「書法與中華文化」、「傳統文化和潮流文化」、「讀書人的苦與樂」等講題，探討較具體的問題，便較適合初中學生。以工作坊為例，可鼓勵小學生參加書法、朗誦、詩歌創作、民樂、剪紙等學習班，讓他們從中分享學習心得，或透過所設計的活動學習文化。又以田野考察為例，高中學生可以組織到北京、西安、洛陽、南京、杭州等古都，透過實地考察，親身體驗和發掘傳統文化的魅力；初中學生則可以居住地區附近的名勝古跡，作為考察的對象。

中、小學階段已經接觸過不少中華文化了，大學階段還要學習嗎？答案是肯定的。大學階段的中華文化課程，包括一些較專門的課程，如傳統政治與現代社會、經濟發展與現代化、傳統思想與文化、中國科技與文明、中國文學概論、中國藝術的特質、東西文化交流等科目；也包括一些較通俗的課程，如旅遊文化、潮流文化、影視世界、民俗風尚、飲食習俗、文藝欣賞等科目。課程可由相關院系及通識教育部門提供，以貫徹終身學習的目標。

2009 年，計劃項目舉行名為「我心中的中華文化」的徵文比賽，以檢驗參加教學實驗的學生對中華文化認識水平提高的程度。優勝作品題目如下：

獎項	學校名稱	班級	學生姓名	題目
冠軍	中華基督教會何福堂小學	小六	張加欣	中國人的「和」
亞軍	元朗官立小學	小六	吳羨瑜	我愛中國文字
季軍	聖瑪加利男女英文中小學	小五	陳景朗	偉大的中華文化——武術
優異	大埔循道衛理小學	小五	陳家熹	中國的文字
優異	大埔舊墟公立學校	小四	張晉尉	元宵燈謎會
優異	中華基督教會何福堂小學	小六	陳宇	一杯熱茶
優異	沙田官立小學	小四	蘇鉦軒	小眼睛看祖國文化
優異	秀茂坪天主教小學	小五	翟慧蕎	我心中的中華文化
優異	拔萃女小學	小五	袁思行	我心中的中華文化
優異	保良局方王錦全小學	小六	梁柏希	中華文化頌
優異	荃灣官立小學	小五	張子澄	我心中的中華文化
優異	軒尼詩道官立下午小學	小五	杜煒賢	中華文化的足跡
優異	深水埗官立小學	小五	姚韻賢	我心中的中華文化——造紙篇
優異	聖公會油塘基顯小學	小六	周倩敏	中國民族永垂不朽的精神——團結和諧
優異	聖公會聖雅各小學	小六	楊天平	中國的瑰寶–書法藝術
優異	聖母無玷聖心學校（下午校）	小四	何升穎	生活中的文化
優異	聖保羅書院小學	小六	羅玔文	古代體育–踢毽子
優異	嘉諾撒培德學校	小六	余思瑤	粵劇給我的印象

從冠亞季三位學生的得獎作品，可見學生對中華文化的理解和認同，與現代社會息息相關，如：「中國人的『和』，講的不單是一個人好，而是很多人都好。有了這個『和』，人類會活得更幸福。」又譬如「我們何不現在就開始多閱讀書本，和文字交個朋友；亦可多寫出一些扣人心弦的文章來，讓獨特的中國文字能發揚光大？」再請看「中國武術文化已傳至世界各地，不少外國人也慕名而來學習武術，把它發揚光大。中國武術，我真為您而驕傲啊！」等，不但重視中華文化的承傳，更發掘出中華文化作為人類文明共同寶貴資產的發展方向，可見學生既有對中華文化的感性認同，亦有理性的認識，可見對中華文化經典的誦讀，有潛移默化的積極教育意義。

誠如許嘉璐先生所言，現在世界各國、中華大地正以前所未有的興趣關注中華文化，學者們正在探索如何普及中華文化的基本常識；高小研究計劃的發展，對海內外起到了帶頭和示範的作用。溢美之詞，我們不敢自滿，願共勉之。

第三節 初中中國語文科中華文化教學研究及實驗計劃

一、研究背景

香港的中國語文教學，一向較為強調語文能力訓練而忽視中華文化傳承。直至1990年的課程綱要，始正式要求「培養學生對中國文化的認識」。2000年的課程指引，將語文學習分為閱讀、寫作、聆聽、説話、文學、中華文化、品德情意、思維及語文自學等九個範疇，目標才算比較完整。

「三三四」新學制前的預科課程，設有中國語文及文化科，對象是預科學生；在大學裏，對中國文化的研究則主要是在學術層面；而初中學生的文化普及有待開拓與推展。中國語文新課程頒佈後，怎樣系統地把繁富的中華文化結合「中文教學」、「品德情意」和「從生活中去體現」的教學目標是我們熱切關心的問題。不過綜觀坊間有關中華文化知識的書籍，大部分都是以預科文化科學生為對象，針對廣大初中程度學生並配合中國語文新課程綱要的文化讀物，卻尚未見。

新的語文教學鼓勵學生自學，然而因為課程要兼顧多方面的學習領域，實難在課堂上逐一處理，語文教材的文化知識只能蜻蜓點水式地交代，很難給初中學生一個比較完整的面貌。初中學生又未有足夠的能力和時間自行篩選適合自己程度的文化項目，因而有必要制訂初中中國語文科中華文化的學習大綱和範圍，編訂合適的廣泛閱讀材料，以求達致認同中華文化，培養對國家民族感情的目標。

研究團隊於2003年獲優質教育基金撥款，以兩年為期，制訂初中階段中國語文科中華文化的學習大綱，然後依此編訂合適的中華文化閱讀材料，並組織學校進行實驗。又以文化講座、工作坊、文化問答比賽等方式相配合，引起全港初中老師和學生的主動參與，從活動中推廣優秀的中華文化，以提高學生學習興趣和積極性，啟導他們思考文化問題。

二、目標與對象

研究計劃目標如下：

(一) 配合中國語文新課程，為全港初中學生學習中華文化制訂基本大綱。
(二) 為校本課程老師自編教材提供參考。
(三) 提高學生的學習興趣和語文能力。
(四) 使學生從文化活動中增進對優秀中華文化的認識。
(五) 樹立中學生正確的倫理道德觀念。
(六) 擴闊學生的學習視野。
(七) 培養學生對中華文化、國家和民族的感情。
(八) 為中學生進行文化反思和瞭解中華文化對當今世界的意義奠定基礎。

至於受惠對象方面，參與實驗的 15 所中學約 9,000 名初中學生為直接受惠對象。研究成果分發給全港中學及公共圖書館，約 30 多萬初中學生可從中受益，對教師、教育決策者及一般社會人士，亦具參考作用。

三、計劃與措施

(一) 顧問委員會

研究隊伍由大學相關院系教授組成，以專司其事。成員包括中華文化、課程學、教育心理學等專家學者、教育官員、校長、前線教師等。因對象不限於香港，顧問委員有來自中國內地、台灣、香港、澳門、新加坡、泰國、印尼、菲律賓、美國等國家和地區的代表。附奉名單，僅供參考。

榮譽顧問 *

李焯芬（香港中華文化促進中心主席）

單周堯（香港大學中文學院主任）

許嘉璐（世界漢語教學學會會長）

楊耀忠（香港教育工作者聯會會長）

饒宗頤（香港中文大學偉倫講座教授）

顧問委員會 *

香港

宋立揚（香港學校音樂及朗誦協會中文朗誦委員會主席）

杜振醉（商務印書館香港教育圖書公司總編輯顧問）

何國祥（香港教育學院中文學系教授）

招祥麒（培僑中學校長）

施友朋（東華三院李志雄小學中文科老師）

胡國賢（孔教學院秘書長）

陳志華（聖公會梁季彝中學中史科主任）

陳惠珍（北角官立小學中文科老師）

陳翠珍（藍田循道衛理小學校長）

徐蔣鳳（樂善堂余近卿中學校長）

康一橋（香港道教聯合會學務委員）

張志鴻（油麻地天主教小學[海泓道]校長）

溫金海（國際經典文化協會主席）

葉植興（香港詩歌朗誦團團長）

羅澄波（香港羅中庸書法教育協會會長）

中國內地

沈松勤（浙江大學古代文學與文化研究所所長）

李學勤（北京清華大學國際漢學研究所教授）

袁行霈（北京大學國學研究院院長）

詹伯慧（暨南大學中文系教授）

鄭國民（北京師範大學文學院副院長）

戴慶廈（中央民族大學語言文學學院教授）

其他國家及地區

孔憲中（新西蘭 Waikato 大學哲學系教授）

李英哲（美國夏威夷大學東亞語文系教授）

何三本（台灣南台科技大學中文系教授）

周清海（新加坡南洋理工大學孔子學院理事長）

胡培周（澳門中國語文學會理事長）

信世昌（台灣師範大學華語文教學研究所教授）

黃迨光（泰國留中同學會名譽會長）

顏長城（菲律賓華文教育研究中心主席）

* 按筆畫序排列

（二）制訂中華文化學習大綱

1. 配合中國語文新課程，為全港初中學生學習中華文化制訂基本大綱。
2. 邀請中國內地、台灣、澳門、新加坡、泰國、菲律賓、美國、紐西蘭及本港專家學者和校長老師，配合中國語文科中華文化的教學目標，制訂系統的文化學習大綱。
3. 具體大綱以顧問委員會的意見和老師、學生的迴響作綜合確定。編寫之前先以問卷作意見調查，充分考慮師生對內容和形式的要求，同時結合顧問委員會的意見，逐步修訂。

4. 參照中國語文課程大綱及有關文獻，初步訂定24個範疇。

(1) 神話故事	(2) 民間傳說	(3) 社會習俗	(4) 傳統節日
(5) 河山風貌	(6) 名勝古跡	(7) 情操禮儀	(8) 康樂文娛
(9) 飲食文化	(10) 工藝服飾	(11) 語言文字	(12) 修辭語彙
(13) 倫理道德	(14) 經濟貿易	(15) 交通傳訊	(16) 科學技術
(17) 文學作家	(18) 名篇佳作	(19) 藝術欣賞	(20) 人文教化
(21) 治亂興衰	(22) 歷史人物	(23) 學術思想	(24) 宗教信仰

（三）編寫文化閱讀材料

1. 主要為校本課程老師自編教材提供參考。實驗教材經學校試教後，每個單元都有評估，然後進行修訂，最後印刷成書，分發給全港400多所中學及各公共圖書館，以擴大影響力。

2. 編寫原則

(1) 參照初中中國語文科中華文化教學目標。

(2) 內容的深淺符合初中學生的程度。

(3) 內容與語文能力和品德情意的培養結合。

(4) 介紹文化知識為基本，附以文化評論以帶領和啟發學生進入文化反思和認同的層次。

(5) 文字力求適合初中學生的程度。

(6) 透過輕鬆活潑的敘述筆調介紹文化知識。

(7) 透過深入淺出的評論風格引導學生反思。

(8) 圖文並茂，以提高學習的興趣。

(9) 適當地加插漫畫作介紹。

(10) 採用問答、遊戲、填充等形式作主題介紹，使學生積極自學。

（四）教學實驗

1. 在選定的 15 所中學進行有關的教學實驗研究。參加教學實驗學校，名單如下 *：

中華基督教會銘基書院	田家炳中學
孔教學院何郭佩珍中學	東華三院甲寅年總理中學
陳樹渠紀念中學	青松侯寶垣中學
佛教黃鳳翎中學	順德聯誼總會李兆基中學
香港道教聯合會鄧顯紀念中學	香港道教聯合會青松中學
香港道教聯合會圓玄學院第一中學	香港道教聯合會圓玄學院第二中學
培僑中學	葵涌可風中學
福建中學	

* 按筆畫序排列

2. 舉辦培訓班或工作坊，指導參與實驗學校的老師掌握文化閱讀材料的編寫精神、施教方法、評估方式以及如何推展活動等。
3. 每個單元由教師於課堂上進行閱讀指導，學生完成每個單元的閱讀活動後，以判斷、填充、短答等方式進行評估，並由研究人員作統計分析。
4. 用問卷方式向學生收集意見，再結合專業意見，綜合研究，逐步完善學習大綱，使編選的素質精益求精。

（五）文化講座

目的：提高學生對中華文化的認識。

形式：邀請學者舉辦講座，主題圍繞中國語文科中華文化教學原則的三個層面，目的是啟導學習文化、思考文化問題和培養思維能力。為了擴大影響力，講座由香港電台網上廣播站協辦。每次講座都座無虛席，學生反應尤為熱烈，現場進行錄影，並由傳媒採訪。

（六）工作坊

目的：讓教師和學生分享、交流學習文化的心得，以提高學習效能。

形式：

1. 專為培訓教師的工作坊，使他們正確掌握文化閱讀材料的編寫精神、施教方法和評估方式，然後指導學生閱讀。
2. 以學生為主要對象的工作坊，主題包括書法、國樂、詩歌創作、朗誦欣賞等。

（七）文化工作者訪問

目的：讓學生與文化工作者直接對話交流。

形式：組織學生訪問團，其中與武俠小説家金庸對話的一場最受歡迎。

（八）出版《文化傳訊》通訊

1. 介紹最新的文化動向。
2. 提供和介紹學習文化的網絡資源。
3. 報導學生與文化工作者的交流心得。
4. 提供交流園地給學生發表讀後感。

四、教學大綱

(一) 神話故事

1. 中國神話的特色
2. 著名的神話
   (1) 盤古開天闢地　　(2) 女媧補天

(3) 天狗吃月
(4) 后羿射日
(5) 龍的傳說
(6) 精衛填海
(7) 月下老人
(8) 壽星彭祖
(9) 八仙過海
(10) 孫悟空大鬧天宮

3. 古代中國人的想像力

（二）民間傳說

1. 中國傳說的特色
2. 著名的傳說

(1) 孟姜女哭長城
(2) 昭君出塞
(3) 桃園三結義
(4) 木蘭從軍
(5) 梁祝化蝶
(6) 白蛇傳
(7) 包公斷案
(8) 楊家將
(9) 濟公活佛
(10) 天后媽祖

3. 古代傳說的文化寓意

（三）社會習俗

1. 社會習俗的特色
2. 重要的時令

(1) 二十四節氣
(2) 天干地支
(3) 十二時辰
(4) 十二生肖

3. 重要的習俗

(1) 姓氏、名、字、號
(2) 祭祀與民間信仰
(3) 避諱與吉祥觀念
(4) 陰陽五行
(5) 農耕儀式

4. 少數民族的風俗習慣
5. 文化思考：習俗與民族文化

（四）傳統節日

1. 傳統節日的特色

2. 重要的傳統節日

(1) 春節　(2) 元宵

(3) 清明　(4) 端午

(5) 七夕　(6) 中秋

(7) 重陽　(8) 冬至

3. 文化思考：節日與民族文化

（五）河山風貌

1. 河山風貌的人文特色

2. 河山風貌

(1) 黃河　(2) 長江

(3) 珠江　(4) 五嶽

(5) 黃山　(6) 廬山

(7) 大明湖　(8) 西湖

(9) 太湖　(10) 桂林

3. 欣賞河山風貌的文化內涵

（六）名勝古跡

1. 名勝古跡的人文特色

2. 名勝古跡

(1) 孔廟　(2) 長城

(3) 兵馬俑　(4) 明十三陵

(5) 岳陽樓、滕王閣、黃鶴樓　(6) 故宮

(7) 天壇　(8) 中山陵

3. 七大古都

4. 歷史文化名城

5. 欣賞名勝古跡的文化內涵

（七）禮儀情操

1. 中華禮儀的文化特色

2. 重要的禮儀

(1) 五禮
(2) 古代的婚姻
(3) 古代的喪葬
(4) 見面禮儀
(5) 交談禮儀
(6) 公共場所禮儀
(7) 家庭禮儀
(8) 稱謂、謙稱及尊稱

3. 文化思考：禮儀和品德情意

（八）工藝服飾

1. 工藝服飾的民族特色

2. 傳統工藝

(1) 青銅文化
(2) 陶瓷文化
(3) 印刻文化
(4) 石雕文化
(5) 泥塑文化

3. 著名工藝品

(1) 玉璽
(2) 和氏璧
(3) 唐三彩
(4) 景德鎮瓷器
(5) 景泰藍
(6) 石灣陶塑
(7) 蘇繡
(8) 剪紙藝術
(9) 桃花塢年畫
(10) 銅車馬

4. 服飾

(1) 龍袍、鳳冠
(2) 唐裝、中山裝
(3) 長袍、馬褂
(4) 旗袍
(5) 簪、釵、玉佩

5. 少數民族服飾

6. 欣賞工藝、服飾的民族文化特色

（九）飲食文化

1. 漢族和少數民族飲食的文化特色
2. 飲食禮儀及器具
3. 特色名菜
4. 茶文化
   (1) 茶藝　　(2)「茶聖」
   (3) 中國名茶
5. 酒文化
   (1)「酒聖」　　(2) 中國名酒
6. 文化思考：飲食和民族文化

（十）康樂文娛

1. 傳統康樂文娛的特色
2. 戲劇
   (1) 京劇　　(2) 昆劇
   (3) 粵劇　　(4) 梨園戲
   (5) 木偶戲　　(6) 皮影戲
3. 遊藝競技
4. 古今康樂文娛的變遷

（十一）文學作家

1. 中國文人的特質
2. 傑出的文學家
   (1) 曹植　　(2) 陶淵明
   (3) 李白　　(4) 杜甫
   (5) 白居易　　(6) 韓愈
   (7) 李煜　　(8) 歐陽修

(9) 蘇軾　　(10) 辛棄疾

3. 文化思考：文人和文化

（十二）名篇佳作

1. 中國文學的特質

2. 重要的作品

(1) 屈原和《離騷》　　(2) 司馬遷和《史記》

(3) 關漢卿和《竇娥冤》　　(4) 羅貫中和《三國演義》

(5) 施耐庵和《水滸傳》　　(6) 吳承恩和《西遊記》

(7) 曹雪芹和《紅樓夢》　　(8) 魯迅和《阿 Q 正傳》

(9) 巴金和《家》、《春》、《秋》　　(10) 金庸和武俠小說

3. 文化思考：文學作品的文化價值

（十三）倫理道德

1. 基本的倫理觀念

2. 倫理價值

(1) 五倫　　(2) 家庭觀念

(3) 宗族關係　　(4) 慎終追遠

(5) 仁義禮智　　(6) 忠君愛國

(7) 尊師重道　　(8) 仁愛

(9) 捨生取義　　(10) 君子

3. 文化反思：倫理價值的優點和局限

（十四）經濟貿易

1. 古代經濟的特色

2. 經濟方面的知識點

(1) 以農立國　　(2) 重農輕商

(3) 商品貿易　　(4) 鹽鐵官營

(5) 金屬貨幣與紙幣　　(6) 官營及民間手工業

(7) 賦稅徭役

3. 古代著名商港和商業名城

(1) 廣州　(2) 泉州

(3) 揚州

4. 文化反思：傳統經濟的偏向和不足

（十五）交通傳訊

1. 古代交通概況

(1) 基本建設　(2) 傳訊方式

2. 重要人物和文化交流

(1) 張騫　(2) 班超

(3) 法顯　(4) 玄奘

(5) 馬可・波羅　(6) 鄭和

3. 文化思考：交通和中華文化的傳播

（十六）科學技術

1. 古代科技發展的特色

2. 重要發明

(1) 數學　(2) 天文

(3) 曆法　(4) 醫藥

(5) 四大發明

3. 重要人物

(1) 張衡　(2) 華佗

(3) 祖沖之　(4) 沈括

(5) 李時珍　(6) 蔡倫

4. 文化反思：古代科技發展緩慢的文化原因

（十七）藝術欣賞

1. 中國藝術的特質

2. 書法

(1) 文房四寶 (2) 傑出的書法家

(3) 書體導賞

3. 繪畫

(1) 傑出的畫家 (2) 傑出作品導賞

4. 建築

(1) 園林藝術 (2) 石窟藝術

5. 音樂

(1) 重要的樂器 (2) 重要的作品

6. 舞蹈

（十八）人文教化

1. 古代教育制度的特色

2. 教育方面的知識點

(1) 太學、國子學 (2) 書院、私塾

(3) 京師大學堂 (4) 四書五經

(5) 六藝 (6) 啟蒙字書

3. 古代的選士制度

(1)「養士」風氣 (2) 察舉制度

(3) 九品中正制 (4) 科舉制度

4. 重要的教育理念

(1) 有教無類 (2) 因材施教

(3) 不恥下問 (4) 循循善誘

(5) 學思結合 (6) 溫故知新

5. 文化反思：古代教育的優點和偏向

（十九）語言文字

1. 漢字的產生和演變

2. 漢字的性質和結構

3. 語言文字的知識點

(1) 方言和共同語　(2) 官話、國語、普通話、華語

(3) 文言文、白話文　(4) 外來詞

(5) 繁體字、簡化字、異體字

4. 字典辭書

5. 漢字和文化

（二十）修辭語彙

1. 漢語的特質

2. 修辭語彙

(1) 典故　(2) 成語

(3) 俗語　(4) 格言

(5) 諺語　(6) 歇後語

(7) 反語　(8) 雙關

(9) 燈謎　(10) 對聯

3. 修辭語彙和文化

（廿一）治亂興衰

1. 中國政治發展的特質

2. 中華民族的形成

(1) 華夏始祖　(2) 堯、舜、禹傳說

(3) 漢族和少數民族

3. 政治知識點

(1) 政府組織　(2) 重要職官

(3) 朝代興替　(4) 禪讓與世襲

(5) 仁政與霸政　(6) 人治和法治

(7) 謚號、封號、年號

4. 文化反思：政治對文化的影響

(廿二) 歷史人物

1. 中國歷史上的傑出人物

2. 帝王

(1) 秦始皇　(2) 漢武帝

(3) 唐太宗　(4) 康熙帝

3. 相輔

(1) 周公　(2) 張良

(3) 諸葛亮　(4) 魏徵

(5) 范仲淹

4. 將帥

(1) 孫武　(2) 李廣

(3) 關羽　(4) 岳飛

(5) 鄭成功

5. 欣賞歷史人物的風範

(廿三) 學術思想

1. 中國學術思想的特質

2. 重要的思想家

(1) 孔子、孟子、荀子　(2) 老子、莊子

(3) 墨子　(4) 韓非子

(5) 董仲舒　(6) 王充

(7) 朱熹

3. 新文化運動

4. 文化反思：傳統思想的優點和不足

(廿四) 宗教信仰

1. 中華民族的宗教精神

2. 原始宗教

(1) 自然崇拜　　(2) 圖騰崇拜

3. 佛教

(1) 佛陀生平　　(2) 基本要義

(3) 佛經故事　　(4) 宗教聖地

4. 道教

(1) 基本要義　　(2) 道教故事

(3) 宗教聖地

5. 文化反思：宗教、人生與現代社會

附：《中華文化承傳》樣章

月到中秋分外圓

想一想

1. 你知道中秋節與「嫦娥奔月」的傳説有甚麼關係嗎？
2. 為甚麼中秋節我們有吃月餅的習俗呢？

嫦娥奔月與中秋源起

雲母屏風燭影深，長河漸落曉星沉。

嫦娥應悔偷靈藥，碧海青天夜夜心。

——唐・李商隱

相傳后羿向西王母娘娘求得一種長生不老的靈藥。有一次后羿外出，妻子嫦娥知道了，便趁機把全部靈丹偷吃了。刹那間，嫦娥身輕如燕，一路飄呀飄，就這樣飄到月宮去了。嫦娥因偷吃靈丹而被罰長年在月宮杵藥，與寂寞為伴。詩中所描寫的便是這個冷清的情境。後來，每逢中秋，人們便焚香拜月，希望一睹嫦娥芳容，並為她解除苦悶。這個「嫦娥奔月」的傳說，便是我國民間對中秋節起源的說法了。

拜月慶豐收

不過，中秋節的真正起源，其實要追溯到遠古「秋祀」的拜月習俗。古代的人民，是以務農為主的，農事和季節變化的關係是很密切的，而一年中的秋季又是豐收的黃金季節。古書上的「秋」字，原就有「禾穀熟」的意思。人民辛辛苦苦，終於收穫在即，家家户户設酒備菜，祈求農耕順順利利，於是出現了一系列圍繞「秋收」的慶祝活動。

「中秋」之名的來源，則是由於八月十五處於秋季的正中而得名。古人已認識到「月到中秋分外圓」的自然變化，所以很早以前在中秋前後就已有「祭月」和「拜月」的活動了。後來，漸漸演化成「賞月」的風尚。「月圓人亦圓」，中國人最重視倫理親情，在人們的意念裏，月圓正是闔家團圓的象徵。

嘗月餅喜團圓

除了賞月之外，現代都市人也會約同三五知己，參加中秋賞燈的大會，猜猜燈謎，看看燈飾，尋找另一種節日的樂趣。

說到中秋的應節食品，柚子、湯圓、桂花羹是少不了的，但說到主角，就得數月餅了。「月餅」一詞，偶見於北宋文獻。相傳到元朝的時候，人們不甘受蒙古人的統治，當時有一位叫劉伯温的人，想聯合有志之士的力量反抗，便想出一條絕妙好計。他廣泛散佈消息，說將會有瘟疫發生，必須買燒餅來吃才能避免病禍。人們於是爭先恐後購買燒餅，切開一看，卻發現餅裏藏著「八月十五夜起義」的紙條，於是一呼百應，一起推翻了蒙古人的統治。後來，中秋節吃月餅漸漸成為一種社會習俗。

明代人又把中秋節稱為「團圓節」，因為月餅的外型是圓的，所以月餅也具有團圓的特別意義。直到今天，月餅從包裝、製作到起名都很講究，五仁火腿月、雙黄白蓮蓉月、七星伴月、冰皮月餅、雪糕月餅等等，可謂應有盡有，成為了中秋節饋贈親友不可少的佳節禮品。

中秋節，可以說是傳統習俗中一個較温馨的節日，趁著月圓之夜，邊賞月，邊吃著月餅、柚子，一家人又可共享天倫之樂，難怪人們都格外重視這個特別的日子。古詩人筆下曾有這樣的名句：「海上生明月，天涯共此時」，每逢中秋佳節，人們總會不約而同地舉頭凝望著天邊皎潔的明月，喚起想念親人的濃濃情思。無論你身在何方，「但願人長久，千里共嬋娟」的美好祝願，都是我們每個中國人心中的共同願望。

篇章特點

樣章開首以唐代詩人李商隱的《嫦娥》，引領學生進入清空淒冷的詩境，令他們拍動想像的翅膀，飛往荒涼的月宮，體驗嫦娥千年寂寞的生活。學生心中不禁有疑問，嫦娥為何要偷靈藥，以致落得如此下場呢？文章接著把「嫦娥奔月」的神話故事娓娓道來，交代中秋節的來源。然而，以上的故事雖然淒美，畢竟只是傳說。文章指出「中秋」其實源出於「秋祀」，當中「秋」字本來便有「禾穀熟」的意思。秋天是收成的季節，「中秋」處於秋季的正中，因此「中秋」便成為了慶賀收成的節日，人們由祭月、拜月逐漸演變出賞月的習俗。文章接著講述「月餅」的由來。「月餅」，每個學生都吃過，但「月餅」的由來，未必人人知道。文章講述元末劉伯溫把紙條藏在「月餅」中，號召人民起義抗元的歷史，既富知識性，又饒有趣味。文章又提到現時「月餅」有很多款式，如五仁火腿月、雙黃白蓮蓉月、七星伴月等，可讓學生從中體會到傳統中華文化與現代生活的密切關係。最後，文章以「月圓人亦圓」這句話及「海上生明月，天涯共此時」和「但願人長久，千里共嬋娟」兩句詩詞，帶出中秋節的重要意義，在於一家團圓，享受和家人共慶佳節的時光，寄寓了中國儒家重視倫理親情的傳統文化思想。

初中實驗計劃成功舉辦了多次大型文化講座：白先勇教授講座、沈松勤教授講座、小思文化講座、粵語詩文朗誦講座及普通話朗誦講座，吸引了逾二千名師生參加。2004 年 11 月，我們與民政總署及香港電台合辦「全港中學校際問答比賽」，並特別設立「中華文化杯」，以推廣中華文化。比賽為期約半年，總決賽於 2005 年 3 月中舉行。此外，為推動該計劃在香港以至海內外華人社會的廣泛影響力，研究人員先後在多個大型研討會上作報告，並收到熱烈迴響。在新亞中學、香港中文大學的三次教師研討會上，本港、內地、台灣教師們都表示十分感興趣，希望實驗教材可以儘快出版使用。2003 年 12 月於台北市舉辦的「第七屆世界華語文教學研討會」上，美國中文學校校長希望本實驗教材能刊印英文版，以利華僑子弟學習。2004 年 6 月於北京中央民族大學的「學術論壇」上，北京大學出版社負責人亟望能刊印本實驗教材的簡化字版，並在全世界華人地區發行。2004 年 7 月於山東省威海市舉辦的「新世紀全國語文教學改革創新研討會」上，逾千名與會者都表示很想參與中華文化教學實驗。這些迴響，反映計劃的廣泛認受性，亦説明普及中華文化教育意義重大，實乃當務之急。

第四節　高中中國語文科中華文化教學研究及實驗計劃

一、研究背景

中華文化的普及化是中華兒女共同關心的課題。文化教學的目標是使我們的下一代增進對優秀中華文化的認識、反思和認同，提高批判性思維和獨立思考能力，培養正確的倫理道德觀念，加強對國家和民族的歸屬感，並為進行文化思辯、衡量傳統文化對當今世界的意義奠定基礎。但文化教學具體應怎樣進行？其核心教材應怎樣制訂？初中和高中的文化教學，應如何因應不同學習階段和學生的認知能力而有所側重？

1992 年 9 月，香港中學的六、七年級正式設置了中國語文及文化科，這個課程是香港中文教學的一次全面創新，也填補了幾十年大學預科中國語文課程的空白。本課程除測試學生的閱讀和寫作能力外，也考核聽力和説話的表現，並兼顧課外閱讀成績的考查。它改變了以往只把語文視為工具的偏向，同時強調中國傳統思想文化，且屬必修必考課程，實是一大突破。

中國語文及文化科的宗旨，開宗明義是「增進學生對中國文化的認識，啟發學生的思想，培養學生的品德，使能建立正確的價值觀，加強對社會的責任感。」並指定以下六篇文章為閱讀教學的主要研習內容：

唐君毅：《與青年談中國文化》　毛子水：《中國科學思想》
韋政通：《中國藝術精神》　金耀基：《中國傳統社會》
殷海光：《人生的意義》　吳森：《情與中國文化》

從總體上看，六篇文章涵蓋了中國政治、社會、思想、科技、藝術等各個範疇，但由於學生在中、小學階段對中華文化的認識不多，基礎較薄弱，一開始便接觸這些偏於理論層面的鴻篇巨制，能真正感悟的著實不多；再加上該科教師大多由中國語文科老師兼任，教師對文化知識的涉獵，深淺寬廣程度不一，教學成效並不顯著。

香港地區中小學的中國語文教學，一向強調語文訓練的工具性，比較忽視中華文化的傳承意義。2000 年的課程指引，將語文學習分為閱讀、寫作、聆聽、説話、文學、中華文化、品德情意、思維及語文自學等九個範疇，目標才算比較完整；並對中華文化教學提出三個學習的層面：認識、反思、認同。其學習目標有四：

1. 增進對中華文化的認識，提高學習語文的興趣和語文能力；

2. 對中華文化進行反思，並瞭解其對現代世界的意義；
3. 認同優秀的中華文化，培養對國家、民族的感情；
4. 在生活中體現優秀的中華文化。

中華文化博大精深，認識甚麼？反思甚麼？認同甚麼？高中階段的中華文化教學如何上承初中，下啟大學，各學習階段的知識元素如何組成一個系統完整的知識鏈，體現由簡單到複雜、由淺入深的螺旋式學習模式？這方面課程綱要並沒有提出具體的建議，亦鮮有人對此作出深入研究，更遑論具體的教學大綱、文化教材和教學模式了。

本計劃的緣起是為全面配合 2005 年正式在香港中學實施的「高中中國語文新課程」，並前瞻 2008 年學制改革，研究如何調度預科中國語文及文化科的文化知識，納入高中三年制中國語文科的中華文化範疇，並作為 2008 年通識教育科的參考教材之一。計劃的進展密切緊貼新課程及通識課程的發展方向。因此，由專職研究人員、專家學者、校長和教師共同制訂的高中中文科中華文化教學大綱和具體內容，不單對教科書的編訂具參考價值，同時可於實驗學校通過驗證，最終作為高中中文科的文化輔助教材。

「高中中國語文科中華文化教學研究及實驗計劃」是在初中研究計劃基礎上進一步的深化、延伸。高中階段的中華文化教育，是個全新的領域，坊間尚未見有符合現行文化教學核心宗旨「認識→反思→認同」的參考讀物。因此，具有前瞻性的系列文化輔助教材便顯得格外重要了。而這一套高中文化讀物的深度和廣度的定位是至關重要的。它既離不開初中文化學習重視引導的模式作為切入點，又不能像大學程度過分著重學術或理論的研究。也就是說，這一套教材是極具針對性的，不是單線地提供知識，而應同時具有一套演繹模式：「專門化」的學習模式 —— 著重「探討式」而非「灌輸式」的。從近期有關文化教育的研究計劃綜合分析，這無疑是亟待開拓的領域。初中教材採用「知識小品文」的模式，透過輕鬆活潑的敘述筆調介紹文化知識，力求做到趣味性、知識性、文學性與現實性兼具。高中文章體式則採用「評論式小品文」，透過具思辨性的深入淺出筆觸評介文化知識，學術性與可讀性並重。

實質上，高中中文科的文化學習是初中的延伸和深化。從學生認知能力的差異，可知兩者不能等同視之。初中可從文化知識的「面」鋪陳，較側重對基本文化知識的掌握；高中卻必須在「面」的基礎上進入點的「專門化探討」，有機地結合新課程強調的「獨立思考」和「批判思維」元素。這樣，學生在完成中學的學習階段後，才能達到「點面俱圓」的目標。但現在的問題是：怎樣比較「系統」地從繁富的中華文化找出這些點，並有機地結合「中文教學」、「品德情意」和「從生活中去體現」？怎樣使每個文化專題的知識元素組成一個系統完整的知識鏈，體現由簡單到複雜、由淺入深的螺旋式學習過程？作為一套具「科學性」的文化讀物，是不可以純粹由研究人員或大學學者單方面操作的，而必須以「學生為本」，經過實驗驗證其適切性。

初中中國語文科中華文化教學研究及實驗的成功經驗，使我們對高中階段的研究具有十足信心。新計劃在宗旨、深廣度和形式方面都有全新的元素，一方面注意與初中的銜接性，另一方面從高中學生的認知能力出發，設立相應的專題，兼顧其思辯性及批判性。本著中國語文科「學會學習」、「廣泛閱讀」、「寓文化於語文學習」和「跨學科學習」的宗旨，計劃擬制訂高中階段中國語文科中華文化的學習大綱和範圍，然後依此編訂適合高中程度的中華文化專題閱讀材料，並組織學校進行實驗。參加實驗的學校老師，可以參加專門培訓的工作坊，掌握文化閱讀材料的編寫精神、施教方法和評估方式，然後指導學生閱讀，逐步進行階段性的評估，以求最終為全港高中學生在高中年段定下應該掌握的文化知識的基準，同時為學校編訂校本教材提供示範及參考。

計劃除了擬定高中中文科中華文化學習大綱、編寫文化閱讀材料、培訓教師和進行實驗教學作為重點項目外，再以文化專題講座、工作坊、文化考察之旅、文化熱點辯論、全港文化專題寫作比賽等方式全方位相配合，以引起全港高中教師和學生的主動參與，做到身體力行，從活動中推廣優秀的中華文化，以提高學生的學習興趣和積極性，並著重啟導他們思考文化問題和提高思辯能力。

二、目標與對象

研究計劃目標如下：

(一) 配合 2005 年高中語文新課程，為全港高中學生學習中華文化知識制訂基本的大綱。

(二) 前瞻 2008 年學制改革，將預科中國語文及文化科的文化知識，納入高中三年制中國語文科的中華文化範疇；並作為 2008 年通識教育科的參考教材之一。

(三) 提高學生批判性思維和獨立思考能力。

(四) 為校本課程老師自編教材提供參考。

(五) 建構漸進式和系統化的文化學習模式。

(六) 從文化活動中增進學生對中華文化的認識。

(七) 培養中學生的價值觀，樹立正確的倫理道德觀念。

(八) 引導廣大中等程度學生對優秀的中華文化、國家和民族的反思和認同。

(九) 為中學生進行文化思辨和衡量中華文化對當今世界的意義奠定基礎。

至於受惠對象，可分以下四類：

(一) 學生。參與實驗計劃的高中學生作為計劃的直接受惠對象，可從各種形式的活動中得到不同程度的教益。實驗完成後，系列文化讀物將分贈全港所有中學及各公共圖書館，因而最終全港的高中學生皆可受惠。

（二）教師。如果學校自行編訂語文教材，文化部分尤難以掌握；計劃為校本課程的學校提供了一個經過驗證的基準，對他們極具參考價值。本計劃也為參與實驗學校的教師舉辦培訓性質的工作坊，全方位地提供協助，鼓勵教師積極參與。

（三）教育決策者。本計劃通過定期評估和文化活動全方位提高學習效能，對教育決策者具有一定的參考價值。

（四）社會人士。中等程度的社會人士如有心於較深入認識中華文化，亦可間接受益。

三、計劃與措施

（一）制訂中華文化專題學習大綱

1. 配合中國語文新課程，為全港高中學生學習中華文化制訂基本大綱。中華文化教學在中、小學不必獨立設科，它可以作為中國語文科的一部分。因此教學大綱必須配合中國語文課程的實施。
2. 邀請中國（包括台灣、澳門、香港）、新加坡、泰國、菲律賓、美國、紐西蘭的專家學者和校長老師，配合中國語文科中華文化的教學目標，制訂系統的文化專題學習大綱。
3. 具體大綱以顧問委員會的意見和老師、學生的迴響作綜合研究確定。編寫之前先以問卷作意見調查，充分考慮師生對內容和形式的要求，同時結合顧問委員會的意見，逐步修訂。
4. 參照高中中國語文課程大綱、預科中國語文及文化科課程大綱及有關文獻，制訂高中中華文化教學 8 個研習專題如下：

(1) 政治與發展　(2) 經濟與生活　(3) 文學與人生　(4) 藝術與審美
(5) 科技與文明　(6) 倫理與教化　(7) 思想與社會　(8) 傳承與交流

制訂説明

1. 所選知識點以學生為本，以適切性為原則，深淺度力求符合高中的程度。
2. 會檢視 17 所參與試驗學校的初中課程的文化學習情況，考慮如何將專題學習與初中階段的中華文化學習銜接。
3. 以探討形式引導學生學習和啟發學生思考。
4. 所選知識點的範圍以學生在高中階段應該掌握的為原則。
5. 參照香港中國語文科中華文化的教學目標，單元結構一般分三個層次：即「認識」、「反思」和「認同」。由於學生在初中階段具有一定的文化基礎，故相對會側重「反思」的探討環節。

(二) 編寫文化閱讀材料

文化教材的編寫必須針對不同學習階段而有所側重，以初中和高中為例，初中可從文化知識的「面」鋪陳，較側重對基本文化知識的掌握；高中學生已具有一定的文化基礎，可相對側重「反思」，在「面」的基礎上進入點的「專門化探討」，有機地結合「獨立思考」和「批判思維」元素。這樣，學生在完成中學的學習階段後，才能達到「點面俱圓」的目標。

實驗教材經學校試教後，每個專題都設有專題評估，然後進行修訂，最後印刷成書，分發給全港 400 多所中學及各公共圖書館，以擴大影響力。

1. 編寫原則

(1) 參照高中中國語文科和預科中國語文及文化科教學目標。

(2) 內容的深淺符合高中學生的程度。

(3) 內容與語文能力和品德情意的培養結合。

(4) 探討文化的核心精神，帶領學生進入文化反思和辯論的層次。

(5) 透過輕鬆活潑的敘述筆調介紹文化的核心精神。

(6) 透過深入淺出的評論風格引導學生思考和分析。

(7) 圖文並茂，以提高學習的興趣。

(8) 採用鮮活的形式作主題介紹，使學生積極自學。

2. 編寫程序

(1) 完成的初稿，由特約顧問及編審統一編例，加以潤飾；

(2) 經專家顧問初步審閱後，由研究小組作出修訂；

(3) 在選定的十多所中學進行教學實驗研究；

(4) 評估後諮詢專家顧問作綜合分析；

(5) 進行修訂，定稿。

（三）教學實驗

1. 在選定的 17 所中學進行有關的教學實驗研究，每所中學的中四、中六年級各選出若干班級參與教學實驗。參加教學實驗的學校，名單如下 *：

天主教郭得勝中學
聖士提反堂中學
東華三院甲寅年總理中學
北角協同中學
陳樹渠紀念中學
閩僑中學
香港道教聯合會圓玄學院第二中學
培僑中學
嘉諾撒聖心書院
中華基督教會銘基書院
田家炳中學
漢華中學
青松侯寶垣中學
順德聯誼總會李兆基中學
香港道教聯合會圓玄學院第一中學
高主教書院
福建中學

* 按筆畫序排列

2. 舉辦培訓班或工作坊，指導參與實驗學校的老師掌握文化專題閱讀材料的編寫精神、施教方法、評估方式以及如何推展活動。
3. 每個單元由教師於課堂上進行閱讀指導，學生完成每個單元的閱讀活動後，以判斷、填充、評論等方式進行評估，並由研究人員作統計分析。
4. 用問卷方式向學生收集意見，再結合專業意見，綜合研究，逐步完善專題學習大綱，使編選的素質精益求精。

（四）文化專題講座

目的：激發學生對中華文化的反思

形式：共舉行四次，主題圍繞中華文化教學原則的兩大層面：

1. 激發學生學習中華文化的積極性。
2. 鼓勵學生思考文化問題和培養分析能力。

（五）工作坊

目的：讓教師和學生分享、交流學習文化的心得，以提高學習效能。

形式：

1. 專為培訓教師的工作坊，使他們正確掌握文化專題閱讀材料的編寫精神、施教方法和評估方式，然後指導學生閱讀。
2. 以學生為主要對象的工作坊，共三次，主題包括文藝欣賞、創意思維及辯論技巧。

（六）文化考察之旅

目的：讓學生透過實地考察，親身發掘文化的魅力。

地點：考察本港的文化古跡，如新界五大族的圍村、祠堂，大埔文武二帝廟等地。

（七）出版《中華文化通訊》

1. 介紹最新的文化思潮。
2. 提供和介紹學習文化的網絡資源。
3. 為學生提供文化討論園地。

（八）全港中學文化常識大賽

目的：推動學生參與，從比賽中互相激勵，以認識中華文化的優點和不足。

形式：全港公開報名，以學校為單位，先進行筆試篩選，然後采初賽、複賽、決賽程序。

合作夥伴：民政事務總署、香港電台。

獎項：設立中華文化杯。

（九）《香港學生看中華文化》徵文比賽及佳作專書出版

為推動學生學習中華文化，增進對中華文化的認識，從而思考中華文化的過去、現在與未來，研究團隊於 2006 年 11 月舉辦了「香港學生看中華文化」徵文大賽，讓香港學生抒發他們對中華文化的所思所感。

為保證是次徵文比賽的評審工作能客觀而公平地順利進行，我們邀請了顧問委員會的若干成員擔任評審委員，從來自全港高中至預科階段的二百多篇佳作中進行篩選，最終選出冠、亞、季軍各一篇，優異獎 15 篇，優秀作品 30 篇，再加選 34 篇，合共 82 篇，由暨南大學出版社出版成書。

為提高參賽文章的素質，我們採取了嚴格的甄選制度。徵文比賽以學校為單位，每所中學最多可提交三篇作品，字數以 1000–1500 字為限。為了讓學生們馳騁其所思所想，他們可根據文化與香港、思想與社會、倫理與教化、科技與文明、文學與人生、藝術與審美、政治與經濟、傳承與交流等八大範疇，或論說、或抒情、或描寫，自由取材，體裁不拘。因此，最終呈現在大家面前的這部作品包羅了中華文化的方方面面，描繪了香港學生心中的中華文化輪廓。

中華文化，多麼遙遠。

孕育中華文化、澎湃的黃河在千里之外；氣勢恢宏、蜚聲中外的萬里長城不在香港；見證歷史、華麗堂皇的紫禁城只屹立於北京。

每天念著杜甫的詩，卻未必瞭解他的情懷；蘇軾的悲憾，沒有多少人能體會；李白的豪邁奔放，只能躍於紙上。

然而，中華文化，並非高不可攀，令人裹足不前。

中華文化，其實就是中國人的文化，大家的文化。它不是文人雅士的專利，並非只有道德修養的人才會欣賞。中華文化就在我們的身旁，與我們十分貼近。我們愛於喜慶節日同聚一堂，在祖先忌日祭祀憑弔，我們堅持長幼有序，孝順父母，關懷他人⋯⋯這些都是我們的文化，也就是中華文化。實際上，我們已經與它活在一起，甚至每天都可緊握著它——一雙筷子亦是中華文化所在。

中華文化，其實很近。

以上是東華三院甲寅年總理中學陳援旋同學的作品。陳同學思想很有深度，文字技巧亦頗精煉。再看另一篇文章：

『海納百川，有容乃大。』

佛教在東漢從印度傳入，經歷二千年，留下無數寺塔、敦煌壁畫，幾乎連中國人也誤之以為本土宗教；摩尼教由盛轉衰、至今湮沒，然而在福建泉州仍可見到它遺留在世界中唯一的遺址。

在香港，我們只看到黃大仙祠和清真寺，或許難以令人驚覺中華文化的包容性。遠在河南，有很多猶太人定居，他們取了中文名字、娶中國人為太太，子孫亦已忘了他們和我們之間的分別。當英、美因宗教分歧而向中東的一些國家宣戰時，一大群猶太人已被中國人同化、過著中國人的生活。

旗袍本是滿族衣飾，現在已是中國的象徵；三國時、匈奴劉豹自稱劉邦後代；千百年前，外國商旅在泉州久居，死後的墓碑以中文筆劃歪斜地刻成，而擺放先人神位的宗祠也説明，他的某個子孫是明朝狀元。

這已超越了簡單純粹的入鄉隨俗又或文化交流，而是文化之間的互相欣賞、包容、尊重。

中國逐漸繁榮富庶，然而中華文化的包容性才是真正值得驕傲的。

這是伊利沙伯中學何彩怡同學的作品。觀察深入，立論創新，情真意切，令人讚賞。上述的好文章，只是這本《香港學生看中華文化》其中兩篇文章的節錄。通過這本書，我們可以更清楚瞭解當今香港學生的心智發展，以便更有效地制訂中華文化的教學策略。至於同學之間，則可以互相觀摩，並反思自己民族的文化。新穎的視角、純真的感情、誠摯的文字、以香港為立足點，是這些優秀作品的共通之處，也是國際評判團對此作出的評價。

中華文化，博大精深，源遠流長。從學生的角度出發，全方位來思考中華文化，目前坊間尚屬罕見。而我們所選的這些文章中，實不乏佳作：記敘的則層次井然，描寫的則形象生動，抒情的則真摯自然，立論的則明確周密，從不同的側面，反映了香港學生的寫作水平和風格特色。當然，作為中學生，所論述的觀點未免有不成熟的一面，其中或許有思慮欠周，沙石混雜，但無論如何，卻可以使我們更清楚當今學生的心智發展，以便更有效地厘定中華文化的教學策略。至於同學之間，則可以透過字裏行間，彼此觀摩，相互砥礪，瞭解和認同自己民族的文化，讓中華文化的精神叩開他們的心扉。

20 世紀 80 年代以後，學者們紛紛參與中華文化未來發展的討論，各種不同的觀點、理論和主張，形成熱烈的思辨風氣。本書的出版，是有意從學者專家的學術爭辯，拉回到普及文化層面，給學生提供各抒己見的交流平台。梁任公說：「欲新一國之風，必先新一國之民。民智能開，則必事半功倍。」也正是基於這一認識，期許這一部書的出版，能啟導我們的下一代從小就培養批判性思維和獨立思考能力，並提高對中華文化的認識，進而反思和認同中華文化優秀的一面。

四、教學大綱

(一) 政治與發展

1. 古代政治的特色
2. 構成古代政治格局的基本因素
   (1) 農業社會　(2) 宗法制度
   (3) 儒家道統
3. 古代政治思想
   (1) 儒表法裏　(2) 黃老無為
   (3) 法、術、勢　(4) 天道觀
   (5) 內聖外王　(6) 民本思想
4. 古代政治結構的特點
   (1) 家天下　(2) 君主專政
   (3) 士人政府　(4) 等級制度
   (5) 宰輔制度　(6) 宦官政治
5. 古代法律
   (1) 古代法律觀念　(2) 禮和法的關係

(3) 人情與法理的衝突
(4) 人治淩駕法治的現象
(5) 中西法律思想的差異

6. 科舉制度
(1) 科舉與政治
(2) 科舉與文學、學術
(3) 科舉對士風的影響
(4) 科舉的利弊

7. 古代政治知識擷趣
(1) 傳統史學與政治的關係
(2) 政治遊説
(3) 古代的政治思想教育
(4) 政治中心的確立和轉移
(5) 政權合法觀念的演變
(6) 周易象數對政治決策的影響
(7) 童謠的政治作用

8. 文化思考
(1) 傳統政治觀念的現代意義
(2) 中國文化與民主政治
(3) 中華民族的摶成與特色

（二）經濟與生活

1. 古代的經濟形態

2. 構成古代經濟模式的生態環境

3. 古代的經濟思想
(1) 重農抑商
(2) 為民制產
(3) 義利觀念
(4) 消費觀念
(5) 自由經濟思想

4. 經濟現象
(1) 社會分工
(2) 經濟改革
(3) 經濟重心南移
(4) 江南經濟
(5) 商業市鎮
(6) 徽商、晉商
(7) 資本主義萌芽
(8) 明清消費現象
(9) 匠役制度
(10) 工商業行會

(11) 海外華僑流布　(12) 人口發展趨勢

5. 古代經濟知識擷趣

(1) 古代農業禮儀、節日和習俗　(2) 文學作品對經濟活動的反映

(3) 文學中的商人形象　(4) 重農思想與古代農業科技的關係

(5) 古代的商業廣告　(6) 古代交通運輸和經濟活動的關係

(7) 古代消費文化的特色　(8) 官商關係

6. 文化思考

(1) 古代經濟思想的現代意義　(2) 現代化與改革開放

（三）文學與人生

1. 中國文學的特質

2. 詩經

(1) 十五國風反映的社會生活　(2) 雅詩與朝廷文化

(3) 頌詩的宗教氣息　(4) 賦詩言志

3. 楚辭

(1) 楚辭反映的楚文化特色

(2)《九章》、《九歌》的宗教色彩

4. 漢賦

(1) 漢賦反映的繁華氣象　(2) 東漢的抒情小賦

5. 樂府

(1) 漢樂府反映的民間風俗　(2) 樂府詩表現的愛情觀

6. 建安文學

(1) 建安文學產生的社會背景　(2) 建安文學的生命價值觀

7. 唐宋散文

(1) 古文運動的社會文化背景　(2) 古文運動的革新意義

8. 唐詩
   (1) 唐詩反映的河山風貌　(2) 唐詩反映的文化品位
   (3) 唐詩反映的社會現實　(4) 唐詩反映的邊塞生活
9. 宋詞
   (1) 宋詞的情愛主題　(2) 宋詞的生命意識
   (3) 宋詞的社會文化功能
10. 元曲
   (1) 元曲創作和文人生活　(2) 元曲的社會諷寓
   (3) 散曲的人生寄寓
11. 晚明小品
   (1) 小品文興盛的時代背景　(2) 小品文的獨抒性靈
12. 明清小說
   (1) 小說反映的社會面貌　(2) 小說的人生諷寓
13. 新文學思潮
   (1) 新文學運動的時代精神　(2) 新文學新文學的意義
14. 文化思考
   (1) 文學的社會功能　(2) 情與中國文學

（四）藝術與審美
1. 中國藝術的美學意蘊
2. 書法
   (1) 書法的藝術特質　(2) 書法與情操、思想、品性
   (3) 書法與強身健體　(4) 中國書法對日本、韓國的影響
3. 繪畫
   (1) 文人畫的寫意　(2) 山水畫的寄情
   (3) 風俗畫的生活氣息　(4) 從畫風看中西文化的異同
4. 建築

(1) 宮廷建築的豪華氣派　(2) 民居建築格局的尊卑觀念

(3) 園林建築的妙合天然　(4) 橋樑文化

5. 雕塑

(1) 石窟雕塑藝術　(2) 陵墓雕塑造型

(3) 華表的象徵意義　(4) 牌坊的教化作用

6. 音樂戲曲

(1) 禮樂觀念與教化　(2) 民族樂器的交流

(3) 樂器的特色　(4) 詞牌、曲牌的文化淵源

(5) 戲曲藝術

7. 工藝服飾

(1) 盆景天地　(2) 印刻藝術

(3) 冠禮玉佩

8. 文化思考

(1) 儒道二家的藝術觀　(2) 傳統中國藝術的世界意義

（五）科技與文明

1. 古代科技發展的特色

2. 古代科技的發展背景

(1) 生態環境　(2) 經濟模式

(3) 社會風氣

3. 古代的科技教育

4. 古代科技的成就

5. 古代科技知識擷趣

(1) 史籍對哈雷彗星的記載　(2) 文史資料中的不明飛行物體

(3) 古代巫術對科學的影響　(4) 世界上第一部法醫學專著《洗冤集錄》

(5)《齊民要術》與達爾文理論的暗合　(6) 數理學科與審美觀念
(7) 煉丹與化學　(8) 天文曆算

6. 中醫與科學
(1) 中醫的科學精神　(2) 佛道文化和醫學

7. 傳統思想對科技發展的影響
(1) 整體性思維　(2) 人與自然的和諧意識
(3) 古代史料在現代科學研究中的應用　(4) 陰陽互補觀念
(5) 直覺認識　(6) 物理觀念

8. 中國古代科技在海外的傳播

9. 文化思考
(1) 李約瑟難題　(2) 四大發明的歷史意義
(3) 中國科技的過去、現在與未來

（六）倫理與教化

1. 傳統倫理觀念的特質

2. 傳統倫理觀念的探討
(1) 孝與中國文化　(2) 三綱五常
(3) 忠恕之道　(4) 理學的倫理價值
(5) 宗族觀念　(6) 姓名的倫理內涵

3. 蒙學
(1) 啟蒙書籍的道德教育功能　(2)《三字經》、《千字文》

4. 家訓
(1) 家訓的價值取向　(2)《顏氏家訓》的家庭教育觀念
(3) 家訓對傳統政治文化的影響

5. 勸善書
(1) 道教勸善書　(2) 佛教勸善書

6. 與道德教化相關的文化現象
    (1) 古代家訓中的禮俗風尚
    (2) 明清儒商的精神道德
    (3) 勸善書對商業活動的規範
    (4) 勸善書對小說戲曲的影響
    (5) 通俗文學的教化功能
7. 明清學者對傳統倫理觀念的反思
    (1) 肯定人欲
    (2) 主張男女平等
    (3) 反對絕對的君權
8. 社會轉變對傳統道德觀念的衝擊
    (1) 中西方思想的交流
    (2) 物質生活的提高
    (3) 家庭結構的轉變
    (4) 電子信息網絡的發展
9. 文化思考
    (1) 家訓文化對當今家庭教育的啟示
    (2) 傳統倫理觀念的現代價值

（七）思想與社會

1. 傳統思想的基本精神
2. 諸子學說
    (1) 儒家的仁義觀念
    (2) 道家順應自然的處世哲學
    (3) 墨家的兼愛思想
    (4) 法家的法治理念
    (5) 孫子兵法與管理哲學
3. 漢代經學
    (1) 獨尊儒術與士人政府的形成
    (2) 章句訓詁與微言大義
4. 魏晉玄學
    (1) 竹林七賢對儒家禮教的抗衡
    (2) 清談玄學與心靈解脫
5. 隋唐佛學
    (1) 佛學的基本要義
    (2) 佛教在中國流行的原因
    (3) 佛教對中國文化的影響
    (4) 佛教的中國化

(5) 佛教與禪宗

6. 宋明理學

(1) 理學思潮興起的社會背景
(2) 二程的「天理」學說
(3) 朱熹的「存天理，去人欲」說
(4) 陸九淵的「心即理」說
(5) 王陽明的「知行合一」說
(6) 浙東學派重視事功的精神
(7) 宋明理學的影響

7. 清代學術

(1) 顧炎武、黃宗羲、王夫之經世之學
(2) 乾嘉考據學的科學精神
(3) 康有為、梁啟超的維新思想

8. 五四新思潮

(1) 民主與科學
(2) 中西文化論爭
(3) 新文化運動的反思

9. 文化思考

(1) 儒家忠孝仁義的現實意義
(2) 傳統思想的現代價值

（八）傳承與交流

1. 中華文化的發展與壯大

(1) 陸上絲綢之路
(2) 海上絲綢之路
(3) 漢代與西域的互通
(4) 北魏孝文帝的漢化
(5) 唐代對周邊民族的懷柔
(6) 宋代的市舶司制度
(7) 橫跨歐亞的蒙古帝國
(8) 鄭和下西洋
(9) 明清傳教士之東來
(10) 清代滿漢文化的融和
(11) 西學東漸
(12) 中體西用

2. 當代文化思潮

(1) 地球村
(2) 儒學的現代化
(3) 文化多元論

3. 中國文化對世界的影響

(1) 日本　　(2) 韓國

(3) 東南亞　　(4) 歐美

4. 文化思考

(1) 和合思想的現代意義　　(2) 傳統文化的優點和不足

(3) 東西文化的交流與互動　　(4) 中國文化的過去、現在和未來

附：《中華文化擷英》樣章

首都的確立與轉移

傳説明成祖請大臣劉伯溫負責為都城選址，劉伯溫叫大將軍徐達舉弓往北射一箭，以箭著地處定都。一箭射去，落在北京南邊二十多裏外的南苑。南苑的八家小財主得知「引箭定都」之事後，都擔心建城會佔用他們的房產和田地，便私下把箭再往北射去。結果，箭落在北京的後門橋。不久，劉伯溫追到南苑，盤問財主。財主們眼看瞞不過，只好求饒。劉伯溫也不堅持，答應在北京建城，但要他們籌集建城的資金。

當然，上述的故事只是民間傳説，明成祖和劉伯溫、徐達並非同時代的人物，而古代都城的設置也沒有這麼兒戲。

定都的因素

都城的設置主要是受到地理、交通、經濟、軍事等因素的影響。而這些因素又是互為表裏、遞相作用的。

遠古時期有種觀念，認為要對疆土施行理想的管治，最好是把都城設置在疆域的中央；這樣便能夠環顧四方，面面俱到。而最早明確地表達這種觀念的是周公。他根據四方諸侯國的位置作判斷，認為雒邑（洛陽）是「天下之中」。雖然當時周人的都城在西方的豐、鎬，但周人實際

上把雒邑視為東都。

在注重地理位置的同時，山和水的生成也是定都的要素，而這些因素也直接影響到領土的軍事形勢。長安（西安）被稱為「四塞之固」，就是指它的四方擁有天然的軍事防線。長安的東面是黃河，南側是秦嶺，西面是隴山，北方則有岐山、嵯峨山等。漢高祖定都長安，就是以此軍事優勢扼制東方的諸侯，以及防範北方的匈奴。

另外，河流也能發揮軍事防禦的作用。南京城外的一段長江，波濤洶湧。曹丕曾臨江慨歎：「固天所以隔南北也！」東晉和南朝的宋、齊、梁、陳等朝代定都南京，得以偏安一隅，都是仰賴這線天險。

而河道最多的要數開封。但開封河道的優勢不在於軍事，而在於交通和經濟。開封能夠成為北宋的都城，是因為它處於「四達之會」，也就是四條河道的交匯點。四河是指汴河、黃河、惠民河和廣濟河。河道四通八達，水路運輸十分便利，直接刺激了商品經濟的發展。同時，開封水道縱橫，平原廣袤，非常適合農業生產。北宋實施強幹弱枝政策，在都城內大量駐軍，又廣泛吸納人口，物資消耗巨大。因此，開封的農商之利是必要的考慮因素。

古都的興廢

時勢的變化，造成都城的更迭轉移。我們看看洛陽的興廢，嘗試感受一下時局的變幻。

洛陽以其「天下之中」的地理位置而成為西周的陪都。周平王東遷後，洛陽成為正式的首都。光武帝劉秀中興漢室，定都洛陽；及東漢末年，權臣董卓挾持獻帝遷都長安，臨行前把舊都洛陽大肆破壞，搶掠一空。北魏孝文帝掌握鮮卑族的政權，他因為仰慕漢人的文化，於是「遷宅中原」，洛陽再次成為首都。北魏後期，權臣高歡為了抗衡宇文泰的威脅，遷都鄴城。但他臨行前卻拆毀洛陽的宮殿，以其土木作為營建新都的材料。唐高宗時，關中旱災，長安缺糧，高宗、武后帶領朝廷重要官員就食洛陽，因而洛陽再次成為政治中心。後來五代的後梁和後唐都定都洛陽。

然而，隨著經濟重心轉向東南，以及政治和軍事重心進一步北移之後，洛陽作為首都的優勢便越見淡化了。它在宋、金時還一度保持著陪都的名義，但到元、明、清時，洛陽不過是河南府所轄的一座城市而已。

司馬光的詩句：「若問古今興廢事，請君只看洛陽城。」實在切中。

當代中國的首都北京，相沿為金、元、明、清及民國初年的都城，見證過多番的順逆興衰。今天的北京經濟發展蓬勃，對外交流頻繁，不斷舉辦大型的國際活動，再次展現出另一個騰飛的局面。

假如南苑的小財主們活在今天，肯定會抓緊飛來之箭，死命不放的了。

篇章特點

樣章開首以明朝大臣劉伯溫奉明成祖之命為都城選址，劉伯溫讓大將軍徐達「引箭定都」的民間傳説，引起學生對中國古代建都歷史的興趣。接著，文章以地理、交通、經濟、軍事等因素分析中國古代在洛陽、長安、南京、開封建立首都的原因，如洛陽居「天下之中」，環顧四方，面面俱到；長安東有黃河，南有秦嶺，西有隴山，北有岐山、嵯峨山，具備「四塞之固」的軍事優勢；南京有長江天險，隔開南北，使南方政權得以偏安一隅；開封處於「四達之會」，是汴河、黃河、惠民河、廣濟河，四條河流的交匯處，水路運輸方便，有利商貿發展，也為廣袤的農田供給充足的水源。透過多角度的分析，可引發學生的批判思考，比較歷朝建都的利弊得失。以上文的分析為基礎，文章以洛陽城為例，詳述它如何從首都降至陪都，到最後僅作為河南府其中一座城市的歷史變遷，並以司馬光的詩句：「若問古今興廢事，請君只看洛陽城」作結，讓學生從廣闊的歷史視野，審視這座古都的沿革，從一座城中體味一個國家千載以來的喧囂與唏噓。文末以「假如南苑的小財主們活在今天，肯定會抓緊飛來之箭，死命不放的了」的設想作結，見證了如今北京作為中國的首都，在政治與經濟方面都具有火車頭的作用，從中也可以看到改革開放後的中國與古時小農社會不同的價值觀。

為落實香港課程發展議會關於中國語文科中華文化教學的宗旨，研究團隊啟動「中華文化世紀工程」，以全面建構漸進式和系統化的文化學習模式為目標，為各學習階段設置中華文化教學的大綱和內容。在香港中學中華文化教學方面，由北京大學出版社出版的《中華文化承傳》和《中華文化擷英》正是階段性的實驗成果。世界漢語教學學會會長許嘉璐教授在《中華文化擷英》的序言中，便提綱挈領地總結了研究團隊的成功原因：「一是因為參與研究和編寫工作的專家們對承傳中華文化的執著，並且明確地以使青少年具備對優秀中華文化的『認識、反思、認同』，『提高批判性思維和獨立思考能力，培養正確的倫理道德觀念』為目標；二是因為他們對現代青少年十分瞭解；三是盡力解決了學術研究和教育普及的關係，走出了書齋，研究——教學——研究……循環往復，至於成功。」[2] 簡言之，研究團隊推行的初中和高中階段的中華文化教學課程，不但著重學生瞭解中華文化傳統的優與美，而且亦強調訓練學生思考中華文化與現代社會的關係，從而能具批判性地反思中華文化在今天的發展方向。課程內容中的初中階段有文化反思部分內容如「傳統經濟的偏向和不足」、「古代科技發展緩慢的文化原因」等，以及高中階段的文化思考部分如「中國文化與民主政治」、「家訓文化對當今家庭教育的啟示」、「儒家忠孝仁義的現實意義」等，都能建基於參與實驗教學的學生所學習的古代中華文化內容，全方位挖掘當中與現代社會有密切關係的元素，以探究中華文化在今天的現實意義。

2　施仲謀主編 . 中華文化擷英 [M]. 北京：北京大學出版社，2010：序一 .

第三章　香港大專院校的中華文化教育

本章析述香港大專院校中華文化教育的發展。第一節先回顧香港大學早期的中文教育，由成立中文部到創建中文學院期間的歷史，並將聚焦於香港大學中文教育的先行者——賴際熙太史與港大早期中文教育的關係。第二節論述香港另一個中華文化教育的重鎮——香港中文大學，及其轄下的中國文化研究所，在推動香港中華文化教育的貢獻。第三節綜論香港教育大學弘揚傳統文化的任重道遠。第四節以新亞研究所、香港城市大學中國文化中心、饒宗頤學術館、饒宗頤國學院、香港孔子學院等為例，探討香港大專院校中華文化教育的發展。最後一節縱覽香港大專院校開展大學國文和中文增補課程的概況。

第一節　賴際熙與香港大學早期的中文教學

香港大學（簡稱港大）的中文課程肇始於 1913 年 9 月。一百多年來，中文學院以傳承國粹、貫通中西文化為辦學宗旨，歷經幾代學者辛勤地開墾耕耘，建立了深厚的學術傳統和學科規模，成為具有國際影響的漢語言文學、歷史、翻譯的重要教研機構。中文學院歷任系主任名單如下：賴際熙、許地山、馬蒙、馬鑒、羅香林、林仰山、趙令揚、黃六平、何丙郁、單周堯、楊玉峰、施仲謀、吳存存。

本節論述，主要根據香港大學林愷欣博士論著《從政治退隱到文化抗逆：港澳兩地清遺民的文化志業研究》的分析，[1] 謹此致意。

1　林愷欣．從政治退隱到文化抗逆：港澳兩地清遺民的文化志業研究 [D]. 香港：香港大學（博士論文），2014.

香港自 1842 年成為英國殖民地後，即由原來以原住民為主體的社會結構，演變為一個華洋雜處，且由大量南下移民組成的社會體系。雖然華人仍是整個社會人口構成的基礎，英人的管轄已改變了中文和傳統文化的社會地位，英文理所當然地成為了殖民地的法定語文，中文的功用止於日常應用的層面，華人的中文教育主要由民辦學塾或社團義學提供。至 20 世紀初，隨著華人人口不斷增加，居港華人的成分與開埠初期的流徙人口已有所不同，華人紳商階層逐漸形成，社會對中文教育的需求日增。政府在 1902 年作出檢討，認同有必要在學校加強中文教育。不過，其出發點完全在於商貿和生活應用的「實用」層面，教育方針側重於培訓能溝通中西，為殖民地政府和社會服務的雙語精英，對中文教育的推廣實際上仍有所保留。

自 19 世紀中葉開始，香港既為中國對外商貿和文化交流的重要門戶，亦為英人在華建立勢力的根據地。為保障和擴展英國的利益和影響力，政府早期所設立的教育制度，側重推廣西方和英式的文化教育，中文教育在頗長的歲月中，一直停留在由民辦學校提供基礎語文和文化教育的階段。1911 年是中文教育發展一個重要的分水嶺。辛亥革命牽動的社會變革和人口遷移，以及民國政府推行的教育政策，都為香港未具系統的中文教育結構帶來直接的衝擊，而在同年成立的香港大學，更為高等中文教育開展的一個標誌。

辛亥革命後，香港的中文教育步入「新」、「舊」兼容的發展階段，「新」者可見於中文教育已逐步納入正規學制，新式的官辦中文中學——漢文中學亦於此際成立；「舊」者則見於在 1911 至 1935 年間中文教育課程的設計，仍以傳統的經史為主流，與民國不讀經學的主張及五四運動的新文化潮流背道而馳。

南下香港的清遺民，與開埠前期移港人口的文化背景迥然不同。他們並非自晚清以來為覓生計或因國內亂局而遷港的移民，而是首批在改朝換代後南下的政治和文化遺民，且屬開埠以來入遷香港的人士中學歷最高的一批人。這些清遺民大部分都屬科舉出身的士人階層，不少更是進士，學術資格在清代學制中屬優等級別，而學統方面又多出自廣州學海堂和廣雅書院一系，學術思想和文化意識都與傳統的社會制度緊密相連。

根據林愷欣的分析，[2] 這批南寓香港的清遺民，都是深受儒家文化思想薰陶的知識分子，避地香港獨特的文化機遇，當然是清遺民得以弘揚國粹的原因。由寓港清遺民參與創立的教育機構或文化組織，至今尚存的有香港大學中文學院、學海書樓和孔教學院等，為全國極少數由清遺民聯手創建，並能屹立近百年不倒的文教組織。這些文化平台代表了他們擁有的「衛道」能力，並不只限於過客式的詩酒酬唱活動，而是真正能以自身的文化學術底蘊，填補香港所缺乏的大學中文教育的空白。

1913 年 9 月，香港大學文學院正式成立並開設中文部，為學生提供古典文史作為選修科目，並正式納入大學課程。香港大學的創立，是香港高等中文教育發展的里程碑。香港大學在 1911 年 3 月奠基，1912 年 9 月正式開課。期間中國內地及香港的社會情況，因政權轉移而經歷了不同程度的變化，對於剛成立並以「為中國而立」為建校宗旨的香港大學而言，只能順應時局，按既定的學科編制辦學。香港大學由 1913 年開設中文課程，至 1933 年中文學院成立五年後回復系部名稱共二十年間，正能體現清遺民在中文教育開展期的先導作用。

根據 1913 年香港大學首份年度簡介顯示，文學院課程設計以英國倫敦大學的模式為本，即以英國語文、政治、經濟、歷史和文學為軸心，另設數學、物理和化學等科目，目的在培訓商業專才、公務人員和教師，其中英文為必修科，中文屬選修科。中文的學科地位在院內顯然不

---

2 林愷欣．從政治退隱到文化抗逆：港澳兩地清遺民的文化志業研究 [D]. 香港：香港大學（博士論文），2014.

及英文，這與香港大學創立的宗旨，以及殖民地以英文為官方語言的管治導向相一致。開設中文課程是在中國辦學不可或缺的科目，中文學科的設置和發展過程，尤其能反映港、英政府對香港大學在溝通中西文化的態度。中文一科與英文有異曲同工之妙，乃院方為有志從商或從政的學生而設，以確保學生具備中英雙語能力，建議修讀文學院課程的中國籍學生選讀。

文學院創立初期，對中文課程的規劃，基本上是承襲傳統。延聘賴際熙和區大典兩位清末翰林任教，課程英文名稱為「Classical Chinese」(古典中國語文)，內容編制以中國歷史和經學為主，以傳統的治學方式為本位。課程自開辦後至 1927 年另立中文學院前，一直由兩位翰林擔任兼任講師，以中文部 (Chinese Section) 的形式提供課程。礙於學院的課程結構和資源所限，中文部在 1913 至 1926 年的十三年間，基本上是以選修的形式授課。

香港大學的中文課程自 1912 年開設以來，只能作有限度的發展。至 1927 年才脫離選修科的編制，正式成立學系，並開設學位課程，掀開香港高等中文教育發展的新頁。根據林愷欣的分析，[3] 中文課程前此未能取得較大的發展空間，原因有二。其一，文學院早期的辦學宗旨是以培訓政務或商務的人才為主，另設有師訓文憑課程，以應付社會對教師的需求，其他語言和文史科目只屬通論性質，非按專科研究的方向規劃。其二，賴、區二氏不諳英語，在與文學院溝通方面造成一定的不便。直至 1925 年底第十七任港督金文泰上任後，才首現突破性的發展。

港大校方在創校首二十年間，終未另聘中文主任取代不通英語的前朝翰林，賴、區二氏得以保留其在中文部的地位，這一點很可能與兩

3　林愷欣．從政治退隱到文化抗逆：港澳兩地清遺民的文化志業研究 [D]. 香港：香港大學（博士論文），2014.

位同具傳統漢學訓練背景，能理解兩位翰林景況的校方高層 —— 港大首任校長儀禮 (Sir Charles Eliot；1862–1931) 和第四任校監金文泰（Sir Cecil Clementi；1875–1947），對中文和漢學的認識有關。林愷欣的分析認為，儀禮曾任殖民地及外交部官員等職，亦為著名的東方學者。他對東亞地區的宗教、哲學和語言等頗有研究，且對亞裔人士和人文文化態度親和。這些特質切合建校籌委會成員之一金文泰，對首任校長需具備「對中國文化有認識及對中國人予以關懷」的期望。這些特質可能是儀禮不拘種族，量人為用，接納由中國人掌理中文部的原因。

若金文泰是建立中文學院的促成者，賴際熙便是一眾欲振興傳統學術的翰林文士和華人的代表，並為學院課程設置的執行者。中文科從「學部」升格為「學系」，由原來的選修科發展為具有完整架構的學位課程，此期間的課程規劃與改組方向，實屬賴氏及其一系的師生同僚，與校方磋商的成果。賴際熙在籌建中文學院的角色舉足輕重，他不僅肩負起中文部領導的工作，更是校方與香港及海外華人紳商界的重要橋樑。1927 年中文學院成立，賴氏擔任首任主任，可見他對學院的貢獻獲得肯定，是促成計劃不可或缺的人物。賴氏在籌建學院所發揮的影響力和作用，主要體現於個人人際網絡、翰林身分及在傳統華人社會和粵籍清遺民群中的特殊地位。

根據林愷欣的分析，[4] 賴際熙在寓港清遺民中輩份並非最高，卻成為香港華人上流社會和文教界享譽一時的人物，其入世而能平衡遺民和傳統知識分子的身分，善於交際的能力，為他贏得華人紳商僑領的尊重。自 1912 年南移香港後，賴氏以翰林身分獲聘為香港最高學府的中文講師，其在新舊學界的顯赫地位漸為社會所識，逐步在華人社會和文教界

4　林愷欣．從政治退隱到文化抗逆：港澳兩地清遺民的文化志業研究 [D]. 香港：香港大學（博士論文），2014.

建立起聲望和廣闊的人際網絡。1921 年客屬人士在港創設崇正總會，賴氏獲推選為該會第一至六屆會長，歷時凡十三載。1923 年賴氏等籌建以弘揚國學為宗旨的學海書樓，計劃廣獲華人紳商的支持，賴氏成為首任主席。二例皆說明在 20 年代初，賴氏已在傳統文教界及華人僑紳階層確立了學壇祭酒和僑界領導的地位。

1927 年 1 月中文學院得以學系的形式開辦，實有賴賴際熙在南洋募集所得的四萬元資金。這次南洋籌款之行能取得成果，賴際熙的翰林地位、社交網絡及與檳城等地僑民的關係，在促成籌款一事至關重要。贊助人願意支持香港大學發展中文教育，實與賴際熙的翰林身分、人際網絡及在僑界和清遺民圈的地位有莫大關連。賴氏在 20 年代末的南洋華人社會，能夠得到多位華商僑領慷慨解囊，其號召力相信不只限於香港大學中文講師的身分，當地華人更看重的是其翰林地位。此外，他早年赴南洋考察的經歷及所締結的人脈關係，亦是造就其暢行新馬華僑社會，並獲地方紳商支持的主因。

中文學院自 1929 年 1 月成立以來，學院在既有的基礎上進一步擴展，內設中文系和語言培訓所兩部分。前者專授文憑和學位課程，教職員的選聘工作由創院主任賴際熙安排；後者為外派來港政府官員的語言培訓學院，師資由校方和教育司商訂。中文學院雖仍隸屬於文學院，但日常院務已改由新成立的中文學院委員會管理，為當時唯一能以「學院」模式運作，並自設學務會議的文學院單位，明顯較前擁有更大的自主權。以賴際熙、區大典為領導的格局，延展了「傳統本位」的特質。他們利用中文學院的自主空間，承傳經典學術，在高等教育界樹立起保粹傳道的旗幟。這些特質在成員架構、課程編制和出版刊物等方面都得以體現出來。

中文學院的課程規劃以傳統為依歸，前人論及香港大學中文科早期的課程設置特色，幾乎都以此為討論重點。香港大學創校以來的年度課程簡介資料、賴際熙等為創建中文系而撰作的《香港大學文科華文課程表》及 1926 年刊印的《香港大學文科華文部規劃書》，皆為中文課程建構的藍本，亦是前人闡述課程特色的重要歷史材料。區志堅在其專文中引載了 1926 年至 1927 年中文系的課程內容，[5] 簡述了由經學、史學、哲學、文詞和翻譯五部分組成的框架，並指出賴氏等人的課程規劃，具有保存中華文化，融會新知，以期達到中外交流的目的。方駿專文對課程結構的本質亦有分析，指出中文科由選修演變為獨立課程的梗概，學生自此可以專修中文科目。這些研究勾勒出課程設計重視傳統的特質，有助理解主其事者對中文課程建構的定位。

近年有學者對中文學院的課程教材展開研究，嘗試整理和分析現存的學科講義，譜出學院辦學的要旨。香港大學中文學院（包括 1929 年前的中文系、部時期）的存世講義，計有《香港大學中文學院史學課本》一種、《香港大學中文學院經學講義》十二種及子學講義兩種 —— 遺史氏著《老子講義》及檗庵輯《香港大學中文學院哲學講義》凡三類。前二者由區大典以遺史氏之號撰作，後者約於 1930 年由溫肅編成。區大典為中文部創始時期的教員，直至 1935 年底退休前在校任教凡 23 載，為清遺民主理港大中文教育時期，在任時間最久，且編撰教材成果最豐的一位。他所著的十二種經學講義，廣為學界關注，當中以許振興的論述為最詳。[6] 許氏對現藏於香港大學圖書館特藏部的資料爬梳整理，由區大典輯編的經學講義共十二種：包括《易經講義》一冊、《書經講義》一冊、《詩經講義》一冊、《儀禮禮記合編講義》一冊、《周官經講義》一冊、《春秋三傳講義》一冊、《孝經通義》一冊、《大學講義》一冊、《中庸講義》一冊、《論語講義》一冊、《孟子通義》一冊及《論語通義》一冊等。

---

5 區志堅 . 香港大學中文學院成立背景之研究 [J]. 香港中國近代史學報（第 4 期），2006.

6 許振興 . 1912–1941 年間香港的經學教育 . 施仲謀編 . 百川匯海 —— 文史譯新探 [M]. 香港：中華書局，2013.

對於區大典編撰經學講義的方針，許氏指出是本於《四庫全書》經學的編排準則，所刊講義與區氏在中文學院主講的經學課程互相配合。經學的課程規劃及教材的編寫方式，可作為中文學院課程建構以傳統為本，依循既定的傳統學術軌跡，將儒門治學的理念薪火相傳的寫照。區大典在經學方面的耕耘，用力輯撰經學講義以利宣講弘學之舉，與民國廢經學的方向背道而馳。區氏南寓香港後致力提倡經學，這種揚經存道的行為肩負著文化抗逆的深層意義，為清遺民承擔衛道護統之責。

中文學院的課程建構，表面上純粹為拓殖經史之學的舊學制式，實際上卻有其學術源流。過去的研究少有深入探討其課程建置的模式，以及研究其與清末廣雅書院等廣東學統的關係。中文學院逾半教員具有廣雅學緣，賴際熙和朱汝珍肄業於廣雅書院，羅汝楠於 1893 年肄業學海堂前，嘗以庠生資格入讀廣雅。如上所述，中文學院課程是由經學、史學、哲學、文詞和翻譯五部分組成，除了翻譯科是遵從港大校方要求而設置外，前四類的課程設計皆由賴際熙統籌，聯同區大典、學生李景康和陳煜庠合力編訂。

南寓香港致力推動傳統經史教育的清遺民，在民國被標誌為「守舊」和「落伍」的一群。他們能夠將掉失於易代之變的傳統學術移植香港，實有賴香港獨立於民國體制之外的政治優勢，還有香港華人社會重視傳統的文化氛圍。賴際熙和區大典等諸位前朝翰林文士，他們得以在英屬殖民地大學散播傳統學術的種子，校內通曉漢學的管理層，尤其是港督金文泰的扶助固然重要；多位華人紳商解囊襄助，灌以資金玉成建院計劃，接納賴、區等人的傳統本位辦學方案，更是鞏固傳統文化陣營的重要力量。前代翰林的學術地位廣獲華人紳商認同，民初儒家思想仍主導香港華人社會，大部分曾接受傳統教育或長於本邦的華人紳商，文化思維中普遍有守望並振興傳統之意。馮平山呈交港大中文教育委員會的建議，詳述中文教育應以傳統儒家文化為本位的見解。他認為儒家文化在華人社會中根深柢固，國內廢舊學只屬暫變，待局勢穩定後傳統儒家文化必然復興。

學界每論及香港的中文運動，一般只放眼於戰後爭取中文成為法定語文的運動，往往忽略了 20 年代由清遺民和前代翰林文士，聯同華人儒商僑領等攜手創立的中文學院的重要性。根據林愷欣的分析，[7] 賴、區二氏利用他們在文教界的地位和網絡，引介其他寓港清遺民或留居粵地的同道，擔任中文學院或漢文中學等教席。中文學院成為了賴氏等團結傳統學輩的平台，形成一個自中文學院向下伸延的傳統文教圈，主力傳承固有文化學術。

清遺民倡經史之學的辦學作風，貫徹了清末廣東學人重實學的學術源流，在當時香港仍以傳統舊學為主流的風氣下滋長，二十年間在高等中文教育界締造出一個傳統本位的文化時代。在社會不斷受新文化衝擊，革新的文化意識風起雲湧之際，這批清遺民以傳統文化衛道者的姿態，在香港學壇建立起重弘舊學的文化陣營。他們遵照前規，教授經典學術，固守傳統，未有跟從國內新興的教材教法，亦未有全面順應港大校方重實用的發展要求。賴太史等人的擇善固執，實屬難能可貴！反觀今日西風東漸、東洋風、韓風日益盛行，中華文明正面對不同文化的衝擊，怎樣才能不斷發展、壯大，這段歷史實不無啟迪作用。

中文學院發展至今近百年，目前該院由學院本部、中文增補課程及漢語中心三部分組成。學院本部開設的學士課程包括中國語言文學、中國歷史文化、中國文史、中英翻譯四種主修及副修課程。中國語言文學課程分為語言和文學兩類，前者重在從語言學的角度學習和研究漢語，後者研習文學理論、寫作、中國古代和現代文學作品以及中國文學史的發展脈絡。中國歷史文化課程含斷代史、宗教史、思想史、教育史、交

7 林愷欣．從政治退隱到文化抗逆：港澳兩地清遺民的文化志業研究 [D]. 香港：香港大學（博士論文），2014.

通史、華僑史、近代史、科技史、法制史、文化史等，目的在指導學生學習與研究中國歷史文化，培養史學人才。中英翻譯課程內容包括翻譯理論、語文研究、譯文評析、翻譯實習等課題。

該院的研究生課程分修課式和研究式兩類。中文學院開設的中國語言文學和中國歷史研究兩種修課式碩士課程，廣受現職教師和社會人士歡迎。至於論文式碩士和博士課程，則全日制、兼讀制兼備，並設有獎學金；課程內容涵蓋全面，水平甚高。

中文增補課程提供全校必修的實用中文課程。內容包括漢語知識、溝通技巧和各類文書寫作方法。課程設計以學習效果為本，強調學生主動探索及研習。教學上加強專業寫作訓練，更多地採用電子平台和引入普通話元素，並將繼續與各對應院系商議協作，務求令課程內容更切合同學需要。

漢語中心主要提供漢語、普通話及廣州話課程。中心開設了 1 至 8 級的漢語課程，廣州話初、中級課程，以及各種中國文化課程，供國際學生選修。中文證書課程為 2 年制密集式語文訓練課程，主要供外籍人士修讀，前港督衛奕信爵士和尤德爵士，均是其畢業生。此外，漢語中心也提供不同種類、不同程度的本科生普通話課程，供同學選讀。

注重學術研究是中文學院的優秀傳統，學院視研究為辦學的生命。學院師資力量雄厚，人才輩出，研究基金充足，在各個研究領域都具有不可忽視的實力，中英文出版物眾多，成果斐然。學院每年都舉辦學術交流活動，召開國際學術研討會，並出版《東方文化》和《明清史集刊》兩種具有國際影響的學術期刊。茲以《東方文化》(*Journal of Oriental Studies*) 為例，該刊於 1954 年創刊，為中英文雙語學刊，自第 38 卷開始，與美國史丹福大學中華語言文化研究中心聯合出版。從 2014 年第 47 卷開始，由施仲謀擔任主編，該刊邀請香港中華書局作為聯合出版的合作者，以加強社會人士接觸尖端學術研究的機會。現時《東方文化》

編輯委員會和編審顧問包括海內外中國語言、文學、歷史、哲學和翻譯的專家學者，使之成為香港以至亞洲區內歷史最悠久和最權威的關注中華文化研究的學術期刊。

第二節　香港中文大學與中國文化研究所

第二次世界大戰結束後，因中國政局變化，大量難民湧入香港，他們不但對以中文授課的中小學課程有強烈的需求，同時亦逐步對同樣以中文授課的大專課程有龐大的需求，所以針對中國內地來港學子的大專院校 —— 新亞學院、崇基學院、廣僑書院等應運而生。然而，這些私立的大專院校始終資源有限，不但是學生，即使是任教的老師亦面對不少財政的困難，實在需要政府的財政資助。另一方面，當時獲港府承認的大學只有以英文授課的香港大學而已，對於一批以中文為母語的大專畢業生和教授，其在社會上的向上流動大受影響。因此，成立一所以中文授課並同時獲港府承認具備大學資格的中文大學是當時社會的當務之急。為此，1963 年，位於沙田馬料水的香港中文大學（簡稱中大）便正式成立。

1960 年代成立的香港中文大學，實際稟承了成立該大學創始成員書院 —— 新亞書院、崇基書院和聯合書院在中大成立前的辦學精神：新亞抱持孔孟陸王的儒學思想，崇基信奉耶穌和基督教教義，聯合則抱有香港取向的教學理念。中大創校校長李卓敏便明確指出大學的中國文化關懷的教學使命：「人文教育之概念並不必然為一外來概念，實由中國文化之原有土壤中生出，而且實為中國教育哲學之一部分。就『中文大學』一名而論，在中國語文上看，可指用中文為授課主要語文，亦可指具有堅實中國文化背景之大學。」然而，中大不是單單在大學課程中加插教授中國文化的課程而已，正如李氏在 1978 年卸任時所言：「香港中文大學是把中國文化的境界融合到各學科的大學。」[8]

與香港中文大學同年成立的中文系，除了語言文字學、古代文獻、古典詩詞、中國文學史的課程外，更早於 1965 年便有新文學課程的提供，不論是教授新文學的老師如黃維樑、北島、陳平原、董啟章、盧瑋鑾等，還是學習新文學的畢業生如王良和、王貽興、鄧小樺等，都成為香港新文學創作的代表，影響甚大。當中盧瑋鑾更改革中大「大學中文」課程，加入「文學散步」的元素，讓學生能夠親自體驗文學與地緣的密切關係，啟發了新一代香港學生的文學創作思維。[9]

香港中文大學中國文化研究所成立於 1967 年，由中大創校校長李卓敏擔任創所所長，旨在協助本地及海外學者提高中國文化研究與教學水平，並促進研究經驗與知識之交流及中國文化之建設。研究所成立時的成員，都是中國文化研究的一時碩彥：[10]

研究組	主持人
中國上古及中古史	牟潤孫
中國近代史	全漢升
中國語言及文學	周法高
中國思想及哲學史	唐君毅
中國與東南亞關係	陳荊和
現代中國研究	薛壽生
特別研究計劃（包括林語堂的詞典計劃）	李卓敏

現時研究所下設文物館、翻譯研究中心、中國考古藝術研究中心、吳多泰中國語文研究中心、當代中國文化研究中心及劉殿爵中國古籍研

8　吳倫霓霞編．邁進中的大學：香港中文大學三十年，1963–1993[M]. 香港：中文大學出版社，1993：5–8、30、90.

9　吐露春風五十年：香港中文大學中文系圖文集 [M]. 香港：香港中文大學中國語言及文學系，2015：26–45、70–71.

10　陳方正．與中大一同成長：香港中文大學與中國文化研究所圖史，1949–1997[M]. 香港：中國文化研究所，2000：43.

究中心，進行各方面的學術研究和出版計劃。研究所主要出版物包括：《中國文化研究所學報》、《譯叢》、《中國語文研究》、《中國語文通訊》、《二十一世紀》、《先秦兩漢古籍逐字索引叢刊》、《魏晉南北朝古籍逐字索引叢刊》及《漢達古籍研究叢書》等。

1971 年成立的文物館，是中國文化研究所的核心機構。文物館致力於中國文物的收藏、保存、研究和展覽，將源遠流長的中國藝術、人文精神、文化遺產介紹給大學成員和香港公眾。文物館主要收藏中國繪畫、書法、銘刻、碑帖、文玩、陶瓷、銅器、玉器和雕塑等展品，上至商代，下迄民國。[11] 研究所另一重要項目是劉殿爵中國古籍研究中心建立的網上古籍資源庫 —— 漢達文庫。該文庫自 1980 年代末起先後將 75 種先秦兩漢古籍，《武威漢簡》、《馬王堆漢墓帛書》、《銀雀山漢簡》、《睡虎地秦墓竹簡》、《居延漢簡》、《敦煌漢簡》等竹簡、帛書出土文獻，甲骨文和金文全文數據以及《初學記》、《北堂書鈔》、《太平御覽》、《冊府元龜》、《永樂大典》等類書轉為能夠網上逐字逐條搜尋的數據，並按不同的版本作校對和標點，大大有助於現代學者和大眾在短時間內深入瞭解、學習以至研究這批代表中華文化核心的典籍。[12]

研究所另一規模較小、但有重要戰略價值的文化單位是法國遠東學院香港中心。法國遠東學院（École Française d›Extrême-Orient）成立於 1898 年，向來為法國漢學研究的重鎮，而國學大師饒宗頤教授早於 1962 年便獲得法國法蘭西學院「漢學儒蓮獎」，中法對於中華文化的研究交流因此在香港留下影響。香港中心前任代表勞格文 (John Lagerwey) 和現任代表傅飛嵐（Franciscus Verellen）均是法國漢學界研究和教授中國道教史的專家，他們為香港在中國道教教研工作方面作出了重要的貢獻。

11 香港中文大學文物館編 . 三十年入藏文物選粹 [M]. 香港：中文大學文物館，2001.

12 漢達文庫 . http://www.cuhk.edu.hk/ics/rccat/database.html

第三節　香港教育大學弘揚中華文化

十年樹木，百年樹人。1881 年，香港總督軒尼斯成立首所師範學校。隨著社會對師資教育的關注及需求不斷增加，羅富國師範學院（1939 年）、葛量洪師範學院（1951 年）、柏立基師範學院（1960 年）、香港工商師範學院（1974 年）和語文教育學院（1982 年）等相繼成立。1994 年，五所師訓院校合併為香港教育學院。1996 年，香港教育學院正式成為政府資助的八所大專院校之一。2016 年，走過了漫長的育人之路，香港教育學院正式更名為香港教育大學（以下統稱香港教育大學，簡稱教大）。

2006 年，香港教育大學獲五個辦學宗教團體：天主教香港教區、香港佛教聯合會、香港聖公會、嗇色園及道教香港青松觀捐款，成立宗教教育與心靈教育中心。2008 年，教大獲孔教學院捐款，支持該中心的進一步發展。教大推出本科生的通識教育課程，讓不同學系的學生選修，當中與中華文化直接相關的科目有「內聖外王：儒家的道德理論與實踐」、「佛教倫理：現代世界的衝突與困境」、「神仙與長生：永恆的追尋」、「現代生活的解脱之道：涅槃、成佛與覺悟」、「傳統與變遷中的香港道教」和「儒學的人倫觀」等。

香港教育大學近年來積極營造校內儒家思想教育的氛圍。2009 年，教大舉行「訪孔尋源考察、學習及交流活動」，師生組團出訪孔子故鄉山東曲阜，展開學習《論語》及儒學活動，參觀孔廟、孔林，並觀摩祭孔大典等。2012 年，方潤華基金向教院饋贈高 3.3 米的孔子銅像，在柏立基堂旁中央公園前豎立，並把《論語・為政》「溫故而知新，可以為師矣」這句話刻在基座上，與教大師生共勉。2015 年 6 月，教大香港教育博物館與山東省文物局、曲阜市文物局、中國美術學院國家大學科技（創意）園和蔡志忠文化館合辦「再遇孔子」展覽，是次展覽並不以孔子生平相關的文物展覽為核心，而是採用與孔子思想和文化相關的現代動漫作品，以拉近普羅大眾、學生與孔子的距離，生動地重新展現了孔子與現代社會的關係，可說是博物館界介紹中華文化方面創新之舉。

為連繫全港中、小、幼學界網絡，協作互動，香港教育大學於 2016 年 7 月主辦學界「六藝五常嘉年華」。是次大型活動以中華文化傳統中的「六藝」(禮、樂、射、御、書、數) 為框架，配合五常 (仁、義、禮、智、信) 內容，同時注入現代元素與角度。內容豐富，多元創新的主題活動及嘉年華兼具知識與趣味。當日活動非常成功，逾四千人參與不同展覽及攤位遊戲，樂在其中。

為培養香港小學生學習中國歷史文化的興趣，從而建立良好品格、開闊視野、傳承文化，香港教育大學製作了一系列每集片長約 6 分鐘的動畫短片和配套教材，呈現 10 位中國歷史人物的生平及正面素質，讓學生愉快地學習中國歷史。該計劃由中國文學文化研究中心的的專家團隊負責，成員包括陳國球教授、施仲謀教授、馮志弘博士及許國惠博士。計劃獲香港寧波同鄉會慷慨支持，動畫製作過程中得到現代教育研究社及香港商業電台全力協助。研究團隊由 2016 年下旬開始研究及編寫工作，於 2018 年 6 月完成製作所有動畫及教材，把全部資源上載到計劃網站，並設計教案和工作紙，供全港學校及公眾使用。研究團隊並推出一系列推廣活動，包括名家講座、學生文化大使、校際文化常識大賽等活動，以鼓勵全港小學使用該計劃提供的資源學習中國歷史文化。

十集動畫均經過深入的資料搜集，當中呈現的歷史人物橫跨多個朝代，且來自不同社會層面，包括孔子、屈原、張騫、張衡、杜甫、文天祥、李時珍、康熙、孫中山以及蔡元培，部分歷史人物更與香港有莫大淵源。動畫短片以粵語、普通話及英語錄製，配套教材則主要提供中文版本，並已上載至計劃的網站 (http://achist.mers.hk/chihistoryanime/) 供老師、家長及學生免費下載。

此外，香港教育大學於 2018 年開展了為期三年的「賽馬會與『文』同樂學習計劃」。計劃以初小學童為對象，製作中國語文科動漫、多媒體電子遊戲及配套教材，並舉辦相關師資培訓及研討會，旨在透過生動多元的學習經驗，培養學童對中國語文及文化的興趣，並藉此建立良好品德。其中，以粵語及普通話編撰和錄製的中國語文動漫，由教大專家團隊及香港著名漫畫家「草日」梁仲基先生聯合製作。

計劃由教大校長張仁良教授統籌，聯席主持人包括學術及首席副校長李子建教授、人文學院院長湯浩堅教授、謝家浩博士和馮志弘博士，並獲香港賽馬會慈善信託基金慷慨支持。「賽馬會與『文』同樂學習計劃」的配套教案可於計劃網站（https://chin.eduhk.mers.hk/）瀏覽。全套共二十四集動畫將於三年內完成，供全港小學免費使用。教大亦會推出一系列推廣活動，鼓勵全港小學使用該計劃提供的資源，學習中國語文及文化。

師者，所以傳道授業解惑也。教師不但是知識的傳授者，也是知識的創造者。嚴謹的治學態度、開放的學術眼光、多元創新的教學理念，是香港教育大學中國語言學系奉為圭臬的師資培訓目標。我們希望同學能傳承國粹、學貫中西，孜孜不倦地追求，在教書育人的工作上，臻於完善。而學系同仁亦以此自勉，期望在優質教學的同時，開展高水平的學術研究，為學生樹立榜樣。學系定期舉辦各種學術活動，召開國際研討會，目的在營造優良的學術氛圍，讓師生可以交流切磋，教學相長。學系師資優良，教研實力雄厚。多年來，同事在漢語語言學、語文教育以及國際漢語教學等研究領域辛勤耕耘，盡力做到最好，並期望在各相關範疇達到世界領先水平。

中國語言學系近年來創辦國際學報，成立中國語文及中文教育研究中心，定期舉辦研討會，出版專書，並開展多項中華文化普及活動，以下試分述之。

一、國際學術研討會

以下先論述國際漢語教學範疇。

2014 年，第一屆國際漢語教學研討會在香港大學中文學院漢語中心召開。2016 年，第二屆國際漢語教學研討會在香港教育大學舉辦。是次大會由香港教育大學中國語言學系和國際漢語教學文學碩士課程主辦，香港大學中文學院協辦。研討會旨在探討國際漢語教學的現狀、革新與發展，更加入 IB 理念的研發，讓學者與前線老師一起討論，促進學科的深入發展。

參加是次會議的學者分別來自埃及、菲律賓、韓國、哈薩克、日本、馬來西亞、泰國、新加坡、越南、中國內地、台灣和澳門等地，除專家學者外，更有來自香港國際學校的前線教師參與其中。會議參與人數近 150 人，其中報告論文者共 79 位，報告論文共 68 篇。研討專題在 IB 和國際漢語教育兩個框架下，主要圍繞以下主題展開討論：課程設置、教材研究、教學法、教學中的跨文化研究、測試評估、師資培訓、漢語作為外語教學史研究、多媒體輔助漢語教學以及第二語言習得研究等。

本次會議主題演講的兩位嘉賓分別是劍橋大學袁博平教授和香港英基學校協會中文總顧問王小平博士。袁博平發言的主題為「二語習得」，他指出第一語言遷移在二語習得中是經常發生的現象，但並非是必然發生的現象。他列舉了說法語、德語、英語的漢語學習者習得掌握漢語題元動詞位置，他還對漢語的「wh-」疑問句作出實證研究，並用經濟原理對二語習得中第一語言遷移和不遷移的條件進行了嘗試性的探討。王小平指出 IB 課程教育理念的核心是探索性學習，學校在課程設計和實施過程中必須注重讓學生發揮自己主觀能動性。他認為母語和外語的本質差異，二語發展滯後於認知能力，技能性學習與知識性學習的不同，語言習得與正規學習的差別，這些問題無時無刻不在影響著教學實踐。如果能夠充分、靈活地運用 IB 理念，與學生一起探索二語教學的真諦，便會取得事半功倍的效果。

研討會還舉行了以「IB 中文課程與師資培訓」主題的座談會。座談會邀請了 12 位嘉賓：蔡雅薰、陳之權、劉元滿、孟柱億、潘路莉、阮黃英、吳偉平、吳勇毅、信世昌、袁博平、曾金金、周小兵，共同探討 IB 中文課程的師資培訓問題。他們除了充分肯定此次研討會在連接香港地區及世界各地的國際漢語教學基地方面所發揮的積極作用外，亦希望香港教育大學在師資培訓方面作出更大的貢獻。

2017 年，香港教育大學中國語言學系、國際漢語教學文學碩士課程、香港大學中文學院和美國索思摩大學中文項目聯合主辦「第三屆國際漢語教學研討會」，是次大會的主題演講嘉賓為美國哥倫比亞大學東亞語言文化學系中文部主任劉樂寧教授和澳門大學文學院院長靳洪剛教授。在研討會上，來自美國、韓國、日本、新加坡、泰國、越南、中國內地、台灣、澳門和香港等地的專家學者及教師，熱烈探討國際漢語教學的現狀、革新與發展，並討論 IB 和 AP 課程與漢語教學的相關課題。

2018 年，「第四屆國際漢語教學研討會」移師國立台灣師範大學，香港教育大學擔任合辦單位。

2019 年，「第五屆國際漢語教學研討會」在教大召開，美國普林斯頓大學、美國索思摩大學、國立台灣師範大學和香港大學，作為研討會的合辦單位。研討會吸引了百多位來自不同國家和地區從事國際漢語教學與研究的專家和教育工作者，通過研討會，同仁們瞭解最新的國際漢語研究和教學動向，相互溝通交流，促進將來的發展和合作。是次主題演講嘉賓為北京大學陸儉明教授、劍橋大學袁博平教授、普林斯頓大學周質平教授、法國東方語言文化學院白樂桑教授和新加坡國立大學周清海教授。

其次是語文教育範疇的國際研討會。

香港教育大學中國語言學系主辦，優質教育基金和香港儒教總會贊助的「第一屆語文教育國際研討會」在 2016 年舉辦。125 位來自不同地區，包括中國內地、台灣、新加坡、加拿大及本地語文教育專家學者聚首一堂，透過主題嘉賓分享及論文報告，一起探究語文教育的改革與發展。

在主題講演環節，來自新加坡國立大學的周清海教授以《大華語與華文教學》為題分享，先提出「大華語」這個概念的背景，然後論述在「大華語」的概念下如何設計語文課程、選取教材，以至漢語水平考試與地區的語言測試及語文教學的文化問題等。來自上海師範大學的王榮生教授以《語文能力研究的新思路》為題，強調語文能力研究的層級應下移到「真實情境」的功能類型。來自國立台中教育大學的楊裕貿教授則以《閱讀與寫作教學的現代化》為題，分享記敘文讀寫整合教學的經驗。

至於本地的主講嘉賓，施仲謀以《傳統文化與語文教學》為題，分享現代的語文教學如何有效結合傳統文化。余婉兒則以《香港語文課程改革的深化：理論、實踐與成效》為題，匯報香港校本課程建設的進展和語文教師的專業成長的情況。

是次研討會，分別從「縱」、「橫」兩軸探究語文教育的發展：「橫」向方面，125 位來自中國內地、台灣、新加坡和本地的專家學者，發表論文共 72 篇，探討近年中國內地、台灣、香港、新加坡等地的語文教育改革，以及課程設置、教材和教學法，以至語文教師發展等範疇的研究與創新。發表論文形式包括兩文三語，充分體現語文教育研究國際化。

「縱」向方面，文言文教學在語文學習有其承傳的意義，學習文言文不但可以提升學生對語文的理解，更可以引導學生深入探究語文和文化。然而，文言文教學卻是目前中學語文教育的其中一項難題，「第一屆語文教育國際研討會」特別開設「文言文教學工作坊」專場及「文言文教學」座談會。工作坊專場共邀請 29 所中學，45 位老師參與，透過「香港中學文言文課程的設置與教學」計劃介紹、中國語言學系同事主題演講、學校文言文校本課程分享，共同探究中學文言文在課程設置、教學法及學生能力評估等方面的困難，藉此提升中學文言文的教學水平。

2017 年，香港教育大學普通話培訓測試中心和中國語言學系聯合主辦的「香港教育大學普通話培訓測試中心二十周年慶典暨第二屆語文教育國際研討會」隆重舉行。185 位來自本地、中國內地、台灣、美國、越南、韓國、新加坡、日本及泰國等地語文教育專家學者聚首一堂，透過主題嘉賓分享及論文報告及座談會，一起探究語文教育的改革與發展。

大會邀得教大校長張仁良教授、副校長（學術）李子建教授及國家教育部語言文字應用研究所副所長劉朋建先生致辭。張教授表示，普通話水平測試在港推行多年，對普及普通話貢獻很大。他也強調：「中文是香港教育的主科，培養優秀中文教師是我們其中的重要使命。所謂『教研相長』，我們非常重視語文教育研究，因此致力持續舉辦具有規模的語文教育國際研討會。」李教授則提到，通過語文政策、課程設置、測試和研究四方面的結合，廣泛提高教大學生的普通話水平，也為香港的普通話科教學提供優秀人才。

在主題演講環節，劉朋建先生以「推廣普通話培訓測試新發展」為題，指出國家十分重視普通話推廣普及工作，今後一個時期，要以促進區域、城鄉平衡發展和提高普及質量為重點。而教育部語言文字應用研究所王暉教授，則以「關於《普通話水平測試等級標準》有關問題的思考」為題，闡明「三級六等」框架的合理性，對等級標準評價要素及其描述語進行詳細討論；但同時指出《等級標準》在科學性上仍有提升空間，並提出完善建議。

來自美國普林斯頓大學的周質平教授，則以「普通話與簡化字在港台的困境與遠景」為題，闡述方言與普通話的關係。他認為，方言雖「古意」盎然，然若勢力過強，則可能自我孤立，未必有利文學流傳、百姓溝通。語文改革的成敗關鍵在於「適用」，「語同音」、「書同文」乃是大勢所趨。

而來自台灣國立中央大學的柯華葳教授，她以「中國語文教育與自主學習」為題，從閱讀歷程及理解監控等角度談自主學習，並以文言文教學為例，說明教師可以如何在中國語文課引領學生自主學習。

至於本地的主講嘉賓，教大中國語言學系張連航博士則以「普通話與香港語文課程」為題，分析學校的中文課程與普通話的關係，探討本地語言環境的複雜多樣及推動普通話的策略方法。張博士亦利用人口普查數據，對回歸以來香港語言的面貌，特別是這些年來社會語言變化及推普成果作出分析。

是次研討會，84 位來自香港、中國內地、台灣、越南、韓國、泰國及新加坡等地的專家學者，發表論文共 77 篇，探討近年各地的語文教育改革，以及課程設置、教材和教學法，以至語文教師發展等範疇的研究與創新，充分體現語文教育研究寬廣、縱深與國際化。此外，大會還舉辦「普通話培訓測試二十周年 —— 回顧與前瞻」座談會，語委代表與教大代表在台上回顧普通話培訓測試走過的道路，在香港的發展，從過去的經驗，討論普通話測試的實施和展望，並跟台下專家交流體會和心得。

2018 年，香港教育大學中國語言學系和香港學校音樂及朗誦協會聯合主辦的「第三屆語文教育國際研討會」正式召開。逾百位來自美國、新加坡、馬來西亞及兩岸四地等地的專家學者與教師聚首一堂，透過主題演講、論文發表、工作坊及座談會，分享世界各地最新的語文教育成果，開拓語文研究新路向，推動各地語文教育持續發展。

教大副校長（研究與發展）呂大樂教授，以及香港學校音樂及朗誦協會執行委員會主席楊明倫博士於研討會上致辭。在主題演講環節，主講嘉賓美國威斯康辛大學亞洲語言文化系張洪明教授以「詩文吟誦的跨語言理據」為題，探討詩律跟語言相關的要素，並分析詩律與表演因素，例如節奏、旋律的關係，張教授肯定詩文吟誦在語言學的價值，並提出詩文吟誦跨語言的論據。香港大專普通話朗誦社創辦人全玉莉女士則以「朗誦藝術與訓練」為題，闡述朗誦的藝術形式與價值，並針對朗誦的特點，提出不同的訓練方法。

研討會另一位主題講者是中國常熟世界聯合學院中文項目副校長李萍女士。李校長以「IB DP 文學課程對中文一語教學的啟示」為題，探討國際文憑大學預科課程的文學課程給中文母語教學的啟示。香港珠海學院文學與社會科學院院長鄧昭祺教授以「粵音與古代韻文教學」為題，分析粵語與古代韻文的關聯，並論述粵音在古代韻文教學的價值。

除主題演講，研討會也設有朗誦與文學文化工作坊，以及朗誦與語文教學座談會，引導與會者分享朗誦的心得與教學經驗，並探討朗誦與語文教學的實施和展望。

此外，2017 年，香港教育大學中國語言學系與國立台中教育大學語文教育學系聯合主辦了「第七屆讀經教育國際論壇」。是次論壇，旨在弘揚傳統文化及推動人文教育，吸引了逾 150 位環球專家學者參與，大家共同探討經典與教育的意義和方法，分享研究成果。

論壇籌委會主席施仲謀表示，中文走向世界，正面臨著歷史性機遇，如何使我們的下一代更好地繼承和發揚傳統文化，如何讓全世界瞭解中華文化，是我們需要去思考的重大課題。中華經典文化內涵豐富，語言精煉優美，透過研讀經典，我們可體驗到中華傳統優秀文化的雋永魅力，並在認識和反思中，提升學識和修養，優化人格，為家庭、社區作出承擔。

是次論壇共邀得 26 位專家學者發表論文，分別來自本港、內地、台灣、新加坡、南韓、泰國等地，濟濟一堂，台上講者見解高超，台下聽眾提問踴躍。活動並由香港教育大學、香港大學中文學院、香港中文大學文學院國學中心、香港浸會大學中國傳統文化中心、新亞研究所、香港能仁專上學院中文系、中國文化院、國際經典文化協會和全球讀經教育基金會等機構攜手合辦，堪稱近年學術界難得一見的盛會。

此外，本系舉辦的語言本體研究範疇的會議，如 2018 年「第一屆漢語語言學前沿問題國際論壇」，亦深受國際學術界關注。

二、創辦《國際中文教育學報》

除了舉辦研討會，提供學術交流平台外，香港教育大學還創辦了《國際中文教育學報》(*International Journal of Chinese Language Education*)（下稱《學報》）。《學報》由香港教育大學中國語言學系、哥倫比亞大學中文部、中華書局（香港）有限公司於 2017 年 6 月聯手創辦，為中英雙語半年學刊，每年 6 月和 12 月出版。

《學報》論文主題涵蓋全球中文教育相關領域，包括中文一語及二語課程、教材、教法和評估的探討，中文教師發展研究；中文學習者研究、中文習得過程研究；心理學、教育學等學科中有關中文學習的研究；中文與其他語言之對比研究；文化對比與跨文化交際研究，以及書評與學術動態等。

感謝世界各地著名學者如周清海、張洪明、曾金金、靳洪剛、周質平、柯華葳、梁霞、陸儉明和袁博平等諸位教授都曾在《學報》投稿。我們誠邀全球相關領域專家學者踴躍投稿，凝聚各地學者專家的知識和力量，構建跨國家跨地域的學術平台，藉以提升中文教育研究的整體水準，並探討中華文化在當今世界的意義。

附奉《學報》學術顧問委員會及地區編輯委員名單。

學術顧問委員會＊：

白樂桑（法國東方語言文化學院）
何莫邪（挪威奧斯陸大學）
陸儉明（北京大學）
王潤華（馬來西亞南方大學學院）
許嘉璐（北京師範大學）
鄭國民（北京師範大學）
周質平（普林斯頓大學）
崔希亮（北京語言大學）
柯彼德（德國美因茲大學）
王榮生（上海師範大學）
謝錫金（香港大學）
袁博平（劍橋大學）
周清海（新加坡國立大學）
朱慶之（香港教育大學）

主編＊：

李子建（香港教育大學）
施仲謀（香港教育大學）
劉樂寧（哥倫比亞大學）

副主編＊：

何志恒（香港教育大學）
梁　源（香港教育大學）

委員＊：

大中華地區

陳欣欣（香港大學）
何文勝（香港教育大學）
李東輝（嶺南大學）
廖佩莉（香港教育大學）
吳學忠（香港浸會大學）
吳勇毅（華東師範大學）
曾金金（國立台灣師範大學）
張　凌（香港教育大學）
馮勝利（北京語言大學）
靳洪剛（澳門大學）
梁佩雲（香港教育大學）
王　珊（澳門大學）
謝家浩（香港教育大學）
信世昌（國立清華大學）
張連航（香港教育大學）
祝新華（香港理工大學）

除定期出版學報外，香港教育大學中國語言學系近期出版了以下四種語文研究專著：《漢語教學與研究新探》（中華書局，2016）、《漢語教學與文化新探》（中華書局，2017）、《中國語文教學新探》（商務印書館，2018）、《朗誦與朗誦教學新探》（商務印書館，2019）。內容涵蓋語文教育、國際漢語教學、漢語研究三大範疇，冀能反映相關學科的最新研究成果。專書荷蒙陳國球教授（國立清華大學）、古川裕教授（大阪大學）、劉樂寧教授（哥倫比亞大學）、孟柱億教授（韓國外國語大學）、陶紅印教授（加州大學）、謝錫金教授（香港大學）、信世昌教授（台灣師範大學)、袁博平教授(劍橋大學)、張洪明教授(威斯康辛大學)、鄭國民教授(北京師範大學),以及本校李子建教授、鄭吉雄教授、朱慶之教授等諸位國際傑出學者擔任顧問,以保持高素質的論文水平。

三、文化普及活動

(一)古典詩文朗誦比賽

由香港教育大學中國語言學系主辦,並由教大學生事務處、人力資源處、校友及拓展事務處、國際事務處、大中華事務處及香港教育博物館等部門合辦的古典詩文朗誦比賽,其活動宗旨是期望透過朗誦,引發教大師生對中國古典詩文的興趣,鼓勵接觸中國古典菁華,了解當中意趣,傳承中華文化。是次初賽在微信網上平台進行,並設有學生組、教職員及校友組和外國人組,分別以粵語或普通話進行比賽,共吸引約150人參加。表現傑出的參賽者進入2016年5月的決賽。評審委員由城市大學及珠海學院的教授出任,參賽者水平相當高,達到鼓勵學習語文和提升中文水平的作用。

為配合古典詩文朗誦比賽,學系特別舉辦兩場朗誦講座和工作坊,幫助老師、同學做好準備。講座和工作坊均由施仲謀主講,「朗誦與傳意」講座介紹有關朗誦的知識及技巧,工作坊專為國際交換生而設,把誦材翻譯成英文,用英語講解,並即場示範。師生均感受益匪淺,對提高中國文學的興趣和朗誦藝術的技巧有顯著作用。

(二)微電影創作比賽及山東交流

中國語言學系舉辦的「論語與現代社會」微電影創作比賽,鼓勵參與的中學生深入探討儒家知識素材,活學活用,把傳統文化元素,與富現代元素的微電影創作結合,入圍的作品可在嘉年華活動與更多青少年、兒童和公眾分享。參賽作品兼具知識性及藝術性，以新穎的拍攝方式把孝、六藝和五常的傳統元素融入微電影當中。大部分同學以孝道作為作品的主題，以時光倒流或角色代入等方式，勸勉兒女應該孝敬父母，多花時間陪伴長輩，以報養育之恩。也有作品重點探討中國古代儒家要求學生掌握的六種基本才能，例如講述現代人穿越時空回到古代學習技藝，將六藝的精要傳承到現代等，饒有教育意義。

為了讓學校師生親臨孔子故鄉作實地考察，親身體驗和感受當地文化氣息，並提升對中國傳統文化的學習興趣，中國語言學系及香港教育博物館共同舉辦「山東曲阜文化考察之旅」。參加的師生主要是微電影創作比賽的優勝隊伍，他們在旅程中拍攝微電影作品及撰寫部落格文章，作為文化考察的記錄。是次活動獲香港儒教總會及香港孔廟慷慨贊助。

透過深入探討、考察和交流，16 位來自香港鄧鏡波書院、仁濟醫院王華湘中學和伯裘書院的老師和同學於 2016 年聖誕節期間參與交流活動，希望對孔子及儒家文化有更全面、立體和具體的認識。考察團抵達濟南後，首先參觀山東博物館，認識關於齊魯大地的風采和歷史文化。隨後參加了博物館的「模擬考古發掘」活動，了解考古工作和分辨文物種類。之後遊覽大明湖。旅程的第三天，大隊從濟南出發，乘車到達孔子的故鄉曲阜，參觀這次考察之旅最重要的行程和景點，合稱「三孔」的孔廟、孔府及孔子和其後人的家族墓園 —— 孔林。同學能夠近距離認識這個儒家文化的誕生地和重要的中國歷史文化遺產。

在離開曲阜古城之前，同學亦參觀了孔子六藝城，並透過不同形式的遊戲和展覽認識六藝中的禮、樂、射、御、書、數，孔子認為君子必須具備的六種基本能力。考察團到達旅程最後一站青島，遊覽了當地著名的景點棧橋和青島啤酒廠，從另外一個角度了解關於山東的近代歷史發展。

（三）中華傳統文化精粹演講盃比賽

「中華傳統文化精粹演講盃比賽」由香港教育大學中國語言學系和修讀中文教育本科課程的高年級同學共同籌辦，以體現師生協作精神，比賽至今已舉辦了五屆。活動旨在培養中學生對中華傳統文化的興趣，引導其建立正確的價值觀和態度；同時讓學生有更多機會訓練演説技巧，提升表達能力和自信。

初賽及決賽均於香港教育大學進行，設有初中組與高中組，以粵語進行比賽，每年吸引約 200 所學校的 300 位中學生參加。初賽分組進行，最後選出表現最突出的二十位同學參加決賽。同學表現出色，演繹投入，參賽同學除了努力爭勝以外，更重要的是加深對中華傳統文化的認識，學習將古人智慧應用於現今社會，去蕪存菁，古為今用。

（四）《逍遙遊》新書發佈會

教育局於 2015 年開始在高中中國語文課程加入 12 篇指定文言經典學習材料，以加強語文積澱。為幫助同學更深入理解其中一篇經典《逍遙遊》的文意及掌握篇中文學文化內涵，學系與香港莊子文化研究會、香港儒學會及國際經典文化協會於 2016 年 9 月合辦「探索莊子《逍遙遊》」活動，支持及贊助單位包括優質教育基金、香港教育大學圖書館、香港教育博物館、香港孔廟及香港儒教總會。

活動通過發佈新書《莊子・逍遙遊》，加上配合主題的講座、吟誦、舞蹈，使學生對文言經典作品的精華片段留下深刻印象，並提升語文素養。學系特邀香港儒學會會長黎世寬先生、資深傳媒工作者嚴力耕先生及內地著名舞蹈家吳斌女士分別為《逍遙遊》主講講座、表演吟誦及舞蹈。當日逾 300 位師生出席活動，參加者均獲贈《莊子・逍遙遊》乙冊。

四、《論語》、《三字經》教學實驗計劃

為落實香港課程發展議會關於中國語文科中華文化教學的宗旨，研究團隊以全面建構漸進式和系統化的文化學習模式為目標，為各學習階段設置中華文化教學的大綱和內容。多年來，研究團隊在相關研究領域積累了扎實的基礎，取得了豐碩的成果，得到教育界和社會廣泛的認同。研究人員成功舉辦了大型文化講座及工作坊各十餘次，吸引了近8000名師生參加，在本港、內地、台灣及美國的國際研討會上作了多次學術報告，收到熱烈迴響。研究成果《中華文化承傳》(2006)、《中華文化擷英》(2008)、《中華經典導讀》(2010)、《中華經典啟蒙》(2011)四套叢書，由北京大學出版社出版；《香港傳統文化》(2013)一書，則由中華書局出版，深獲各界肯定。北京大學出版社在內地陸續出版簡體版，風行全國，並遠播歐美。其中《中華文化承傳》更獲國家新聞出版總署選為「全國青少年百種優秀圖書」之一。同時，「中華文化教與學」網站（https://www.eduhk.hk/chineseculture/）亦已成功構建，以期為莘莘學子及熱心中華文化的人士提供網上學習資源。

在這個基礎之上，研究團隊於香港教育大學進行了以下兩項研究計劃：

1. 論語與現代社會教學實驗計劃

中華傳統文化的精華在國學，國學的精華在經典。《論語》是儒家思想的核心典籍，為孔子及其弟子言行的語錄結集。《論語》成書距今雖然已經兩千多年，但書中蘊含了千古不易的至理名言，是中學生的理想德育教材。本計劃擷取《論語》的精髓，按內容主題編成共12單元的教材，篇目如下：

上篇：禮樂治國 —— 孔子的政治思想

單元一、禮義之邦 —— 孔子重禮法

第一課：禮崩樂壞　　第二課：禮的演繹

第三課：禮的傳承　　第四課：禮的標準

單元二、樂韻熏陶 —— 孔子擅音樂

第一課：歌唱與演奏　　第二課：孔子論音樂

第三課：禮樂修身篇　　第四課：禮樂治國篇

單元三、兼善天下 —— 孔子入政途

第一課：待價而沽　　第二課：治國有方

第三課：君子固窮　　第四課：無道則隱

單元四、為政以德 —— 孔子論治國

第一課：無為而治者　　第二課：有臣天下治

第三課：舉直錯諸枉　　第四課：論政刑德禮

中篇：中庸之道 —— 孔子的生活理念

單元五、孝弟忠信 —— 孔子談孝親

第一課：孝弟為本　　第二課：孝親以敬

第三課：和顏事親　　第四課：無違於禮

單元六、以友輔仁 —— 孔子談交友

第一課：君子之交　　第二課：擇友有道

第三課：待友有方　　第四課：交友三樂

單元七、生財有道 —— 孔子談金錢

第一課：安貧樂道　　第二課：求富以道

第三課：富而無驕　　第四課：藏富於民

單元八、尊天敬祖 —— 孔子談信仰

第一課：孔子信上天　　第二課：孔子重祭祀

第三課：孔子也祈禱　　第四課：務實鬼神觀

下篇：教學相長 —— 孔子的教育事業

單元九、博學慎思 —— 孔子論學習

第一課：君子之學　　第二課：生命歷程

第三課：論學與思　　第四課：學而知之

單元十、萬世師表 —— 孔子辦教育

第一課：有教無類　　第二課：資質有別

第三課：因材施教　　第四課：不憤不啟

單元十一、桃李滿門 —— 孔子的弟子

第一課：子貢　　第二課：顏回

第三課：曾參　　第四課：子路

單元十二、推己及人 —— 孔子與教化

第一課：溫柔敦厚　　第二課：作育英才

第三課：預聞政事　　第四課：學誨不倦

教材內容廣泛，由淺入深。本計劃於香港 17 所中學進行教學實驗，由計劃團隊提供教材，老師於課堂施教，為期一學年。參與教學實驗的學校名單如下＊：

仁濟醫院王華湘中學　　王肇枝中學

孔聖堂中學　　中華基督教會銘基書院

中華傳道會劉永生中學　　田家炳中學

沙田蘇浙公學　　東華三院辛亥年總理中學

佛教何南金中學	佛教筏可紀念中學
佛教黃鳳翎中學	保良局唐乃勤初中書院
保良局蔡繼有學校	英皇書院
福建中學	聖傑靈女子中學
寶安商會王少清中學	

* 按筆畫序排列

為結合各方專家學者的力量，計劃總監施仲謀教授邀得蔡思行博士、何志恒博士、謝家浩博士、杜若鴻博士、溫金海先生擔任研究員，集思廣益。教材由施仲謀及李敬邦合作撰寫，並編著成《論語與現代社會》一書，由中華書局印行。[13]

2. 三字經與現代社會教學實驗計劃

早在宋朝，《三字經》已作為兒童的啟蒙教材，相當於現在的小學教科書。《三字經》以「人之初，性本善」起篇，依次三綱五常十義，五穀六畜七情，四書六經諸子，歷史朝代更迭，最後以奮發勤學、顯親揚名的事例作結，可說是最淺顯易懂的國學入門讀本。對小學生而言，誦讀《三字經》等於熟記了許多常識、掌故及歷史故事，還可將學到的內容作為立身處世的典範，領會做人的道理，因此《三字經》一直以來都是兒童啟蒙教材的首選。計劃團隊把《三字經》內容分成八大單元，每單元設若干課，篇目如下：

單元一：性善孝悌篇

　　第一課：性本善習相遠　　第二課：教子女有義方

13　施仲謀、李敬邦 . 論語與現代社會 [M]. 香港：中華書局，2017.

第三課：教從嚴學宜早　　第四課：玉不琢不成器

第五課：孝父母敬兄長

單元二：百科常識篇

第一課：數目與數學　　第二課：天日與三綱

第三課：四時與四方　　第四課：五行與五常

第五課：六穀與六畜　　第六課：七情與八音

單元三：五倫四書篇

第一課：祖孫九族　　第二課：五倫十義

第三課：訓蒙小學　　第四課：論語孟子

第五課：中庸大學

單元四：群經諸子篇

第一課：孝經居首　　第二課：易經尚書

第三課：周禮禮記　　第四課：詩經春秋

第五課：諸子百家

單元五：歷朝史綱篇（上）

第一課：上世三皇　　第二課：二帝三王

第三課：夏朝商朝　　第四課：西周東周

第五課：春秋戰國　　第六課：兩漢三國

第七課：南朝北朝

單元六：歷朝史綱篇（下）

第一課：隋亡唐興　　第二課：五代趙宋

第三課：宋亡元建　　第四課：明朝開國

第五課：滿清崛起　　第六課：以史為鑑

單元七：尚賢勉學篇（上）

第一課：勤學好問　　第二課：懸樑刺股

第三課：囊螢映雪　第四課：蘇洵發憤
第五課：梁灝晚成

單元八：尚賢勉學篇（下）

第一課：小童能賦詩　第二課：巾幗勝鬚眉
第三課：幼童身已仕　第四課：雞犬司其職
第五課：學成報家國　第六課：教子惟一經

八大單元總計共 45 課教材，供香港 28 所小學的老師在課堂施教，為期一學年。參與教學實驗的學校名單如下＊：

佛教慈敬學校
秀茂坪天主教小學
保良局志豪小學
保良局香港道教聯合會圓玄小學
保良局陸慶濤小學
香海正覺蓮社佛教正覺蓮社學校
香港教育大學賽馬會小學
香港普通話研習社科技創意小學
港大同學會小學
愛秩序灣官立小學
路德會沙崙學校
福建中學附屬學校
樂善堂梁黃蕙芳紀念學校
樂善堂楊仲明學校
吳氏宗親總會泰伯紀念學校
東涌天主教學校
保良局林文燦英文小學
保良局莊啟程小學
南丫北段公立小學
香港青年協會李兆基小學
香港教育工作者聯會黃楚標學校
香港道教聯合會純陽小學
黃埔宣道小學
聖公會主恩小學
漢華中學（小學部）
鳳溪創新小學
樂善堂梁銶琚學校
寶安商會溫浩根小學

* 按筆畫序排列

是項計劃的總監及研究員由「論語與現代社會教學實驗計劃」原班人馬組成，並新增張連航博士為研究員。香港教育大學作為教師搖籃，一貫重視學生的專業技能發展。為增進師生交流協作及豐富學生實踐體驗，靈活運用資源，安排本科生和教育博士同學參與繪圖及錄製有聲書，成員包括：插畫師李浩延、粵語朗讀者姚詠麟、普通話朗讀者任濤。教材由施仲謀及李敬邦合作撰寫，並編著成《三字經與現代社會》一書，由中華書局出版。[14]

研究人員建立網站（https://www.eduhk.hk/analects/ ），設置應用程式，設計有聲書，目的是引起學生學習興趣，多接觸傳統文化，並提升語文水平。除了制訂文化教學大綱、編寫教材和進行教學實驗作為重點項目外，我們還舉辦了教師工作坊、文化講座、微電影創作比賽、演講比賽等活動，以鼓勵老師、學生與家長主動參與，從活動中學習優秀的中華文化，並著重啟導和反思，當中尤以「『學論語・做君子』生活營」與「三字經親子營」最具特色，現分述如下：

「『學論語・做君子』生活營」由香港教育大學中國語言學系主辦，國際經典文化協會協辦，生活書院、覺證文教基金會、夫子會承辦，優質教育基金贊助，於 2016 年 3 月 29 日至 3 月 31 日，假座大埔生活書院舉行。生活營的對象為本港中一至中三學生，主題為「志於道、據於德、依於仁、游於藝」，活動包括：「天行健，君子以自強不息」（團隊活動「挑戰自我」）、「不知其人可乎？」（趣談文化 —— 孔子知多少）、「讀書百遍，其義自見」（誦讀《論語》）、「興於詩、立於禮、成於樂」（歌曲唱詠）、「游於藝」（手工線裝書工作坊）、「人之初」（「我的蛻變」 —— 團

14 施仲謀、李敬邦 . 三字經與現代社會 [M]. 香港：中華書局，2020.

隊活動)、「文質彬彬，然後君子」(衣冠文物之「華服篇」)、「聖之時者」(《論語》在現代社會)、「再遇孔子」(參觀香港教育學院展覽)、「吾日三省吾身」(總結分享) 等。生活營藉系列多元活動、講座，提升參加者對《論語》和國學的興趣及認知，培養學生成為有中華文化底蘊、品格良好的謙謙君子。

「三字經親子營」由香港教育大學中國語言學系及國際經典文化協會合辦，優質教育基金贊助，於 2019 年復活節，假座沙田慈航學校舉行。親子營的參加對象為本港小四至小六的學生及其家長，主題為「孝道、文化與教育」，活動包括：主題分享 (一)：孝道 (親子課堂)、主題分享 (二)：文化與教育 (家教、師教)、禮儀工作坊、歌曲欣賞 (說唱藝術工作坊)、《三字經》定靜練習、德育故事分享 (孔子、顏淵的故事)、手語帶動 (孝順不能等)、親子關係文化講座、夫婦關係文化講座、《三字經》知識大賽、扇面製作工作坊 (孩子製作禮物送給家長)、心得分享 (反思和感想) 等環節。親子營藉多元活動，增進學生與家長對《三字經》的認識，強化參與家庭的親子關係，並推廣中華傳統家庭倫理。

研究團隊期望能引起海內外文化教育界先進者的注意，進一步就每個階段的文化教學做深入探討，以促進 21 世紀中華文化教學的全面實施，並為中華文化的復興提出切實可行的方案。

第四節　其他大專院校的中華文化教育

一、新亞研究所

新亞研究所由著名國學大師錢穆先生在 1953 年創立。研究所與 1950 年成立的新亞書院一樣，均以保存及發揚中國文化為宗旨。研究所成立的目的是為有志於中國歷史文化研究的大專畢業生，能有一深造之機會。優異的研究生畢業後留所繼續研究，從而成為大學文史哲各學科之繼起師資，進而為中國文化承前啟後之學者；其餘亦不失為中學合水平之文史教師。

1955 年，新亞研究所開始正式公開招考研究生，研究生導師有錢穆、唐君毅、牟潤孫、潘重規諸先生。研究生修業 2 年，學科考試及格，論文經所內導師及校外委員之審查及格，畢業授予中華民國教育部認可之碩士學位。自 1957 年第 1 屆七位研究生畢業，以後每年均有數位或十餘位畢業生，其中成績優秀者留所為助理研究員。1962 年又增設東南亞研究室，聘東南亞史地學者陳荊和教授主持該室。稍後陸續增聘之導師有嚴耕望、全漢升、牟宗三、王德昭、徐復觀、羅夢冊諸先生。1963 年，香港中文大學成立，新亞書院成為該大學成員學院之一。1974 年 7 月，新亞研究所脫離大學獨立，恢復招收研究生，分文學，史學，哲學三組。1981 增辦博士班。

觀乎歷年新亞研究所訓練的碩士和博士生，其著者包括孫國棟（前香港中文大學歷史系與中文系主任、新亞書院文學院院長）、章群（前香港浸會學院歷史系主任）、蘇慶彬（香港中文大學歷史系教授）、霍韜晦（香港法住文化書院院長）、廖伯源（前東吳大學歷史系主任、前香港新亞研究所所長）、翟志成（香港理工大學中國文化學系教授）、李金強（香港浸會大學歷史系榮休教授）、張偉國（香港樹仁大學歷史系教授）、黎志剛（澳洲昆士蘭大學歷史系教授）、陳德錦（前嶺南大學中文系助理教授）、劉桂標（華夏書院人文學部主任）等，足見新亞研究所成功達到培養香港中國文史哲專才的目標。

新亞研究所雖然是民間專上教育機構，但由於創所人錢穆遺留下來的深厚國學基礎，所以該所圖書館收藏中華典籍十分豐富，截至 2011 年，藏書逾 13 萬冊，其中線裝書 5 萬餘冊。珍貴之版籍包括明實錄（南監本）、魏書（明版）、張太岳集（明版）、五代史記注（彭元瑞注）、古逸叢書、續古逸叢書、咫進齋叢書、士禮居叢書、擇士居叢書、托跋墨叢書、惠棟親批説文解字等；此外，如新疆圖志、原刊本通志堂經解、續資治通鑒長篇紀事本末、有正書局石印本紅樓夢等，均為難得之書。更重要的是，該所圖書館不像今天其他圖書館著力進行電子化，一方面由於多年來不依靠香港政府資助的關係，更重要的是該所對紙本書籍文化的重視，所以館內只有一部複印機，沒有先進的電腦，尋找書籍都要依書名的筆畫查冊。這不論在香港還是海內外，都是很難找到的圖書館文化。

據現任新亞研究所所長劉楚華所言，錢穆創辦新亞研究所是繼承北宋理學家張載的精神：「為天地立心，為生民立命，為往聖繼絕學，為萬世開太平。」這種中國傳統書院文化的精神，更反映在充滿人文溫情的師生關係上。劉氏回憶：「我們每年都會到老師的家裏拜年，唐君毅老師會為我們準備一大鍋茶葉蛋，到牟宗三老師家時，師母是蘇州人，會準備一鍋紅棗蓮子湯，很甜的。老師過身後，我們到志蓮淨苑舉行春祭，仍然維持我們的師生關係。」[15] 這使中華文化的精華不只停留在學校教育上，更擴展至學生日常生活之中。

現時新亞研究所畢業生的學歷雖仍不為香港政府所承認，但該所仍竭力舉辦碩士和博士的文史哲課程，頗受海內外人士歡迎。2015–16 年度的碩士和博士課程如下：

15　新亞研究所自力弘揚文教培養繼後學人：
http://crhk.com/Page/ZH-TW/News_featuredetail.aspx?itemid=813134&csid=901_3841

課程組別	課程名稱	教授
文	魏晉各體文佳作選講	何廣棪教授
	中國韻文專題	何廣棪教授
	經學正讀（一）導論	鄧國光教授
史	《史》、《漢》研究	李學銘教授
	《資治通鑑》研究	李學銘教授
	中國近代史專題研究	李金強教授 / 林啟彥教授
	西漢經濟史專題研究	宋敘五教授
	香港教會史專題研究	湯泳詩博士
哲	牟宗三《圓善論》導讀	吳明教授
	清儒學術專題	何廣棪教授
	華夏古文明之哲學思想研究	盧雪昆教授
	康德宗教學說研究	盧雪昆教授
	魏晉玄學研究	吳明教授

除了專志研究的博士和碩士課程外，新亞研究所亦舉辦綜合文化課程，讓中華文化愛好者修讀。以 2014–15 年度為例，課程包括：「書法欣賞」、「琵琶演奏入門」、「古箏研修初階」、「文言文精讀」、「陶淵明研究」、「國史通識」、「古琴與中國文化」、「唐君毅《生命存在與心靈境界》研討」等。若論新亞研究所開放給社會大眾接觸中華文化歷史最長的課程，當首推書法班。1970 年吳俊升教授開辦書社，兩年後由唐君毅夫人謝方回接辦。1990 年代由梁琰倫主持。1998 年再由譚志基老師接辦，維持書法練習，並多次舉行大型書法展覽。後來停辦數年，在劉楚華的推動下，由梁琰倫、譚志基老師和李淑婷等重辦書法班。

另外，為了吸引香港社會大眾接觸中華文化，新亞研究所在近年秉承宋明書院自由講學的精神，守護人文主義的教育宗旨，以有教無類、活潑開放的方式，開辦「誠明講堂」，讓新亞研究所以外的講者和聽眾一起開啟學習中華文化之門。為了吸引社會大眾出席，大部分「誠明講堂」在商務印書館尖沙咀圖書中心舉行。近年舉辦的講題如下：

講題	講者
古文字趣談・概論篇 古文字趣談・釋讀篇	洪若震（香港中文大學中國語言及文學系高級講師）
廖鳳舒《嬉笑集》正讀	卜永堅（香港中文大學歷史系助理教授）
升官圖文化工作坊	卜永堅（香港中文大學歷史系助理教授）
道教符籙與民間崇拜 也斯詩作造就的香港間距文化之特色 ——自法國哲學家朱利安「間距」觀念追探	翁文嫻（台灣成功大學中文系副教授）
近世華人移民與東亞海港城市 晚清以來中國藝術的社會功能	鄭永常（台灣成功大學歷史系教授）
中國古文詩詞兒童課程	張帝莊

除了「誠明講堂」外，在夢周文教基金會的資助下，新亞研究所亦開辦「夢周中國文化講座」，以社會人士為聽講對象。近年舉辦的講座如下：

講題	講者
還原張保仔－傳說與文獻	蕭國健（香港珠海學院中國文學系教授）
中國文化講座——從中韓關係史中談漢學之東漸	胡春惠（香港珠海學院文學院院長）
文化接受者的身份認同 ——朝鮮朝文廟從祀的形成過程	盧鳴東（香港浸會大學中文系主任）
儒家之宗教精神	唐端正（香港中文大學榮休教授）
道教之特質及其對香港社會之貢獻	李志文（香港珠海學院中文系教授）
調和與開創——談佛教對中國文化的影響	釋覺泰法師（志蓮淨苑文化部研究員）
中國文化與現代公民社會	徐錦堯神父（公教教研中心總幹事）

此外，新亞研究所又與香港中央圖書館合辦「價值人生講座系列」講座。2014 年便舉行了以「中國哲學與中國文化」為主題的系列講座，探求儒、道、佛三家思想所展現的中國文化的價值與人生智慧。詳情如下：

講題	講者
易經與中國文化	岑逸飛（自由撰稿人、電台主持）
道家與中國文化	陶國璋（香港中文大學高級講師）
佛家與中國文化	衍空法師（香港大學佛學研究中心總監）
儒家與中國文化	吳明教授（新亞研究所教授）

二、香港城市大學中國文化中心

1998 年，著名中國歷史學家史景遷（Johnathan Spence）的學生、昆曲研究專家鄭培凱應時任香港城市大學校長張信剛的邀請，在該大學協助成立中國文化中心。作為多年留美的華人學者，鄭氏到香港成立中國文化中心的原因，在於他相信中國文化教育對於未來中國的發展至關重要：「中國將來要在世界上扮演一個重要的角色，所以『中國人』不應該是一個狹義的概念，狹義的民族主義只會製造更多的問題。作為中國人，學習中國文化和傳播中國文化，對於形成開放多元的態度是有好處的。這個經驗我們原來有，比如漢唐，但歷史不是死在那裏，也要靠人去做。」鄭氏認為，中國文化中心辦課程的目的，並不是片面使學生在政治上認同中國文化，而是能以開放的態度理解人的心理。[16]

中國文化中心自 1998 年成立以來，至今共舉行近 900 場文化講座、藝術示範講座和活動，該中心推出中國文化中心講座系列自學計劃，以獎狀和書券獎勵的方式鼓勵城市大學的學生通過自學的方式，通過親炙中國文化學界權威學者，及中國藝術翹楚的分享與藝術示範，拓寬他們的文化視野。而中國文化中心推出的客座教授講座，更反映了該中心作為區內中國文化知識交流中心的作用。自 1999 年起，該中心先後邀請了唐振常、張錯、李澤厚、劉再復、邢義田、李零、何芳川、葉

16 梁小島．鄭培凱做一個大寫的「中國人」[N]. 文匯報，2009-8-26.

嘉瑩、葛兆光、陳支平、陳來、林梅村、袁行霈、張廣達、朱維錚、趙世瑜、邱澎生、李孝悌、戚印平、李天綱、榮新江、鄭愁予和王安憶等中國文史哲的專家學者擔任一至兩個學期的客座教授，當中邱澎生和李孝悌後來更分別擔任香港中文大學歷史系教授和香港城市大學中國文化中心主任，對在香港進行中國歷史和文化的研究和教學工作，提供了新的刺激和發展動力。

城市大學要求所有學生修讀 6 個學分的中國文化課程才能畢業。為了加強學生對中國文化背景知識的認識，中國文化中心編寫了《中國文化導讀》一書，成為該校學生人手一冊認識中華文化的入門。其內容如下：

(一) 中國歷史概要

1. 中國的史前社會　　2. 中國的上古社會
3. 秦漢至隋唐時期的中國社會　　4. 宋元明清時期的中國社會

(二) 中國文化導論

1. 上古藝術　　2. 漢語和漢字
3.《周易》　　4.《詩經》
5. 楚辭　　6. 先秦儒家
7. 先秦道家　　8. 先秦法家
9.《孫子兵法》　　10.《史記》和《漢書》
11. 漢代科技　　12. 魏晉玄學
13. 道教的產生和發展　　14. 中國佛教與禪宗

(三) 中國文化導論

1. 絲綢之路　　2. 唐詩
3. 古代音樂和舞蹈　　4. 雕塑藝術
5. 書法藝術　　6. 學校與科舉

7.「四大發明」在宋代的發展
8. 中國陶瓷與海上交通貿易
9. 宋明理學
10. 宋詞
11. 元曲
12. 基督教、伊斯蘭教的輸入與中外文化的交流
13. 明清小說
14. 水墨畫
15. 園林藝術
16. 昆劇與京劇

2003 年，中國文化中心更與上海復旦大學出版社合作，將分別原屬香港中華文化促進中心和上海遠東出版社出版的學術期刊——《九州學刊》和《學術集林》合併成為研究中國文化的學術期刊——《九州學林》（*Chinese Culture Quarterly*）出版。鄭氏在《九州學林》創刊號的發刊詞指出，中國文化的研究不應只集中古代中國傳統文化的研究，更要通古今、兼中外：「我們反對盲目的子曰詩云，反對一切文化思維都要祖述炎黃堯舜，也反對言必稱希臘與希伯萊，……中國人文學者不但要熟知孔孟老莊、詩經楚辭、史記通鑒，要能理解文心雕龍，欣賞唐詩宋詞與紅樓夢，也要知道荷馬與但丁，接觸過柏拉圖與亞里斯多德，對康德、黑格爾、馬克思不至於心存畏懼。」[17]

三、饒宗頤學術館

2003 年，國學大師饒宗頤教授將其數十年來的藏書，包括非常珍貴的古籍善本，以及近二百件書畫作品，贈送給香港大學。為此，香港大學在 2003 年 11 月正式成立饒宗頤學術館，由時任副校長的李焯芬教授擔任學術館館長。2004 年更成立饒宗頤學術館之友，共同推動國學

17 鄭培凱 . 九州學林發刊詞 . http://www.cciv.cityu.edu.hk/publication/jiuzhou/intro.php

在香港的發展。學術館最重要的資源正是上述饒教授的贈書，由此成立館內的「選堂文庫」圖書館，當中古籍約有 700 餘種，較為珍貴的古籍善本約 100 餘種，著名學者題贈的書籍近 2,000 冊，其他各學術領域的書刊文獻約有 30,000 餘冊。除古籍善本和珍貴的書籍外，其餘藏書均按照饒教授的研究領域和書籍性質分類，分為歷史學 (包括考古學、上古史、文化史和學術史等)、宗教與哲學 (包括印度學)、潮學、甲骨學、文學、簡帛學、語言文字學、目錄學、敦煌學、藝術、叢書和期刊等。除了「選堂文庫」外，學術館另有兩個文獻室——「饒宗頤教授數據庫」和「水原琴窗、渭江兩代學藝文獻室」。[18]

學術館除了收藏饒教授的藏書外，更主力推動有關「饒學」的研究和交流活動，當中最主要的項目首推 2006 年 1 月創立的「饒學研究中心數據庫」，集中收集、整理及保存饒宗頤教授個人在教學、研究、生活，以及在學藝交流等方面的文獻數據及文物，這包括饒教授各類著作的不同版本、筆記、手稿、書信、獎章、證書、照片、剪報、音像資料及其他相關的文物。此外，還有其他學者研究饒教授的資料等，藉以推廣「饒學」的研究。除了數據庫外，學術館亦積極繼續進行饒教授關注的各方面國學研究計劃，詳情如下：

18 「水原琴窗、渭江兩代學藝文獻室」的設立源於饒宗頤教授與日本水源家自 1964 年起幾十年的交往友誼。當年饒氏赴日本講學，結識日本著名詞人水原琴窗先生。琴窗先生次子水原渭江繼承父志，於宮內廳樂部十餘年，對雅樂和舞樂研究精闢，後赴香港大學從羅慷烈教授和饒宗頤教授修讀文學博士。2007 年，水原渭江將書刊約 350 種，古籍 34 種，藝術品約 140 餘件送予學術館，其中不少為難得的日本漢學研究書籍與資料，包括一些珍貴的日本雅樂、民俗樂譜、木刻經板及中、日文化藝術的資料。

類別	時間	項目
饒學	2006 年 1 月至今	饒宗頤教授資料搜集及整理計劃
	2007 年 8 月至 2012 年 9 月	香港大學亞洲研究中心「Hong Kong Memory」項目 —— 饒宗頤教授專題
	2008 年 9 月至 2009 年 12 月	《饒宗頤教授與香港大學》研究、編纂及出版計劃
	2008 年 9 月至 2010 年 2 月	《饒宗頤教授著作目錄》(增訂版) 編纂計劃
	2008 年 10 月至 2010 年 6 月	《戴密微教授與饒宗頤教授往來書信集》研究、編纂及出版計劃
	2010 年 1 月至 2011 年 12 月	《饒宗頤評傳》編纂出版計劃
	2010 年 1 月至 2012 年 12 月	《文化之旅》譯著出版計劃
	2011 年 6 月	《饒宗頤研究論集》編纂出版計劃
研究系列	2008 年 9 月至 2011 年 8 月	澳門九澳聖母村口述歷史研究計劃
	2008 年 10 月至 2009 年 3 月	中華文化之探本溯源
	2009 年 2 月至 2013 年 2 月	「迪志」電子版文淵閣四庫全書學術研究系列計劃之「字書編纂計劃」
	2009 年 2 月至 2013 年 2 月	「迪志」電子版文淵閣四庫全書學術研究系列計劃之「增補資治通鑒長編研究計劃」
	2009 年 5 月至 2010 年 5 月	《稀見中國古代小說書目十種》編纂出版計劃
	2009 年 8 月至 2011 年 7 月	越南使節阮述《往津日記》之研究計劃
	2009 年 9 月至 2011 年 8 月	澳門口述歷史研究計劃
	2009 年 10 月至 2009 年 12 月	西域史研究計劃
	2010 年 1 月至 2010 年 12 月	「遠古至明中葉澳門文化的探索與重構」研究

出版物方面，《華學》第七輯至第十輯由該館與與泰國崇聖大學中華文化研究院、清華大學國際漢學研究所、中山大學中華文化研究中心合辦出版；《敦煌吐魯番研究》則由第八輯起由該館與中國敦煌吐魯番學會、香港中華文化促進中心、北京大學東方研究所合辦出版，以推動與饒學相關的學術討論。另外，饒宗頤學術館至今亦出版了 39 冊學術論文和報告，範圍包括中華文化各個方面。

饒宗頤學術館除了進行高素質的國學研究和出版計劃，亦有面向學界人士和大眾的「香港大學饒宗頤學術館 · 饒宗頤講座系列」，所邀請的講者均為海內外漢學和國學研究的專家學者。

年份	講題	講者
2013 年	中國傳統中的至高社會標準：文學的「文」和倫理的「仁」	汪德邁 Leon Vandermeersch （前法國遠東學院院長）
2013 年	13–14 世紀藏傳佛教薩迦派合尊大師遺事考辨 —— 南宋少帝趙㬎的下半生	王堯 （中央民族大學藏學研究院名譽院長）
2014 年	證 2 ＋證 3 ＝證 5 ＝證＝一（二重證據法加三重證據法等於五重證據法當且僅當終應歸一的證據）—— 再論中國古代學術證據法	夏含夷 Edward L. Shaughnessy （美國芝加哥大學東亞語文與文明系顧立雅講座教授）
2015 年	「高王」鎮守安南及唐末藩鎮割據之興起	傅飛嵐 Franciscus Verellen （法國遠東學院道教史講座教授）

除了饒宗頤講座系列外，學術館亦主辦「書藏古今」系列文化講座，講座包括：「分崢嶸一閣・文獻大宗–漫談天一閣藏書」、「丹心墨語–天一閣藏古代書畫精品欣賞」、「天一閣與地方誌」及「枝盛葉茂–天一閣藏家譜綜述」等。此外，以饒教授國學和藝術俱精而命名的「嘉模講壇 ——『學藝雙攜』系列講座」更舉辦了眾多的中華文化講座，不少都是學術館本身的研究人員，反映了該館整體的中華文化教育水平。

四、饒宗頤國學院

香港浸會大學在 2013 年 1 月成立香港首間國學院 —— 饒宗頤國學院。國學院由「饒宗頤學術館之友會」會長孫少文擔任創院院長，現任院長是陳致教授。國學院的成立理念在於弘揚國學，將以傳統國學和漢學為研究基礎，融合東西方國學和漢學研究優勢，用創新的方法對國學進行提煉和提升，並提升國學的國際影響，培養具有國際視野和能傳承中華優秀傳統文化的國學人才和研究團隊。根據饒宗頤教授的想法，現代的「國學」，不應只局限在傳統儒家「十三經」的內容，應該包括中國其他經典文獻，如老子、莊子、新出土的儒家和道家文獻等。這可說是在國學研究層面方面，與現時香港不限於儒家經典的童蒙讀經活動遙相呼應。

國學院成立了「古代藝術史與博物館學研究室」和「出土文獻與新經學研究室」。前者廣泛聯繫世界上各大學的藝術史重要學者，如哈佛大學的汪悦進教授、密西根大學的包華石（Martin Powers）教授、蘇富比中國部主任、英國倫敦大學教授汪濤等，進行中西藝術史的專業研究並招收博士生和博士後，成立「選堂博士計劃」，培養年青研究中國藝術文化的人材。後者與海內外研究中國出土文獻的重點機構，包括倫敦大學亞非學院、慕尼克大學漢學系、芝加哥大學東亞系、清華大學出土文獻研究與保護中心、復旦大學出土文獻與古文字研究中心、武漢大學歷史系和台灣中央研究院文哲研究所進行合作和學術交流活動。此外，國學院亦成立「中國古典詩詞與比較詩學研究室」，與海內外知名學者和研究所進行學術合作。另外，國學院亦於 2014 年起出版《饒宗頤國學院院刊》，以推動區內國學學術研究和交流的發展。

國學院除了一系列與國學相關的學術活動外，亦於 2014 年舉行全港中學生散文詩歌創作比賽。比賽宗旨是培養中學生對散文及古典詩歌寫作的興趣，提升中學生的文學修養和寫作能力，並藉此宣揚中國傳統文化。散文比賽以「中華文化在香港」為主題，古典詩歌比賽則以與中國文化或古跡有關的遊歷活動為主題。

在眾多國學院舉辦的學術講座和論壇活動中，最值得一提的是該院在 2013 年 1 月成立時舉行的「國學與漢學國際論壇」。論壇邀請了國學和漢學研究領域的世界知名學者參加，包括：袁行霈教授（中央文史館館長、北京大學國學院院長）、林慶彰教授（台灣中央研究院中國文哲研究所研究員）、倪豪士教授（Prof. William H. Nienhauser Jr.）（美國威斯康辛大學陌地生分校東亞語言文學系講座教授）、稻畑耕一郎教授（日本早稻田大學文學部中文系教授）、大木康教授（日本東京大學東洋文化研究所教授）、夏含夷教授（Prof. Edward L. Shaughnessy）（美國芝加哥大學東亞語言與文明系教授）、葉翰教授（Prof. Hans Van Ess）（德國慕尼克大學東亞研究系系主任）、傅熊教授（Prof. Bernhard Fuehrer）（英國倫敦大學亞非學院中國與中亞語言文化系教授）、朱漢民教授（湖南大學岳麓書院院長）、葛兆光教授（復旦大學文史研究院院長）、黃朴民教授（中國人民大學國學院執行院長）和何俊教授（杭州師範大學國學院院長）。論壇主要談論「國學」、「漢學」和「華學」三詞的由來，因為「國學」很多時只指稱漢族和上層的儒家學術文化，並不包括非漢族文化、儒家思想文化以及下層的民俗文化；「漢學」則屬於外國學者研究中國學問的總稱，當中牽涉了現時中國學者與外國學者因語言隔閡而缺乏交流的問題；「華學」因此成為一個值得探討的名稱。[19]

五、香港孔子學院

2006 年 5 月，在國家漢語國際推廣領導小組辦公室的授權下，香港理工大學成立中國境內第一所對外中國文化機構 —— 香港孔子學院。香港孔子學院與在外國成立的孔子學院不同，它不只為推廣中國語言文化作出努力，更因應香港特有中西交融的文化環境，大力推動在香港的中華文化教育工作，以及國際漢學的研究和交流。

現任孔子學院理事長朱鴻林教授是著名歷史學家，他積極推動中國歷史文化的研究，在全球孔子學院中可謂別樹一幟。2013 年，香港孔子學院成立了中國歷史文化研究中心，以推動包括古今文獻、歷史、文學、哲學、宗教、藝術、風俗、禮儀等的研究、學術交流、出版和教育活動。使參與該中心舉辦的講座和考察活動的大眾能夠認識中國文化的根源及要旨，從而珍惜中國文化遺產及其價值，認同中國文化對於個人生活、社會和諧及世界和平的重要性。該中心自 2013 年起啟動的研究計劃如下：

19　國學與漢學國際論壇，http://jas.hkbu.edu.hk/page.php?id=37

計劃名稱	執行人
《明儒學案》與明代儒學研究之文本重建	朱鴻林（香港孔子學院院長）
明清理學修身日記研究	劉勇（中山大學歷史系副教授）
明清閩浙沿海島嶼管理和海島人文地理	謝湜（中山大學歷史系副教授）
呂坤《實政錄》與明清經世思想	解揚（中國社會科學院歷史研究所助理研究員）
《朱子家禮》與近世士大夫文化創造	周鑫（廣東省社會科學院歷史所助理研究員）
明代儒者教化宦官的理念與著作	吳兆豐（武漢大學歷史學院講師）
《四書五經大全》與元明儒學傳承	朱冶（華中科技大學歷史研究所講師）

香港孔子學院除了自2011年起開辦「駐港總領事漢語課程」外，2013年夏天，該院亦開辦針對在港的南亞、東南亞裔人士的漢語及中國文化課程，主要以中文寫作班為起點，讓這些少數族裔學生先掌握運用中文的能力，之後再學習中國文化。此外，學院亦開設「香港中學教師中國語言文化教學能力增潤課程」，因應中學教師只有教授漢語的術科知識，而缺乏相關中華文化背景知識來提升中學生學習興趣的問題，讓這批香港中學教師學習中華文化。[20] 2014年1月，香港孔子學院更正式成為理工大學人文學院轄下的學術單位，為理工大學學生開設學分制課程，並為國際生開設中國語言及文化副修課程。

第五節　大學國文和中文增補課程

1950至1960年代，香港的大專院校均設有「大學國文」課程，以提高大學生閱讀古今典籍以至文藝創作和寫作實用文的能力，乃至旁及中國文學和中國文人的認識和修養為目標，所以選取的範文均以中國文學和學術上的經典為主。以香港中文大學前身的成員書院為例，1950至1960年代，大學語文課本採用國立編譯館編選的《大學國文選》，該

20　孔子學院助南亞裔學中文 [N]. 大公報，2013-1-21.

書以「養成閱讀古今專科書籍之能力」，尤其著重提高學生的文學修養。書中文章頗深，但當時卻是所有學系的學生必修必考的，曾有以整本《孟子》作為試題之舉。到了 1960 年代後期，則採用王力主編的《古代漢語》及附加一些現代篇章作教材。

然而，到了 1970 年代，大專學界發覺上述的目標定得太高，忽略了當時不少學生實際上對現代中文書面語掌握不足的問題，所以課程的設計逐漸往現代語文教學的模式過渡。而學界對於大學國文科究竟應著重於文化傳承，抑或語文訓練，持續有所論爭。踏入 1990 年代，香港大力發展大學教育，打破了原來香港大學和香港中文大學壟斷政府大學教育資助的局面，把浸會學院、城市理工學院等升格為大學，或成立新的大學如香港科技大學，使大學資助委員會（University Grants Committee）轄下資助的大學院校增至 8 所。然而，大學學額在短時間內的驟增，無可避免使大學錄取的新生水平參差，部分學生需要包括中文在內的強化基礎的語文訓練。因此，即使 1997 年香港回歸前後，不少大學都增強了文化素質教育，但大學語文教學仍無可避免地趨向功能化的發展方向。[21]

1971 年，蘇文擢指出，中國歷來是文教之邦，即使到近代大學學科分工愈精，國文仍然是不同學系學生共同必修的課程，原因在於國文不只有語言文字的功能，更是「進德修業所由本也」。蘇氏認為當時國文教學之弊端，在於僅持語文為工具之説，語文訓練只講求懂得欣賞表達而已，對於「中華文化之承先啟後，古哲賢所以垂世立教，咸詆為迂遠而闊於事情」，致使國文教材的選材捨本逐末，致使學生對教師努力講授的文化知識缺乏深入的掌握。[22]

21　鄧仕樑．語文能力和文學修養：新世紀語文和文學的教與學 [M]. 香港：三聯書店，2003：10、25–26、59.

22　蘇文擢．大學國文析義・序言 [M]. 香港：東南印務出版社，1972：1.

1972 年，香港浸會學院國文講席郭霖沅編纂出版《大學文選析義》。其收錄的篇目如下：[23]

一、詩經
　(一) 關雎
　(二) 伐木

二、左傳
　(一) 宮之奇諫假道
　(二) 秦晉殽之戰

三、楚辭
　(一) 九歌——湘夫人
　(二) 山鬼

四、齊桓晉文之事 (孟子)

五、養生主 (莊子)

六、天論 (節錄) (荀子)

七、《韓非子・説難》(韓非子)

八、過秦論 (上) (賈誼)

九、《史記・伯夷列傳》(司馬遷)

十、報孫會宗書 (楊惲)

十一、長門賦 (司馬相如)

十二、《後漢書・黃憲傳》(范曄)

十三、歸去來辭 (陶潛)

十四、石壕吏 (杜甫)

十五、六醜・落花 (薔薇謝後作) (周邦彥)

十六、中庸章句序 (朱熹)

十七、歐陽生文集序 (曾國藩)

十八、《天演論・察變》(赫胥黎著，嚴復譯)

1973 年，香港中文大學出版社出版了《大學國文講義》，主要以文體型為單元編寫教材，並配以語文知識和中國學術思想的論述。目錄如下：[24]

23 郭霖沅 . 大學國文析義 [M]. 香港：東南印務出版社，1972：1–4.
24 大學國文講義 [M]. 香港：香港中文大學出版社，1973：1–5.

一、語文學習

（一）關於文學的語言問題（老舍）
（二）作家要鑄煉語言（唐弢）
（三）文章的開頭結尾和過渡（傅義）

二、哲理文

（一）子路曾皙冉有公西華侍坐章（論語）
（二）夫子當路於齊章（孟子）
（三）秋水篇（選錄末三段）（莊子）
（四）二柄篇（韓非）
（五）六祖壇經（選錄第一至九章）

三、論說文

（一）論貴粟疏（鼂錯）
（二）英雄（劉劭）
（三）論書生的酸氣（朱自清）
（四）論救救孩子（何其芳）
（五）論文人（錢鍾書）

四、史傳文

（一）鞌之戰（左傳）
（二）萬石張叔列傳（節錄）（司馬遷）
（三）張中丞傳後序（韓愈）
（四）鄒容傳（節錄）（章炳麟）
（五）白石老人自述（從識字到上學）（齊白石）

五、記敘文

（一）卜居（屈原）
（二）江水（酈道元）
（三）遊黃溪記（柳宗元）
（四）峴山亭記（歐陽修）
（五）病梅館記（龔自珍）
（六）住所的話（郁達夫）
（七）自剖（徐志摩）
（八）香山紅葉（楊朔）

六、詩詞

（一）讀山海經（孟夏草木長）（陶潛）
（二）廬山謠（李白）

(三) 詠懷古跡五首 (杜甫)
(四) 蘭陵王 (周邦彥)
(五) 聲聲慢 (李清照)
(六) 摸魚兒 (辛棄疾)
(七) 一個觀念 (聞一多)
(八) 贈內 (戴望舒)

七、小説戲劇

(一) 水滸傳序 (金聖歎)
(二) 促織 (蒲松齡)
(三) 祝福 (魯迅)
(四) 李逵負荊 (第四折) (康進之)
(五) 正在想 (曹禺)

八、文學理論

(一) 情采 (劉勰)
(二) 答謝民師推官書 (蘇軾)
(三) 論世説新語和晉人的美 (宗白華)
(四) 李白與哥德 (梁宗岱)
(五) 文藝與道德 (節錄) (朱光潛)
(六) 創作問題漫談 (茅盾)
(七) 學詩斷想 (臧克家)

九、翻譯文學

(一) 譯天演論例言 (嚴復)
(二) 論翻譯 (節錄) (林語堂)
(三) 拜侖「哀希臘」譯文四種 (蘇曼殊、馬君武、梁啟超、梁真)

十、科技文

(一) 幾何原本雜議 (徐光啟)
(二) 重印天工開物卷跋 (丁文江)
(三) 水利工程 (錢偉長)

十一、附錄一

(一) 儒家的根本精神 (羅庸)
(二) 莊子思想的評價 (陳鼓應)
(三) 韓非的主要思想及其學術根源 (梁啟雄)
(四) 六祖生平與禪宗幾則懸案 (南懷瑾)

十二、附錄二

（一）怎樣查字典（陳剛）

（二）漢字的現在和將來（節錄）（傅東華）

（三）應用文的種類（王偉俠）

1980 年 8 月，香港中文大學中國語言文學系出版了《大一國文教材》，旨在訓練學生運用中文作為學習、溝通和研究的工具。《教材》不求各文體俱備，不論文言文還是白話文，而是主要收入論辯、説理和記敘等類別的範文，以訓練學生的寫作能力。《教材》收錄的範文篇目如下：[25]

一、古代漢語

（一）第一單元

1. 逍遙遊（莊周）
2. 齊桓晉文之事（孟軻）
3. 天論（荀卿）
4. 二柄（韓非）
5. 必己（呂不韋）
6. 論貴粟疏（鼂錯）
7. 賢良對策三（董仲舒）
8. 兄弟（顏之推）
9. 原毀（韓愈）
10. 論語辯（柳宗元）
11. 通鑒論兩則（司馬光）：晉滅智伯；曹操為周文王
12. 論文上（袁宗道）
13. 文章繁簡（顧炎武）
14. 論承用「維新」二字之荒謬（章炳麟）

（二）第二單元

1. 廉頗藺相如列傳（司馬遷）
2. 黨錮列傳（節錄）（范曄）

25 大一國文教材 [M]. 香港：大雅文化服務社，1980：1–6.

3. 江水（節錄）（酈道元）
4. 資治通鑒・淝水之戰（司馬光）
5. 活板（沈括）
6. 志林六則（蘇軾）：記遊松風亭；儋耳夜書；措大吃飯；記與歐公語；論貧士；劉凝之、沈驎士
7. 記述三則（袁宏道）：飛來峯；靈隱；煙霞石屋
8. 核舟記（魏學洢）

二、現代漢語

（一）第一單元

1. 論「費厄潑賴」應該緩行（魯迅）
2. 文學是有階級性的嗎？（梁實秋）
3. 釋文盲（錢鍾書）
4. 談兒女（馮友蘭）
5. 中國社會變遷中的文化結癥（費孝通）
6. 鹽鐵論校注前言（王利器）
7. 孟子政治思想的基本結構及人治與法治問題（徐復觀）
8. 逍遙遊的開放心靈與價值重估（陳鼓應）

（二）第二單元

1. 知識分子的覺醒（蔣夢麟）
2. 每週評論下（周作人）
3. 創造十年續篇之四（節錄）（郭沫若）
4. 「凶」、「松」、「空」（朱文長）
5. 從嘉峪關説到山海關（長江）
6. 「九一八」事變（曹聚仁）
7. 懷李叔同先生（豐子愷）
8. 懷念蕭珊（巴金）
9. 水利工程（錢偉長）
10. 茶花賦（楊朔）

1986 年及 1987 年，《大一國文教材》改為《大學國文教材》，分「現

代漢語」和「古代漢語」兩部，所收的範文有頗大的變更。篇目如下：[26]

一、現代漢語部分

（一）甲編

1. 給青年的十三封信（選二）（朱光潛）
2. 司馬遷和孔子（節錄）（李長之）
3. 論《世説新語》和晉人的美（宗白華）
4. 中國社會變遷中的文化結癥（費孝通）
5. 中國知識分子的創世紀（余英時）

（二）乙編

1. 自剖（徐志摩）
2. 告新亞書院第六屆畢業同學書（唐君毅）
3. 傅雷家書選（傅雷）
4. 茶花賦（楊朔）
5. 幹校六記（楊絳）
6. 沙田山居（余光中）
7. 四月八日這一天（陳之藩）
8. 念你們的名字（張曉風）

（三）丙編

1. 祝福（魯迅）
2. 冬夜（白先勇）
3. 紅孩兒（張系國）
4. 三十年後（蔣子龍）
5. 組織部來了個年輕人（王蒙）
6. 五一九長鏡頭（劉心武）

現代漢語部分的範文，有不少討論儒家價值觀的內容。以甲編為例，如〈司馬遷和孔子〉固然清楚指出「儒家的真精神是反功利」；〈論《世説新語》和晉人的美〉一篇，亦改變了學生原來對魏晉南北朝士人只

26 香港中文大學中文系大學國文教材小組編．大學國文教材（現代漢語之部）・目錄 [M]. 香港：華風書局，1986；中國語文研究所吳多泰中國語文研究中心編．大學國文教材（古代漢語部分）（試用本）・目錄 [M]. 香港：華風書局，1987.

重玄學清談的印象，指出竹林七賢佯狂縱酒，實際是抗拒政治入侵倫理的殉道者；而費孝通的篇章，指出中國傳統文化不發生科學，在於「中國的匱乏經濟和儒家知足教條配上了」，以及余英時篇章認為儒家型的知識分子在社會危機發生時總是用他們的「道」來撥亂反正，這些都討論了儒家思想在現代社會的影響。[27]

二、古代漢語部分

（一）詩經選
1. 靜女
2. 蒹葭

（二）楚辭選：卜居

（三）論語・學而

（四）齊桓晉文之事章（孟子）

（五）察傳（呂氏春秋）

（六）論貴粟疏（鼂錯）

（七）答蘇武書（李陵）

（八）報任安書（司馬遷）

（九）陳情表（李密）

（十）蘭亭集序（王羲之）

（十一）歸去來兮辭（陶淵明）

（十二）水經注・江水（節錄）（酈道元）

（十三）李白詩選
1. 古風五十九首之一
2. 夢遊天姥吟留別

（十四）杜甫詩選
1. 哀江頭
2. 詠懷古跡五首

（十五）送李願歸盤谷序（韓愈）

（十六）答李翊書（韓愈）

（十七）蘭陵王（周邦彥）

（十八）辛棄疾詞選
1. 摸魚兒
2. 賀新郎

（十九）原君（黃宗羲）

27 香港中文大學中文系大學圖文教材小組編．大學國文教材（現代漢語之部）[M]. 香港：華風書局，1986：18、36、50、67.

以下討論中文增補課程。

香港大學中文增補課程肇始於1993年。自1998年起，學校規定本科生必須修讀指定的大學中文課程，考試及格，取得學分，方能畢業。在社會的重視和學校的支持下，大學資助委員會撥款提升同學的語文水準，讓大學繼續發展基礎中文課程。面向全校的大學中文課程，教學對象是香港大學的10個學院、每年3,000多名學生，提供約50多個課程。這些課程的設計背後都圍繞一個重要的教學原則：量體裁衣，並主要體現在課程內容與學生學習背景兩方面。[28]

「大學中文」的教學內容包括漢語知識、溝通技巧和各類文章寫作方法等。「漢語知識」包括漢語語法、修辭、錯別字、簡化字、病句等；「溝通技巧」包括小組討論、口頭報告、演講和辯論等；至於「寫作訓練」方面，除各類不同體裁的文章外，也包括通告、書信、會議紀錄、建議書等實用文體的練習。雖然大學中文課程的主要內容集中於漢語知識、溝通技巧和寫作訓練三部分，但教學重點則依學院、學系的情況，各有差異。例如工程學院的中文課程比較集中於工程、工務、電腦科技等方面的中文應用，而法律學院中文課程則比較集中於法律條文、法律文檔的中文運用等方面。

大學中文課程不但為校內各個學院開設中文課程，還因應個別院系要求，量體裁衣，為不同學系設計合適的中文課程。例如商學院就有5個中文課程，分別供「會計、市場」、「商學及資訊科技」(雙學位課程)、「財務、銀行」、「國際商業及環球管理」、「商學及法學」(雙學位課程)學生報讀。5個課程雖然都包括漢語知識、溝通技巧、寫作訓練三項教學內容，但教學重點、學習項目、成績評估方式等都因應學系學生的情

28 李家樹．大專中文教的是什麼．香港語文教學策略 [M]. 南京：南京師範大學出版社，2000：81、83.

況，各有不同的處理方式。

香港大學與全球30多個國家、地區的200多所大學簽訂學生交換計劃，每年約有1,000多名國際交換生到港大進行為期一學期或一學年的交流學習。此外，大學每年都會錄取20%經「非聯招」以外途徑入讀大學的外國學生、內地學生、國際學校學生等，這兩批學生都有學習中文的需要。中文學院漢語中心因應學生的語言背景和漢語水準，提供不同程度的課程。中文作為第二語言的漢語課程共分8級，由供對中文完全沒有認識的歐、美、非籍學生修讀的基礎課程，到有漢字背景的日、韓學生，以至有方言背景的華裔學生修讀的進階課程，學生可根據自己的漢語程度，通過甄別考試，修讀不同階段的漢語課程。由於大學國際化程度日深，有關課程愈來愈受歡迎。2001年，漢語中心的中文課程有96人修讀；至2013年，有關數字已增加至906人。

另一方面，每年大約有三百名內地學生通過「內地本科生入學計劃」入讀香港大學，由於這批學生的漢語知識和中文寫作能力與本地生不同，「大學中文」為此類學生提供兩個特別設計的中文課程，學生可選修其一。不諳粵語的內地生，可修讀粵語課程；至於已經會說粵語的內地生，則可修讀香港文化及高階中文課程。

近年來，愈來愈多學生通過國際認可考試入讀香港大學，例如IB、IGCSE、GCE、SAT等等，與通過「聯招」入讀的本科生比較，這批學生在中文運用等各方面的能力比較參差。針對「聯招」與「非聯招」學生中文水準差距較大的學院，中文學院會根據學生的語言背景和中文程度，提供不同程度的中文課程。例如中文增補課程為醫學院提供的兩個中文課程，一個集中於書面語教學，主要供「聯招」畢業生及在國際認可考試取得優良成績的本科生修讀；另一個課程則供在國際認可考試取得合格以上成績的學生修讀。因應醫科畢業生的就業要求，本課程重點提高學生的粵語溝通能力，為學生提供口語表達技巧的訓練，例如模擬應診、醫學視頻口譯訓練、醫學常識講座、內地與香港醫學用詞對譯等，以應付學生實習期間的基本工作要求。

2012 年 9 月起，大學三年制及四年制雙軌並行，學生人數倍增，其語文水準參差，可以預見。中文學院在原有課程上，引入新觀念，擘劃新課程，並增加「文學」、「歷史」和「文化」等元素，以提高學生的學習興趣。在新舊交替之際，學院繼續拓展新課程領域，例如增添數個給雙學位學生的課程，為醫學院學生開辦全新的中文課程，為非本地生提供廣州話課程、香港文化及高階中文課程，還有以側重口語訓練為主的應用中文課程等。教學方面，學院採用學習果效為本，內容強調專業中文，引進普通話元素。課業方面，則盡量完善專業寫作，加強口語訓練、更多地採用電子平台。要之，根據學系及同學的實際需要，合理裁量。學院與各對應院系密切聯繫，商議協作，用心設計課程，提升教學素質。至於屬非學分的專業普通話課程、工作坊、興趣班、延伸學習等，則視乎需要和資源隨時提供。[29]

香港教育大學中文教育榮譽學士課程以培養中小學語文教師為職志，特別注重語文基本功的訓練。中文增潤課程開設論文寫作及資源運用、粵音及板書、古典菁華導讀三門必修中文課程，另開設普通話基礎訓練和普通話正音訓練兩門必修課程，以及普通話語文能力評核培訓選修課程。

其他大專院校亦開設相類似的各種中文增補課程，並各有特色，茲不贅。

29 施仲謀、何偉幟．量體裁衣 —— 談香港大學的「大學中文」教學 [J]. 中國語文通訊，香港中文大學中國文學研究所吳多泰中國語文研究中心，卷 93，第 2 期，2014 年 7 月：77–81.

第四章　香港民間團體的中華文化教育

本章考察香港民間團體推動文化教育的情況。第一節由香港中華文化教育之始 —— 私塾，開始講起；接著第二節圍繞學海書樓、孔教學院、香港孔聖堂三家儒家文化機構，講述它們在推動儒家文化教育的角色；第三節探討香港道教聯合會和香港道教學院在傳播道教文化教育的工作；第四節以志蓮淨苑、香港佛教聯合會、香港佛教僧伽聯合會、佛教青年協會、法住文化學院、香港佛教圖書館為例，考察佛教文化機構在香港的佛教文化教育的情況；最後一節，我們以更廣闊的視野，博覽香港其他弘揚文化的機構，包括香港學校音樂及朗誦協會、全港青年學藝比賽大會等，全方位地闡述它們在推動文化教育的貢獻和價值。

第一節　私塾：香港中華文化教育肇始

康有為弟子盧湘父在 1905 年於澳門成立湘父學塾，1911 年遷港，分別在堅道中活倫台三號和中加冕台三號成立湘父男塾和湘父女塾。湘父學塾的學規是「敦行孝弟，崇尚名節，變化氣質，檢攝威儀」，與康有為「萬木草堂」的學規相同。[1] 香港湘父學塾的宗旨，正是針對中華民國建立後，尤其是 1915 年白話文運動以及後來批孔運動的環境，在香港的基礎教育中大力鼓吹文言文和儒家思想。

盧湘父弟弟、同在學塾擔任教員的盧衮裳便清楚批評當時歪曲的學風：「今之學者，往往非聖無法，蔑古荒經，以為孔子孝弟之說，囿於

1　湘父學塾祝聖特刊 [M]. 香港，1930：20、32.

家族主義，不若社會主義世界主義之大同。……尤有甚者，創為討父仇孝之謬說，破壞家庭，肆為亂逆，此為小人無忌憚之尤，人類之梟獍焉耳。」盧衮裳亦批評當時的白話文運動是「言之無文，行而不遠」，致使以白話文撰寫普通書信，累贅不堪，不及文言文的言簡意賅。更重要的是，白話文的提倡嚴重破壞中國傳統文化，「是將一般英俊少年，活埋於沒字碑下，沉沉夜台，不知天日，而數千年之國粹，慘刦酷於秦火矣。經不待禁而自禁，民不待愚而自愚。中國文化，掃地以盡，豈不痛哉！」[2]

鑒於1920年代中國內地廢經運動此起彼落，因此盧湘父亦在1931年編寫新的《三字經》、《四字經》和《五字經》，針對當時兒童讀經面對的困難而撰寫，「以三字述聖跡，以四字敘聖經，以五字論聖教之倫說」，務使老嫗能解。[3]

除了盧湘父外，與他同為新會人的陳子褒亦分別在香港堅道和般含道分設子褒書塾男校和子褒書塾女校，取清末科舉考試的傳統，著重中國古代以來儒家啟蒙教育的精神，在兒童啟蒙，多著重識字的教育目的。因此，自1908年起，陳氏陸續編寫出版童蒙使用的字書：《七級字課》，規定小學六年級畢業時便認識到第五級字課，即5,000個中文通用字。[4]1920年出版的《七級字課詳解（第三種）》條目包括：（一）天文；（二）地理；（三）人類；（四）身體；（五）飲食；（六）器用；（七）草木；（八）鳥獸；（九）方位；（十）數目；（十一）動字類；（十二）靜字類；（十三）情狀類；（十四）名詞附錄：天干、地支、二十八宿、八卦、四聲、姓氏。

2　湘父學塾祝聖特刊 [M]. 香港，1930：1–3.

3　盧湘父 . 著者啟事 . 童蒙書三種 [M]. 1931.

4　方美賢 . 香港早期教育發展史 (1842–1941) [M]. 香港：中國學社，1975：178、182、185–186.

第二節 儒家文化機構

一、學海書樓

鑒於香港多年來成為英國的殖民地，受到外來文化的衝擊遠較中國內地為大，而 1911 年辛亥革命的爆發，除了推翻帝制外，更對中國傳統文化有重大的衝擊。香港除了傳統節日、飲食和娛樂活動尚保留中國色彩外，傳統文化的影響已日漸減少。因此，面對這樣的時代，為了傳承中國幾千年的倫理道德、思維方式和行為規範，乃有學海書樓之成立。

學海書樓，是賴際熙太史於 1923 年創辦。賴太史於辛亥革命後移居香港，任教於香港大學中文學院。賴太史畢生旨在傳揚國粹，聚書授學。在 1963 年前，原址在港島般含道。藏書 1,900 餘種，總共 34,600 多冊，大部分為國學古籍的線裝本和手抄本，經、史、子、集，一應俱全。其中包括清代陳澧撰寫的《東塾讀書記》、康有為的《孔子改制考》及《偽經考》等。其他古籍還有《十三經注疏》(廣東菊坡精舍版本)、阮元修編的《廣東通志》等。此外，學海書樓歷年出版的書籍及目錄亦包括在藏書內，如《古文學今譯》、《學海書樓講學錄》等，其特藏的古籍大部分經已絕版。在樓址搬遷之際，賴太史將藏書全部借存於香港大會堂圖書館。在 2001 年，特藏再移遷到香港中央圖書館九樓參考圖書館，供讀者參閱。

賴際熙太史提出「宏振斯文，維持久遠」的目標，認為「藏書必有閱書者，閱書必有講習討論者，乃能振發精神，維持久遠」，所以在其般含道購置房屋的閣樓辟為講學場所，聘請陳伯陶、岑光樾、區大原、區大典、溫肅、朱汝珍、俞叔文、何藻翔等名碩講學，宣揚孔學。[5]

茲摘錄學海書樓自 1975 年至 1979 年舉辦的講座內容，以見一斑：

---

5 駱偉 . 學海書樓國學講座述略 . 學海書樓九十年 [M]. 香港：學海書樓，2013：77–78.

舉辦機構	時間	講者	主題
學海書樓、中文大學校外進修部	1975 年 3 月至 7 月	潘小磐	《奇文共賞》
學海書樓、中文大學校外進修部	1975 年 3 月至 1976 年 2 月	陳湛銓	《蘇東坡詩》
學海書樓、中文大學校外進修部	1975 年 8 月至 1976 年 9 月	溫中行	《昭明文選隅舉》
學海書樓、中文大學校外進修部	1976 年 3 月	蘇文擢	《詩選》
學海書樓、中文大學校外進修部	1976 年 4 月	陳湛銓	《國文選》
學海書樓、中文大學校外進修部	1976 年 6 月至 1977 年 8 月	陳湛銓	《杜少陵詩》
學海書樓、中文大學校外進修部	1976 年 9 月至 1977 年 8 月	潘小磐、溫中行	《古文摘》
學海書樓、中文大學校外進修部	1977 年 4 月	劉紹進	《黃山谷詩》
學海書樓、中文大學校外進修部	1977 年 8 月	溫中行	《李長吉詩選》
學海書樓、中文大學校外進修部	1977 年 9 月	陳湛銓	《黃山谷詩編年選注》
學海書樓、中文大學校外進修部	1977 年 9 月至 10 月	盧國洪	《古文選讀》
學海書樓、中文大學校外進修部	1977 年 10 月至 1978 年 5 月	潘小磐	《唐文選雋》
學海書樓、市政局圖書館	1977 年 11 月至 1978 年 1 月，1978 年 5 月	潘小磐	《古詩摘腴》
學海書樓、市政局圖書館	1978 年 2 月	盧國洪	《詩人李白》
學海書樓、中文大學校外進修部	1978 年 3 月至	陳湛銓	《元遺山詩詩編年選注》
學海書樓、香港電台合辦	1978 年 4 月	溫中行	播音國學講座：《論語》選講
學海書樓、中文大學校外進修部	1978 年 6 月	盧國洪	《戊戌維新與康梁》

（續前表）

舉辦機構	時間	講者	主題
學海書樓、中文大學校外進修部	1978 年 6 月	盧國洪	《明代大儒廣東新會陳白沙》
學海書樓、中文大學校外進修部合辦	1978 年 7 月至 1979 年 12 月	盧國洪、陳湛銓、溫中行	《宋名家詞選》
學海書樓、市政局圖書館合辦	1978 年 7 月至 9 月	溫中行	《唐詩舉粹》
學海書樓、市政局圖書館	1978 年 9 月至 1979 年 12 月	黃兆顯	《南宋三家詞》
學海書樓、市政局圖書館	1979 年 2 月	潘小磐	《三國志諸葛亮傳》
學海書樓、中文大學校外進修部	1979 年 3 月	陳湛銓	《陸放翁詩》
學海書樓、市政局圖書館	1979 年 4 月至 12 月	何叔惠	《孟子 —— 人格的教育》
學海書樓、市政局圖書館	1979 年 6 月至 9 月	趙大鈍	《清名家王仲瞿詩選講》
學海書樓、市政局圖書館	1979 年 9 月至 12 月	潘小磐	《袁子才駢文》
學海書樓、市政局圖書館	1979 年 10 月至 12 月	李巽仿	《孝經》
學海書樓、中文大學校外進修部	1979 年 12 月	陳本	孟子文法研究

根據駱偉的統計，1986 年至 2004 年間，學海書樓每年舉行國學講座的次數由 148 次至 196 次，每年聽講的人數由 6,389 名至 11,136 名不等，可見國學講座對香港大眾影響之廣。[6]

二、孔教學院

孔教學院在 1930 年由進士陳煥章博士和一批尊孔人士在香港成立。陳氏是前清甲辰科（1904 年）聯捷成進士，1911 年以英文著述的論文——《孔門理財學》取得美國哥倫比亞大學博士學位。時值中國帝制轉為共和，人心浮動，文化劇變的時代，陳氏不問政治，而以傳播中國儒家道統為己任。1912 年他在上海創辦孔教總會，1923 年在北京成立孔教大學附設中小學。1930 年代，廣東省興起讀經運動，陳氏於是在香港般含道 13 號創建孔教學院，提倡讀經尊孔，弘揚國學。

陳煥章在 1933 年逝世後，孔教學院歷任四位院長：朱汝珍太史（甲辰科（1904）榜眼及第、1934 年 -1942 年）、盧湘父先生（1942 年 -1970 年）、黃允畋先生（1970 年 -1992 年）、湯恩佳博士（1992 年至今）。湯氏在香港以至海外弘揚孔學，貢獻良多，編著了《孔學論集》、《孔子讀本》、《論語聖經》等多部著作，另編寫了 6 冊《香港小學儒家德育課程》，3 冊《香港中學儒家德育與公民教育課程》，以及近 1,200 篇弘揚儒學的論文和演講詞和 22 卷的《湯恩佳尊孔之旅環球演講集》。

---

6 駱偉 . 學海書樓國學講座述略 . 學海書樓九十年 [M]. 香港：學海書樓，2013：86.

《香港小學儒家德育課程》內容

冊數	單元	冊數	單元
小一上	單元一（孝）	小四	單元一（孔子故事）
	單元二（悌）		單元二（孝道）
	單元三（忠）		單元三（交友）
	單元四（信）		單元四（慎言）
小一下	單元五（禮）		單元五（勸學）
	單元六（義）		單元六（明德）
	單元七（廉）		單元七（樂道）
	單元八（恥）	小五	單元一（知禮）
小二	單元一（勸勉）		單元二（君子與小人）
	單元二（敦親睦鄰）		單元三（論仁）
	單元三（信實）		單元四（為政）
	單元四（仁愛）	小六	單元一（儒家的道統）
小三	單元一（有恆）		單元二（儒家的經典）
	單元二（忠勇）		
	單元三（立志）		
	單元四（節儉與廉恥）		

孔教學院先後在香港創辦了大成中學（後改為何郭佩珍中學）、大成小學等。這些學校從小學開始，設經訓課，選講《論語》章句；中學則設經訓課，講授儒學精要，全面推行「德、智、體、群、美」五育，德育尤其著重。孔教學院的學校均採用上述教材，以令學生樹立積極的人生觀及正確的價值觀。

孔教學院在中國各省捐贈孔子及歷代大儒雕像大小五百多尊，為西藏捐贈了一所孔子醫院，捐獻孔子儒家文獻資料不計其數。學院亦在英、美、加、澳、日、韓、菲律賓、新加坡、印尼、泰國、馬來西亞、哥斯大黎加、古巴、瑞典、俄羅斯及摩洛哥等國弘揚儒家文化。孔教學院的未來發展，有以下六個目標：

（一）計劃籌建孔子紀念堂，將此作為宣傳孔教儒學的基地，並輻射到全世界。

(二) 在孔教學院網站上建設孔教網絡大學，向社會各界傳播孔教理論，培養孔教人才。

(三) 繼續推動特區政府將孔子誕辰定為萬世師表教師節和孔聖誕日，成為公眾假期。

(四) 孔教學院已編制好《香港小學儒家德育課程》、《香港中學儒家德育與公民教育課程》，現極力向各中小學推廣，以孔子儒家思想培養人們的道德觀。

(五) 研究適合於現代的孔教理論，制定適合於現代的孔教教規，重新詮釋孔教經典，廣泛傳播孔教經典。

(六) 籌建中國孔教總會，推動全國的孔教事業發展。

孔教學院認為孔教有六大功能：

(一) 能促進世界和平；
(二) 能提升全人類道德素質；
(三) 能與世界多元文化共存共榮；
(四) 是中國 56 個民族、13 億人民的精神軸心；
(五) 能促進中國和平統一；
(六) 能達致與世界各宗教文化平起平坐。

湯氏認為孔教思想的影響不應只限於教育界，而是需要輻射至社會各階層：「社會上有六大儒家：儒學、儒教、儒官、儒將、儒商、儒醫，他們散佈在社會的各個階層，按照孔子儒家思想，在自己的崗位上敬業樂業，同時，又身體力行，共同把孔子儒家文化發揚光大。」

近年來，孔教學院為了引起香港社會大眾對孔子和孔教思想的注視，積極向香港政府當局爭取將原來 9 月 10 日的「敬師日」改為 9 月

28 日孔誕日，並將之定為公眾假期。2012 年 4 月，湯氏主持祭孔儀式時便指出：「在香港每年 17 天的公眾假期中，屬於基督教節誕共有 5 天，佛誕有 1 天，但孔子誕辰卻一天也沒有。把孔聖日定為紀念孔子的教師節及公眾假期，以恢復孔子的地位，是全世界人民的期望，也是中華民族炎黃子孫的期望，其意義是極其深遠，極其重大的。[7]」2013 年 9 月，孔教學院發表《堅決支持國家擬定 9 月 28 日為教師節的聲明》，呼籲香港各界人士簽名支持中央政府的上述決定。[8] 在孔教學院的努力下，香港特區政府終於 2014 年宣佈，將每年 9 月 28 日定為「香港孔聖誕日」。

湯氏在慶祝香港孔聖誕日的致辭，認為「香港孔聖誕日」不只要懷緬孔子對中國文化的功績，此節日對中華文化的提倡有其現代意義：「欲復興中華民族，必先復興中華文化；欲復興中華文化，必先復興儒家文化。孔教儒學在培養中國人的道德觀、培養民族精神、增強民族凝聚力各方面有著不可替代的偉大價值。香港的儒釋道三教通過弘揚中華文化，鑄造香港同胞的文化認同、民族認同、國家認同，對於維護香港的和諧與穩定，亦發揮著極其重要的作用。」[9]

為了不受古代文獻的限制，以致一般社會大眾誤認為儒家文化過於艱深和與日常生活脱節，孔教學院除了每年舉行祭孔儀式外，亦舉辦一系列大眾化的中華文化活動，以吸引香港一般大眾和學生認識儒家文化。孔門教育講求「六藝」：禮、樂、射、御、書、數，所以大眾化的中華文化活動亦滲入六藝的元素。例如 2014 年 9 月舉行的「孔聖杯–全

7　力爭孔聖假日　弘揚孔教儒學 . 2012-4-9. http://www.confucianacademy.com/news_content.php?id=49675&link_id=27642

8　堅決支持國家擬定 9 月 28 日為教師節的聲明 . 2013–9，http://www.confucianacademy.com/userfiles/file/ 堅決支持國家擬定 %209 月 28 日為教師節的聲明 1aaa.pdf

9　香港孔聖誕日暨孔曆 2565 年孔聖誕環球慶祝大典，2014-9-28，http://www.confucianacademy.com/news_content.php?id=152421&link_id=27640

港投壺公開賽」，讓市民大眾透過投壺比賽，瞭解古代禮儀，體驗人與人相互禮讓與虔敬的精神，以君子之風面對現今激烈競爭之社會。[10] 之後亦籌辦了「孔聖杯 —— 中華色彩服裝設計總決賽暨頒獎禮」，讓香港的中學和大專學生進行具中國傳統特色，以至中華 56 個民族特色的服飾設計比賽。[11]

湯氏亦十分注重通過粵劇和國樂去弘揚中華文化。2012 年 2 月，在湯氏的首倡下，孔教學院教務長胡國賢編寫了全球第一齣以「孔子」生平為題材的粵劇 ——《孔子之周遊列國》。湯氏有這樣的創舉，原因在於粵劇向為中國非物質文化遺產之一，備受香港及國內外華人社群歡迎，其中不乏以仁義、忠孝、誠信等傳統價值觀為主題之佳作。因此，粵劇成為宣傳孔子生平、雅俗共賞的媒介。《孔子之周遊列國》公演後，孔教學院更推出該劇的光碟，使更多社會大眾可以此認識孔子的生平事蹟。[12] 2013 年 10 月，孔教學院在香港文化中心劇場舉辦了全球首次以孔子為主題的二胡表演 ——《三月不知肉味 —— 孔教王憓二胡音樂會》，以展現儒學宗教文化的思想與精神，當中的曲目包括：「任重道遠」、「止於至善」、「君子慎獨」等。[13] 另外，孔教學院亦製作湯恩佳填詞、陳乃森作曲的《孔聖頌》，歌詞如下：[14]

尼山日月，麟吐玉書。泱泱中華，降生孔子啊！聖人啊！為無私的抱負，為大同的理想，周遊列國。去傳播，去宣揚。受盡苦

10 孔聖杯 - 全港投壺公開賽 . 2014-9-13，http://www.confucianacademy.com/news_content.php?id=152194&link_id=27640 . 投壺是一種以矢代箭、以壺代侯的小型的射禮，是一種「筵席邊的射禮」。

11 孔聖杯–中華色彩時裝設計比賽 . 2014-9-20. http://www.confucianacademy.com/news_content.php?id=154435&link_id=27640

12 湯恩佳 . 孔教粵劇《孔子之周遊列國》創作緣起 . 2012-1-30. http://www.confucianacademy.com/news_content.php?id=40833&link_id=27642

13 「三月不知肉味 – 孔教王憓二胡音樂會」. 2013-9-23. http://www.confucianacademy.com/news_content.php?id=110457&link_id=27642

14 孔聖頌 . http://www.confucianacademy.com/load.php?link_id=27620

難，在陳絕糧。四書五經，六藝八德。仁者愛人，環球名揚啊！聖人啊！你是源於中國，亦屬於全人類。天下為公，建設人間天堂，你的思想萬古永昌。

2015年9月至10月，孔教學院主辦、山東文物局合辦、曲阜市文物局協辦、華人廟宇委員會贊助下，在香港中央圖書館展覽館舉行「大哉孔子——孔子儒家文化展」，希望通過介紹山東文化、孔子故里特色的100多件實物、大量相關的古代建築遺跡等圖片，並配合大型孔廟模型、祭孔儀式的演示，並配以視頻，令香港市民認識孔子家鄉深厚的文化底蘊。大會配合時下著名大型綜藝節目的名稱，「希望此展覽為觀眾奉獻一場文化盛宴，能夠帶領觀眾走近先哲的世界，汲取聖賢的智慧，開掘儒家文化的精華，傳遞正能量，向世人傳播代表優秀傳統文化精髓的中國好聲音」。[15]

三、香港孔聖堂

香港孔聖堂的會址位於港島加路連山道77號，在1935年由簡朗山先生捐建，並由楊永康先生擔任該堂主席，其後歷任五位主席：許讓成、張威麟、岑才生、李金鐘、許耀君。孔聖堂的成立與孔教學院的成立背景頗為類似，都是針對當時儒家思想在中國和香港社會急速敗壞的情況，正如1928年《為籌建香港孔聖講堂宣言》所言：「近年以來，同僑之中，子逆其親，妻薄其夫，兄弟鬩牆，主賓涉訟，朋友構怨，甚至少年男女，不知平等之在法律，誤自由以為口實，而蕩檢踰閒者，均數數見，無可諱言者也。」[16] 孔教學院的盧湘父、陳煥章，以至當時著名

15 大哉孔子——孔子儒家文化展隆重展出 . 2015-8-18. http://www.confucianacademy.com/news_content.php?id=213668&link_id=27640

16 尢嘉博編 . 尢列集 [M]. 香港：尢嘉博，2002：248. 感謝孔聖堂中學楊永漢校長提供其撰寫〈孔聖堂歷史及對香港的貢獻〉論文資料，筆者謹致謝忱。

的紳商如鄧肇堅、周竣年、羅文錦、顏成坤、何東等均在孔聖堂建堂籌款方面有重要的角色，而曾為國父孫中山先生、有份締造共和的尢列，便就著當時備受西方自由思想影響的青年情況，提出成立孔聖堂的重要性:「我旅港華僑同胞，當共急起直追，合群力以振興孔教。即以書冊具存之道，講其有教無類之方。蓋父兄之教不先，斯子弟之率弗謹，寡廉鮮恥，而風俗不長厚也。」[17]

孔聖堂自成立後，積極在香港推動中華文化的教育工作，當中主要的事業如下：[18]

(一) 國學演講

自建堂以後，先在孔聖堂，後在大會堂演講室舉行國學講座，邀請名儒學者如錢穆、蘇文擢、牟宗三、唐君毅、何叔惠、饒宗頤、杜維明、金榮華等主講，每次講座均有數百人出席聽講。

(二) 國學研習班

自 1976 年 10 月第一屆國學研習班開學至今仍然舉辦。首兩屆老師包括何叔惠、何敬群、溫中行、梁宜生、梁隱盦、蘇文擢、陳耀南、翁一鶴、于照芳、麥友雲、伍永順等。學生於每週末到孔聖堂中學上課，初定一學年為一屆，後改兩學年為一屆，聘國學宿儒主講，課程分為易經、禮記、論語、孟子等，現分基礎班及深造班。第一屆畢業同學包括現任新加坡國立大學教授勞悅強、名畫家潘瑞華及名書法家趙炯輝等，足見對培養國學繼承者的貢獻。

(三) 推廣教育

1950 年，雷蔭蓀先生於孔聖講堂成立「大成中學」，又延請講師宣講孔學。1953 年，繼「大成中學」遷校後，原加路連山道校址，成

17 尢嘉博編 . 尢列集 [M]. 香港：尢嘉博，2002：248–249.
18 楊永漢校長〈孔聖堂歷史及對香港的貢獻〉論文資料。

立「孔聖堂中學」，附設小學。楊永康為首任校監，朱希文為校長。學校設立論語課程，每週金句分享，讀經班等。據盧瑋鑾回憶，70 年代初，金句分享後一天，同學要背默金句。直至現在，仍保留金句分享及背默金句的傳統。

（四）成為香港大型活動及演講中心

1930 年代，香港並未有如今日大會堂般的大型場地，孔聖堂因此成為本港大型活動及演講中心。孔聖堂雖然是宣揚孔教的機構，但孔聖堂內不獨舉辦研讀傳統四書的研習班及講座，亦有容納異見的胸襟，例如在 1940 年，便舉行紀念反對讀經及認為禮教吃人的「魯迅先生六十誕辰紀念會」。1948 年，孔聖堂內舉辦紀念五四運動座談會，郭沫若在會中進行演講。因此，孔聖堂在成立初期，成為香港傳播中國新舊文化的中心。

（五）中國書畫班

孔聖堂自 2000 年 8 月起開辦中國書畫班，改變以往舊式傳統的師徒制度，除了教授傳統書畫技法，並採用潘瑞華老師原創的「形氣書畫論」作指導，引導學員嘗試自我創作，發揮獨創的思維。

第三節　佛教文化機構

一、志蓮淨苑

1934 年，在藍昌源等居士協助下，葦庵法師和覺一法師成立一所佛教女眾十方叢林 —— 志蓮淨苑。志蓮淨苑以宏揚佛教、安老福利、文化推廣和教育服務為創辦宗旨。1939 年，葦庵法師首創佛學班並親自執教，但後來因日本入侵香港而停辦。戰後香港百廢待興，志蓮淨苑位處的九龍鑽石山區亦不例外，不少難民在該區興建木屋容身。初步解決了住的問題後，這些難民子弟的教育問題變得刻不容緩。因此，志蓮淨苑第二任監院宏智尼師興辦義學，為該區唯一的學校。1981 年，志蓮淨苑開辦佛教志蓮圖書館，至今收藏包括中文、英文、日文、梵文、巴利文、泰文、藏文等佛學藏經及資料共 75,000 種。1989 年，鑒於香港政府對鑽石山區進行重整計劃，時任志蓮淨苑主席的胡仙向政府提出重建規劃，重建護理安老院、志蓮中心、佛寺、學校和花園等。至 1998 年 1 月，志蓮淨苑各殿堂建築群工程完成。

重建後的志蓮淨苑，可說是香港佛教建築文化的重要地標之一。今天志蓮淨苑的建築群，以盛唐敦煌莫高窟第 172 窟北壁「西方淨土變」圖作為規劃藍本，更仿效「觀無量壽經變」的佛寺設計，以中軸線為主體佈局，呈現對稱、均衡的唐代建築風格。全棟建築物以檜木打造，是現存世界上最大的手造木構建築群。志蓮淨苑的殿堂，以中國唐代傳統木構建築為藍本，殿堂的木構件，均以榫接方式結合，不使用釘子。殿堂供奉的佛菩薩像依據佛經描述，參照盛唐造像風格，厚重端麗，其造型、手印、執持法器各異，彰顯諸佛菩薩特有的願力和德行。[19] 2012 年，中國政府更新《中國世界文化遺產預備名單》，便將志蓮淨苑列入名單內，可見備受重視。

志蓮淨苑文化部可說是集佛學研究、教育、出版事業於一身的核心機構。文化部現時共有多位研究員，專注因明、量論、唯識、根本佛教與初期大乘、唯識、唐密、中國佛教思想、藏密及中觀，及南傳禪修等方面的佛學研究。佛學教育方面，志蓮淨苑舉辦的課程，在香港佛學界可說頗具歷史傳統和系統。至 2015 年止，文化部舉辦的「佛學基礎課程」和「佛學中級課程」已分別開辦了 41 屆和 27 屆。前者的課程內容包括：(一) 生命的反思與佛學的宗教特質；(二) 佛教的創立、弘揚

19 郭錦鴻．特色以外——志蓮淨苑佈局對人文精神的體現．http://www.hkbuddhist.org/magazine/582/582_13.html

及傳播；(三) 佛教的基本教理。課程內容按佛教史的次序對部派佛教、大乘中觀、唯識以至密教的思想作概括性的介紹，讓學員掌握佛教思想的基本脈絡。學員在修畢上述課程後，可選擇修讀志蓮淨苑開辦的研究課程如「敦煌學概論」和「佛教與中國文化」等。1998 年 8 月，志蓮淨苑在多年開授佛學課程的基礎上，成立志蓮夜書院，正式開辦四年制佛學、哲學文憑課程，以「發揚佛學培育弘法人才」、「匯通中西哲學文化精要」、「開廓學子廣博思考胸襟」和「激發自我追求真實人生」為宗旨。上述文憑課程的課程綱目如下：

(一) 佛學、哲學文憑共同必修科

共同必修科 —— 32 學分

必修科	學分	必修科	學分
國文	4	哲學概論	4
英文	4	知識論/ 形而上學	4
佛學概論	4	邏輯與科學方法	4
印度哲學/ 人生哲學	4	中國文化史	4

(二) 佛學文憑必修科

佛學文憑必修科 —— 52 學分

必修科	學分	必修科	學分
原始佛教與部派佛教	4	佛教與社會倫理	4
佛教文獻與工具	2	佛教藝術/ 佛教文學	2
印度大乘佛教	4	禪修理論與實踐	2
中國佛教史	4	佛教哲學名著選讀	12
世界佛教	4	佛教專題思想	12
因明學	2		

（三）哲學文憑必修科

哲學文憑必修科 —— 52 學分

必修科	學分	必修科	學分
中國哲學史	4	西洋哲學名著選讀	8
西洋哲學史	4	中國斷代哲學	8
倫理學	4	中國現代哲學	4
政治哲學	4	現代哲學	4
中國哲學名著選讀	8	中國文化專題	4

（四）佛學、哲學文憑選修科（44 學分），可依下列方式選修：

1. 所修讀文憑必修科以外的科目：文學、藝術、史學、比較宗教、哲學、佛學，以及專題研究「英語佛學證書課程」中之科目均可修讀。
2. 所修讀文憑以外的科目，均可作為選修科。如佛學文憑以哲學文憑的科目為選修科學分；哲學文憑亦可以佛學文憑的科目為選修科學分。
3. 凡曾修讀「論文寫作指導」課程，而提交畢業論文，成績及格者，可作 10 學分計。

不論是文憑課程的必修科還是選修科，課程內容並不限於佛學和佛教文化的講授，而是包括中國文化思想以及中西文化交流等課程內容。從 2015 年度可設選修科的課程，可見志蓮淨苑成功成為香港中華文化教育的中心：

佛學研究科目	菩薩戒專題（一學年）
	中國佛教思想（一學年）
	《唯識二十論》導讀（一學年）
	進階禪修理論與靜坐實踐（一學年）
	《摩訶止觀》選讀（一學年）
	戒律學綱要（一學年）
	《中論》選讀（二）（一學年）
	《辯中邊論》導讀（一學年）
	《瑜伽師地論・聲聞地》之修行道（一學年）
	《雜阿含經》選讀（一學年）
	《攝大乘論》導讀（一學年）
	《大般若經》選讀（一學年）
	世界的轉化——《金光明經》略析（上學期）／《究竟一乘寶性論》導讀（下學期）
	《現觀莊嚴論》選讀（一學年）
	「佛教心法」（上學期）／佛教言說與心靈轉化（下學期）
	唯識大意（一學年）
	《百論》析義（上學期）／因明學概論（下學期）
	「五會念佛」詳析（一學年）
	禪修理論與靜坐實踐（半學年）
	原始佛教與現代人生（二）（一學年）
東西方哲學科目	《孟子》導讀（續講）（一學年）
	《人生之體驗續編》導讀/《圓覺經》
	形上學（一學年）
	老子至虛守靜、無為而無不為之人生哲學（一學年）
	《關尹子》中的儒、釋、道思想（一學年）
	哲學概論（一學年）
	《尚書》導讀（續講）（一學年）
	《奧義書》與古印度哲學（一學年）
	美學概論（一學年）
	義理派易學入門——《周易程氏傳》導讀（一學年）
	《近思錄》與周易之人生修養論（一學年）
	周易圖說/《繫辭傳》導讀
	《周易》進階（一學年）
	我與你（上學期）／有與無（下學期）
	法律哲學（上學期）

（續前表）

文化、歷史、語言、藝術科目	勵志英語（一學年）
	楷書進階（一學年）
	宋詞名家選讀（一學年）
	《柳如是別傳》導讀（續講）（一學年）
	《一切經音義》講解（一學年）
	中國古琴史（下）（一學年）
	《中國歷代政治得失》導讀（一學年）
	京劇昆曲賞析（上學期）／中國民間音樂概論（下學期）
	陶淵明詩文選讀（上學期）／儒釋道三教論生死（上學期）
	近代史事與人物（一）（一學年）
	素描（中級）（一學年）
	《大唐西域記》之研究（二）（一學年）
	唐代的外來宗教（下學期）
	巴利文（二）（一學年）

完成四年文憑課程的學生如果希望繼續進修，可以由志蓮淨苑推薦報讀為期三年的泰國國際佛教大學碩士遙距課程。除了上述針對希望在佛學和中西哲學進行深造人士的課程外，志苑淨苑亦開辦一些針對兒童和一般大眾的佛教文化課程，例如「兒童禪」課程內容包括坐禪、行禪、正念飲食、瑜伽、經驗分享等，協助上課的兒童訓練善意和專心，幫助他們心靈健康成長；「齊齊學做小菩薩班 —— 敦煌童話」通過介紹敦煌的歷史文化、石窟壁畫，並借著佛教經變圖，認識諸佛菩薩的智慧及悲願，啟迪上課兒童的德性；「植物染基礎班」教授選用不同天然植物，如蘇木、福木、當季的庭園落葉及藍泥、咖啡渣作原料，講述染料的提取方法、固色媒染劑使用技術及簡單紮染技巧等。

出版事業方面，志蓮淨苑編輯或出版多種書籍和期刊，而且與其開辦文憑課程的精神一樣，遍及中西文化的內容：

書籍名稱	出版年份
淨土典籍選要	1996
易越石篆刻	1997
金剛般若觀音羅漢合璧	1997
佛學基礎課程	1998
迎奉佛陀真身指骨舍利	2004
志蓮文化集刊	2005 至今
威音文庫 . 論說	2005
威音文庫 . 密乘	2005
威音文庫 . 新聞	2005
威音文庫 . 演壇	2005
威音文庫 . 譯述	2005
威音文庫 . 宗乘	2005
同心同行 : 長者輔導智慧集	2005
師法自然 : 張北如木雕作品集	2008
瓷雕與「減的藝術」	2008
至法無法 : 李撫虹先生畫藏	2009
竹藤編織藝術	2009
溫潤生命之學 : 孔子與《論語》	2009
蘇格拉底與柏拉圖哲學	2010
扶抱及移轉 : 怎樣安全照顧老、弱、病者	2011
敦煌盛唐彩塑再現	2012
萬古長新 : 中國當代蘇州刺繡精品藝術	2013

二、香港佛教聯合會

1945 年 8 月，日本宣佈無條件投降，香港佛教一眾法師包括筏可法師、覺光法師、茂峰法師、茂蕊法師、優曇法師、浣青法師、海仁法師、瑞融法師、靄亭法師、宏智法師、慈祥法師、陳靜濤居士、王學仁居士、林楞真居士等接收日僧津木二秀法師在灣仔道 117 號東本願寺一棟四層的物業，並由此成立香港佛教聯合會（簡稱佛聯會）。佛聯會以「聯合佛門緇素」為目標，並以「上求佛道、下化眾生」為己任。針對戰後兒童教育的巨大需要，佛聯會在接收上述產業後，略為修繕，便開辦了中華佛教義學。自此佛聯會開辦的學校均以「明智顯悲」為校訓，在校內推行佛化教育，讓知識與品格結合，達致「以德治心，以心育人」的教育目標。佛聯會轄下的學校如下：

中學 13 所	佛教黃鳳翎中學	佛教大雄中學
	佛教善德英文中學	佛教筏可紀念中學
	佛教大光慈航中學	佛教葉紀南紀念中學
	佛教沈香林紀念中學	佛教覺光法師中學
	佛教黃允畋中學	佛教孔仙洲紀念中學
	佛教慧因法師紀念中學	佛教何南金中學
	佛教茂峰法師紀念中學	
小學 7 所	佛教中華康山學校	佛教黃焯庵小學
	佛教慈敬學校	佛教林炳炎紀念學校
	佛教林金殿紀念小學	佛教榮茵學校
	佛教陳榮根紀念學校	
幼稚園 8 所	佛教金麗幼稚園	佛教曾果成中英文幼稚園
	佛教沈東福幼稚園	佛教傅康幼稚園
	佛教慈光幼稚園	佛教真如幼稚園（東涌）
	佛教陳策文伉儷幼稚園	佛教慈慧幼稚園

除了興辦富佛化教育思想的學校外，佛聯會亦每年舉辦多項全港性慶祝佛誕活動、清明思親法會、佛學講座、放生活動等，以及設立弘法使者獎學金，弘法利生。佛聯會亦出版具 50 多年歷史的《香港佛教》月刊，流通廣大市民的《佛聯匯訊》，編纂中小學佛學課本，以及素食文化等刊物，將佛教文化傳播至社會各階層。此外，佛聯會和香港佛教界多年爭取農曆四月初八佛誕為公眾期期，最終香港政府在 1999 年採納建議實施，令香港社會大眾對佛教節慶文化有更大的關注。佛聯會歷年舉辦的佛學講座、佛學班和佛教文化活動為數甚多，現列舉近年重要者如下：

日期	活動名稱		講者
1999 年 5 月 22 日至 5 月 28 日	佛牙舍利瞻禮大會		
2004 年 1 月至 2005 年 1 月	佛法活用徵文比賽 [20]		
2004 年 9 月至 11 月	「淨化人心」系列佛學講座	人間佛教的基本精神	文珠法師
		心靈環保	淨達法師
		如何過一個真、智、淨、樂的人生	妙光法師
		永嘉禪師證道歌	衍空法師
		如何安頓身心	演慈法師
		漫談信解與實踐	暢懷法師
		從四大本空說到五蘊無我	泉慧法師
2005 年	青少年佛教歌曲創作比賽 [21]		
2006 年 1 月 7 日	全城抄《心經》消除疫禍 [22]		
2006 年 9 月至 11 月	導向課程	基礎介紹篇：佛陀是誰、佛法的判攝	衍空法師
		基礎介紹篇：生命的輪回、學佛入門	演慈法師
		禮佛儀規篇：禮佛儀規	妙光法師
		素食篇：妙膳慧語	妙慧法師
2006 年 9 月至 10 月	「智慧人生」系列講座	修行應從念佛起	泉慧法師
		活出智慧人生	演慈法師
		如何活得安祥、慈和與真淨	妙光法師
		迷與悟	衍空法師
2007 年 5 月 25 日	佛教主題交響樂《神州和樂頌香江》		
2007 年	全國新概念作文大賽：十年、回憶、網、父母心、自由題（任擇一題）		

20 是項比賽以 2005 年中學會考佛學課程丁部的 26 個「提要」為徵文比賽的主題，以期鼓勵同學把佛法的智慧應用到日常生活中。得勝作品的主題如下：〈五蘊和合，假名為「我」〉、〈個體與整體的依存關係〉、〈個人與自然環境的依存關係〉、〈人天之福樂〉、〈瞭解身心行為與苦樂的關係〉、〈明白痛苦的根源，努力尋求離苦方法〉、〈相依相助的人際關係〉、〈慈悲與智慧〉。

21 是項比賽的評審準則包括：主題（與佛法或佛法精神有關）(30%)、歌曲旋律 (25%)、歌詞 (25%) 及原創性 (20%) 四方面。得勝的歌曲有：《緣》、《自在人生》、《唵嘛呢叭咪吽》、《曇花人生》、《聖者的精神》、《請佛住世》。

22 全城抄《心經》儀式共有 5 個程式：一、潔淨雙手，端身正坐；二、整肅身心，意念合一；三、合掌三稱“南無本師釋迦牟尼佛”；四、虔心抄寫；五、寫畢，合掌回向。

（續前表）

日期	活動名稱		講者
2008 年 1 月	導向課程	佛教的鳥瞰	衍空法師
		妙光法師	
	禮佛儀規	演慈法師	
	佛教基礎理論	演慈法師、	
	佛學座談會及總結：皈依後應如何修持、佛法如何面對生老病死觀、如何面對壓力	衍空法師、妙光法師	
2009 年 9 月至 11 月	2009 佛學導向課程	佛陀的介紹	妙光法師
	因緣觀	衍空法師	
	業力與輪回		
	三法印	妙光法師	
	五戒十善	演慈法師	
	四聖諦		
	十二因緣		
	六度	妙光法師	
	佛教基本儀規與寺院巡禮		
2009 年 10 月	絲綢之路藝術節－祥和．中國智慧之光．文殊菩薩尊像珍藏展「佛學及文化講座」	西域佛教對中國書法、信仰習俗和佛教造像的影響	淨因法師
	《梁朝傅大士頌金剛經》於絲路的足跡	衍空法師	
	西域佛教史	李焯芬教授	
2010 年 9 月至 10 月	2010 佛學導向課程	佛教與人生	淨因法師
	基礎佛學概念與生活應用	演慈法師、淨因法師	
	初皈依居士應如何學佛	崔常祥居士	
	佛教基本儀規	法忍法師	
2011 年 7 月	禪游東北－佑順寺佛學體驗營		
2011 年 9 月	2011 佛學導向課程	認識佛陀	
	生活中的佛法		
	佛教的財富		
	佛教的生死觀		
2011 年 11 月至 12 月	身心靈系列佛學講座	心靈環保	楊大偉居士
	人生何求	呂榮光居士	
	放下自在		
	了悟生死		

（續前表）

日期	活動名稱		講者
2011 年 11 月至 12 月	煩惱譯碼器	法忍法師	楊大偉居士
	放下命運		
	做個開心快樂人		
2012 年 9 月至 10 月	2012 佛學導向課程	佛陀與我	寬運法師
	生命奧秘	演慈法師	
	離苦得樂		
	開啟智慧	廣琳法師	
	緣起緣滅		
	禪修講解與實習	宏明法師	
2013 年 9 月至 10 月	2013 佛學導向課程	佛教基本認識	演慈法師
	自利利他	廣琳法師	
	滅苦之道	法忍法師	
	了悟生死	寬運法師	
	《阿含經》（選）讀講	宏明法師	
	外展活動－「禮佛儀規與實踐」	果德法師	
2014 年 9 月	2014 佛學導向課程	為甚麼要學佛？	法忍法師
	人生是苦嗎？	廣琳法師	
	怎樣當一個佛教徒	演慈法師	
	何謂「覺悟」	寬運法師	
	學佛行儀	悟藏法師	
	禪修入門	宏明法師	
2015 年 11 月至 12 月	顯密圓通成佛心要		歐偉康居士
2015 年 12 月 23、30 日	《六祖壇經》一日通		謝寶笙博士
2015 年 12 月至 2016 年 1 月	生命的歸宿 — 淨土行		呂榮光老師
逢星期一	佛法概論		陳達志居士
逢星期二	維摩詰所說經講記		淨達法師
逢星期三	《易行道念佛與淨土法門》		岑寬華居士
逢星期三	《唯識三十頌》		張漢釗居士
逢星期四	《清淨道論》之慧品		蕭樹錚居士
逢星期四	佛學講座：《普賢菩薩行願品》		演慈法師
逢星期四	佛學講座		岑寬華居士
逢星期六	大智度論		淨達法師
逢星期六	八識規矩頌		

三、香港佛教僧伽聯合會

香港佛教聯合會由香港四方佛教徒所組織，作為代表本港佛教徒謀取福利之機構。1961 年，釋覺光、釋優曇、釋寶燈、釋洗塵等人發起組織一個專為僧人而設之團體，名為「香港佛教僧伽聯合會」。該會之宗旨有三：第一，為香港僧伽、國際僧伽及佛教徒服務；第二，積極興教辦學及各種社會福利事業，為社會服務；第三，隨時隨地發揚佛陀慈悲精神。1967 年，僧伽會發起籌辦「佛教大學」，自後每年舉辦水陸法會以籌措辦學經費。1969 年，先租用九龍福華街居禮書院 4 個教室，正式成立「能仁書院」開辦課程，又附設中學部。翌年於九龍醫局街購置校舍 6 層，學校並擴至 9 個學系。該校之創立對僧人的知識培養有很大貢獻。

僧伽會為加強與海外佛教團體之聯繫，出席世界佛教會議，互訪交流，亦經常接待海外來訪的佛教人士。1971 年，僧伽會舉辦第一屆短期出家剃度大會，開創漢傳佛教短期出家的先河，不少中外佛教團體亦爭相仿效，蔚然成風。

教育事業方面，僧伽會現時營辦的專上院校及政府津貼中學包括香港能仁專上學院和釋慧文中學。香港能仁專上學院是在 2014 年 4 月按《專上學院條例》由香港能仁書院升格而成立。同年 9 月，該學院開辦中文及會計兩個四年全日制學士課程，合共提供 120 個一年級收生學額及 40 個三年級銜接學額。學院聘請了前香港大學中文學院主任單周堯擔任學術副校長及中文系主任，成為該學系中文課程水平的保證。該學院計劃共提供九個學士課程，目標在十年內升格為「香港能仁大學」，成為香港唯一一所以佛教思想為本位的本地大學機構。另外，香港能仁專上學院成立佛學人生研習院，立足於能仁進行佛學研究和教學的四十多年經驗，為社會大眾提供各類傳統及現代化佛學課程。2015 年研習院開辦的證書課程如下：

禪修的基本理論與實習
根本佛教的理論與開展
佛學與法律、法治、政治及管治課程
敦煌藝術與文化
佛教的修學次第與實踐理論
佛國梵相
佛學心理學
靜觀調解
達摩禪修與峨嵋太極十八式
佛教與健康
佛教禪修典藉選讀
初期佛教經典選讀
佛學思維善終理念
佛教藏文入門 (拼音與佛學名詞)
原始佛教之基本教義與人間佛教
佛法「四念住」身心健康及減壓課程
峨眉白雲禪師佛門九陽功

四、佛教青年協會

佛教青年協會於 1968 年成立。其成立宗旨在於通過各種活動使各階層人士認識佛法之真諦，從而使佛法普及於社會，弘揚佛陀之教化，藉以使年輕人獲得身心與智能的益處。現時佛教青年協會營辦的會址包括位於九龍荔枝角的弘法中心、荔枝角九華徑的天台精舍、九龍太子道西的閱覽室、新界屯門蝴蝶灣的觀音公園和新界荃灣老圍村的地藏閣。除了舉行各式齋戒法會外，佛教青年協會每逢星期四晚上在閱覽室舉行由淨界法師講述的《楞嚴經修學法要》講座課程。此外，協會在 2015 年亦舉辦以下講座和課程，供社會大眾參加。

日期	講座 / 課程名稱	講者
2015 年 9 月 4 日至 2016 年 1 月 29 日	中國繩結班	陳積幸
2015 年 11 月 23 日至 2016 年 1 月 11 日	國畫基礎班 / 國畫深造班	文程遠
2015 年 11 月 26 日	恭誦《在家菩薩戒》同時恭誦《華嚴經—普賢行願品》暨光明燈回向	上暢下懷老法師
2015 年 11 月 28 日	第三十五屆佛學基礎班：五戒十善	證法法師
2015 年 11 月至 12 月	第廿九屆佛學進階班：阿彌陀經	智耀法師
2015 年 11 月至 12 月	虔禮慈悲三昧水懺	證源法師領誦

（續前表）

日期	講座 / 課程名稱	講者
2015 年 12 月 3 日	金剛經法會暨光明燈回向	上暢下懷老法師
2015 年 12 月 5 日	第三十五屆佛學基礎班：八關齋戒的意義	宏定法師
2015 年 12 月 10 日	恭誦《在家菩薩戒》同時恭誦《華嚴經—普賢行願品》暨光明燈回向	上暢下懷老法師
2015 年 12 月 12 日及 19 日	第三十五屆佛學基礎班：蘊處界析義	寬濟法師
2015 年 12 月 13 日	淨心日–懺摩	證蓮法師
2015 年 12 月 17 日	藥師經法會暨光明燈回向	上暢下懷老法師
2015 年 12 月 27 日	三皈五戒講座	宏定法師
2015 年 12 月 31 日	恭誦《在家菩薩戒》同時恭誦《華嚴經—普賢行願品》暨光明燈回向	上暢下懷老法師
2015 年 12 月至 2016 年 1 月	第廿九屆佛學進階班：心經略說	演慈法師
2015 年 12 月至 2016 年 1 月	花藝西式插花班（入門級）	
逢星期一（2015 年 11 月開課）	器樂入門——阮咸	
逢星期六	閱覽室讀經班：《楞嚴經》	證蓮法師
逢星期六	閱覽室教理研習班：《大勢至菩薩念佛圓通章》	弘願法師

除了針對青年和成年人的佛學講座或課程外，佛教青年協會亦在屯門釋智文中學和梁植偉中學舉辦兒童誦讀經典文化親子班。親子班的對象是幼兒園和小學生，他們誦讀的內容並非義理湛深、兒童不易理解的佛經，而是以普通話誦讀傳統儒家的啟蒙讀物：《弟子規》、《三字經》、《千字文》和《孝經》。佛教青年協會認為兒童誦讀文化經典有十大好處：

（一）加強認憶力；
（二）提高注意力和學習積極性；
（三）聽教聽話，孝順父母；
（四）尊敬師長，學懂待人處事；
（五）提高自理和抗逆能力；
（六）養成良好的品德和善心；
（七）提升個人修養和語文水平；
（八）普通話水平日漸提升；
（九）提高文字理解和認字能力，有效輔助其他學科的成績；
（十）促進親子感情。

簡言之，協會相信，兒童讀經通過吟誦經典和辨字記憶，有效訓練兒童的腦部，是開啟兒童智慧之門的有效方法。

協會除了舉行講座活動外，亦通過大量免費送贈佛經典籍，使佛學書籍能在香港社會廣泛流傳，當中以印刷 5,000 套、每套 80 卷的《大方廣佛華嚴經》最具規模，其餘送贈結緣的佛學書籍如下：

書籍	《金剛般若波羅蜜經講記》(道源長老)	書籍	《佛説盂蘭盆經淺説》
	《金剛般若波羅蜜經講記》(竗境長老)		《蓮池大師戒殺放生圖説》
	《楞嚴經講記》(倓虛法師主講)	數碼光碟	《大悲咒》(暢懷法師教誦)
	《楞嚴經修學法要》(淨界法師講述)		《娑婆掠影》
	《佛説八大人覺經講記》(滔生法師主講)		《十大願王》(海雲法師)
	《佛説阿彌陀經導讀》(淨界法師講述)		《淨行品》(海雲法師)
	《佛遺教三經解》(蕅益大師著)		《佛學專題講座》(寬濟法師)
	《禪淨雙修講記》(淨界法師講述)		《楞嚴經修學法要(國語)》
	《觀世音菩薩普門品講記》		《淨界法師講經專輯》
	《懺悔法門 / 念佛法要》(淨界法師講述)	影像光碟	《了凡四訓》
	《印光大師文鈔選讀》		《愈淨意公遇灶神記》
	《印光大師説故事》		《夢參法師開示》
	《普賢菩薩行願品講記》		《淨土宗修學法要》(淨界法師)
	《六祖壇經禪學基本教材》		《般若心經》
	《斌宗法師講演集》		《世曲佛詞歌集(粵劇小曲)》
	《廣公上人事蹟合刊》		

2013 年，佛教青年協會創辦佛教青年協會中樂團，招募懂得彈奏笛子、笙、高胡、二胡、中胡、革胡、大提琴、揚琴、中阮、大阮或其他中國傳統樂器的人士作為團員。樂團以佛教音樂（如梵唄）和中國傳統音樂為基礎，通過音律調和演奏者的心境，以至以樂聲牽動其心靈，從而使團員在佛學的理念下練習和實踐。

五、法住文化學院

法往文化學院，嚴格來説不完全屬於佛教文化機構，因為該院自 1987 年成立後，便提出「生命成長，不離修養，專業以外，還須讀書」

的宗旨，通過提供後大學課程，採取中國古代書院及古希臘學園之精神，自由講學，師弟接引，從關懷生命開始，到關懷整個歷史文化，探求人類永久自存之道，建立積極之人生觀，使人對自己和對社會都能加強其承擔力。

以 2015 年秋季和 2016 年始季課程為例，當中的佛教課程包括「生命佛學」、「《維摩經》精講」、「雲門禪」、「法眼禪」、「佛教因明學」、「生死與輪回」、「如來藏思想入門」、「《大乘起信論》入門 (二)」、「般若思想入門」、「印度佛教思想史」、「《阿含經》精講」、「《般若心經》應用工作坊」和「靜坐修持工作坊」等。而中西文化哲學的課程亦復不少：「《論語》選讀」、「百年儒學史」、「『唐學』之〈母喪雜記〉、《人生隨筆》」、「『唐學』之《青年與學問》」、「人生必讀的四本書 ——《論語》性情學精讀」、「人生必讀的四本書 ——《老子》天地學精讀」、「中國歷史人物的性情世界」、「中國家教 —— 歷史名人教子智慧」、「性情學入門」、「中國思想主流—先秦時代的大思想家」、「思維學」、「西方思想主流」、「生命教育」、「吳派太極拳」、「靜心瑜伽」、「減肥健體養生瑜伽」、「印度雪山派女子瑜伽」等。

法住文化學院由霍韜晦在香港首創，推動佛教現代化的「法住經會」有三十多年的傳統：

《維摩經》：1983–1984 年
《法華經》：1984–1985 年
《勝鬘經》：1985 年
《金剛經》：1985–1986 年
《六祖壇經》：1986–1987 年
《解深密經》：1987 年
《華嚴經》：1988–1989 年
《維摩經》：1990–1991 年
《涅槃經》：1991–1992 年
《金剛經》：1992–1993 年
《六祖壇經》：1993–1995 年
《楞嚴經》：1995 年
《解深密經》：2000 年

法住文化學院有不少課程均與佛學有關。該院針對兒童以至成人在人生成長上所面對的問題和需要，分別在 1995 年和 1994 年起開辦「喜耀小生命」和「喜耀生命」課程，當中揉合了中國禪學和中國文化的精神，以「生命成長」為中心，以「性情教育」為支柱，涵蓋哲學、佛學、人文學、生命教育、心理、專業、語言、品藝、武術等多個領域，務求帶領現代人全方位成長。前者採用「性情教育」的理論，從中國文化的資源中選出精要的教材，如《論語》、《詩經》、歷史故事、詩詞、規矩禮儀等，以讀經、歌曲、遊戲、角色扮演、分享、才藝等多元化的形式去開發孩子的美善性情，讓其變得孝順、有勇氣、有志氣、明辨是非、身心健康、有承擔力。至於「喜耀生命」，則讓成人學員修持學「初心禪」、「自在禪」。有古禪之鋭，鞭辟入裏；亦有今學之便，去黏解縛。

法住機構亦將上述「喜耀生命」的精神應用於基礎教育方面。2011 年，法住開辦喜耀小西灣幼稚園，成為香港特有「性情教育・新六藝」的幼兒教育機構。該幼稚園以「把心打開，讓愛飛翔；活潑有禮，健康成長；性情教育，世界名揚；父母欣喜，社會棟樑」為教育宗旨，「用生命接引生命，用愛心感通愛心，用人才成就人才」為教育方針。該園著重兒童體能、智能、語言、情緒、美育及群體的全面發展，通過閱讀大量中英文經典，培養學生優秀的中英語文聽讀能力。為兒童全面開發美善性情，使他們學懂自尊、自重、自愛、自動、自覺，懂得孝順父母及尊敬師長，能主動及快樂學習，有志氣、有擔當、有愛心、有意志力，建立身心健康成長的堅實基礎。

所謂「性情教育」，涵蓋六大元素：

（一）開發健康心靈

性情教育開發人的健康心靈，啟動生命最深的性情，人便自知、自覺、自行地建立起健康的人生方向。

（二）自覺地孝順

開發性情的起點，就是從懂得孝順父母開始，有子說：「孝悌也者，其為仁之本與」。

（三）主動關心人

人的世界的擴大，就是能容納更多人、接受更多人、關心更多人開始。

（四）自動學習

性情得到開發，就會懂得珍惜自己，不會令到愛護自己的人失望，因此會自動自覺的努力發奮，天天向上。

（五）無私付出

性情得到開發，就能放下自我，不會計較，願意對別人好，願意付出。

（六）志氣遠大

性情教育讓人對理想生起感動之心、嚮往之情；繼而從心中發出力量，奮起追隨。

六、香港佛教圖書館

香港佛教圖書館由何澤霖居士在 1979 年成立。何居士成立此圖書館在於看到中國文化，尤其是佛教文化，「正受到殘酷時世的磨練，所謂眾生慧命有不絕如縷的趨勢。」更在 1986 年起，大量重印佛典，並向中國內地大小佛寺寄贈佛經典籍。

香港佛教圖書館更重要的貢獻，在於成為香港首個推動兒童讀經運動的中心。1999 年，著名國學大師南懷瑾老師帶著台灣王財貴教授的讀經理念，以佛教圖書館為平台，首先將兒童讀經引入香港。[23] 雖然香

23　王財貴教授，中國台灣兒童讀經教育的發起者。1994 年，王氏提出利用 13 歲之前的兒童時期，大量誦讀經典書籍，簡稱「兒童讀經教育」。

港佛教圖書館以收藏佛教典籍為主，但兒童讀經則是誦讀《三字經》、唐詩、《大學》等四書五經以至西方經典著作。曾在該館任教兒童讀經班十多年的李華認為，兒童讀經帶出的經教影響，使學生懂得尊師重道，由以往的壞脾氣變得有禮貌、由自我中心變得關心他人、由內向變得自信、由心散變得專注，甚至慢慢提升了內省能力。另一位教授兒童讀經班的的杜世雯指出，讀經班不應講求教育成果的速效：「『經』是最濃縮的人類智慧，是幾千年古人的智慧，並不是短時間可以吸收的，需要待孩子慢慢成長，在過程中再看其他的書，配合人生的經歷，才見效果。這是長時間人格品德的培養，不是說只為拿 100 分的成績。」因此兒童讀經並不是為了學生考試成績突飛猛進，而是更著重讀經成為孩子成長的人生導航。

兒童讀經班以「及早讀經，老實讀經，大量讀經，快樂讀經」為教學理念，強調必須在 3 至 13 歲時進行，以此時段為兒童記憶力最強的時間，杜氏認為必須讓最好的文化養料，裝進孩子的腦子裏，使他終身受用：「這可解釋為甚麼小孩子記歌詞，甚至記廣告內容那麼了得，做父母的想想，讓孩子牢記垃圾？還是聖賢精華？」家長讓孩子參加佛教圖書館舉辦的兒童讀經班，起初亦有功利的思想，認為是練習普通話的好機會，但之後發現更大的得著在於養成良好的品德，這正好補上一般學校教育中缺乏品德教育的缺點。一些有過度活躍症的學生，在持之以恆參加讀經班下，變得專心致志，性情平和。

第四節　道教文化機構

一、香港道教聯合會

香港道教聯合會在 1961 年 6 月成立。該會在道教文化弘揚的貢獻主要體現在興學育才和宣揚道教兩個方面。興學育才方面，今天香港道教聯合會以「明道立德」為校訓，以「道化教育」為辦學方針，本著「以道為宗，以德為化，以修為教，以仁為育」的宗旨，以示弘揚道學，作育英才的教學理念。該會轄下的政府資助中學共5所，包括：香港道教聯合會圓玄學院第一中學、香港道教聯合會鄧顯紀念中學、香港道教聯合會青松中學、香港道教聯合會圓玄學院第二中學、香港道教聯合會圓玄學院第三中學；政府資助小學5所，包括：香港道教聯合會雲泉學校、香港道教聯合會圓玄學院石圍角小學、香港道教聯合會雲泉吳禮和紀念學校、香港道教聯合會純陽小學、香港道教聯合會圓玄學院陳呂重德紀念學校；以及幼稚園6所，學生人數共14,000人。

何謂「道化教育」？香港道教聯合會認為，「道」是道教的中心思想。將「道」放在人生教育方面，就是要求學生學習「樂生和重生」的積極人生觀，肯定人具有「我命在我不在天」的自主能力。除了愛惜自己、尊重他人外，愛護大自然亦是「道」。至於「化」，就是「以德為化」。該會轄下的中小學，均著重培養學生的品德和自信，使學生可以發展內省智能及人際關係智能。實際上，該會學校並不排斥儒家思想，相反要求學生在日常生活中，體現「忠、孝、廉、節、義、信、仁、惠、禮」等中國傳統儒家宣揚的德行，從而養成明辨是非，自省自律、尊敬長輩、孝順父母、友愛兄弟朋友、長幼有序、謙恭服眾、廉儉保節的品德。

自省並非儒家特有的內容，該會亦認為道教具有自省的傳統，它引《道德經》第33章：「知人者智，自知者明，勝人者有力，自勝者強。」和《西升經》：「我命在我，不屬天地。」為證，指出能運用智慧自省，才是自強之道，自信亦由此而來。除了儒家的內容外，「以德為化」亦著重道教藝術如音樂、繪畫文化的傳授，既啟發學生的音樂和空間智能，亦對學生的品格具移風易俗的功用。至於「教」，是指「以修為教」。一方面強調敦品勵行，作行為上的修持；另一方面，也是要通過「外修」和「內修」的過程，達到養生、形神合一的目標。所謂「外修」，是通過肢體的勞動鍛練身體，強壯體魄，達到養生的目標。至於「內修」，則要求個人靜思，作心靈的探求，是個人內省與空間智能的發揮。最後是「育」，是指「以仁為育」，培育學生的慈愛之心，學習用心去欣賞每一件事物，珍惜尊重生命，令人與人、人與自然之間，能夠建立和諧的關係。

1987 年，香港道教聯合會主席湯國華編寫《道教知識》一書，供該會轄下中學學生德育和認識道教知識的教科書。《道教知識》分「明道篇」和「立德篇」兩個部分。前者程度較深，供高中學生學習，後者為古代不同引證四維八德的故事，容易引起興趣，供初中學生使用。《道教知識》的篇目如下：[24]

(一) 明道篇

1. 道教起源於道家思想
2. 老子
3. 太上道祖
4. 道教源流概述
5. 老子的著作 —— 道德經
6. 老子學說與中國固有文化之關係
7. 老子的本體論
8. 老子的知識論
9. 老子的人生哲學
10. 老子的政治哲學

(二) 道德經選讀

1. 第二章：養身
2. 第三章：安民
3. 第五章：虛用
4. 第六章：成象
5. 第七章：韜光
6. 第八章：易性
7. 第九章：運夷
8. 第十一章：無用
9. 第十二章：檢欲
10. 第十八章：俗薄

24 湯國華編 . 道教知識 [M]. 香港：香港道教聯合會學務部，1996.

(三) 立德篇

1. 尊師重道
2. 無自知之明者敗
3. 鑿壁偷光
4. 慎終如始則無敗事
5. 生事盡力死事盡思
6. 孝為大德
7. 人皆惡之刑禍隨之
8. 兄弟急難
9. 為嵇侍中血
10. 一門忠節
11. 不欺心於死友
12. 敗信則身死國亡
13. 知足不辱知止不殆
14. 不祥有五
15. 不以闇昧廢禮
16. 捨生取義
17. 義足以懾強敵保國家
18. 儉以養廉
19. 臨財毋苟得
20. 知恥尚可以為善
21. 德出福反
22. 好勝必敗
23. 畫蛇添足
24. 感物通靈
25. 終身行善善猶不足
26. 驕奢自斃
27. 多行不義必自斃
28. 忍而後可以就大事
29. 禍患常積於忽微
30. 好靜而民自正
31. 不敢悖師
32. 有容德乃大
33. 過而能改善莫大焉
34. 仁與不仁
35. 仁孝覆於天下
36. 自汙以成第名
37. 移孝作忠
38. 時窮節乃見
39. 守信於兒童
40. 靈輀待巨卿
41. 善行無轍跡
42. 唾面自乾
43. 暴虎馮河
44. 不食嗟來食
45. 秉義而外死生
46. 清白傳家
47. 明恥效於服刑
48. 有恥且格
49. 皋魚三天
50. 善惡之報如影隨形

51. 因果相仍若循環然
52. 報怨以德
53. 正心修身
54. 和光同塵
55. 君子盛德容貌若愚
56. 聖人被褐懷玉
57. 常德不離復歸於嬰兒
58. 燕處超然
59. 失道者寡助

1988 年起，湯劉素絢編撰的《德育暨公民教育訓練資料提綱》成為該會各屬校校本德育及公民教育之重要參考。《提綱》有 52 個主題，按四維八德的綱領整理，列表如下：[25]

四維八德	意思	主題
孝	不忘本	孝、敬老、敬師、愛校、安全[26]、強身
悌	師人善	有悌、勤學、慎始、立志[27]、善用餘暇
忠	盡己	忠、自治、力行、堅毅、有恆
信	務實	信、誠實、勤勞、守時、愛惜光陰
禮	規規矩矩的態度	有禮、秩序、整潔、慎言、謙虛、謙讓、自律、慎獨
義	正正當當的行為	有義、勇敢、仁愛、寬恕、樂群、互助、服務、權利與義務、責任感、公德、公正、交友
廉	清清白白的辨別	有廉、節儉、情欲克制
恥	切切實實的覺悟	有恥、氣節、養心、明善、修身、反省、檢討

香港道教聯合會轄下的學校均採用「以道為宗，以德為化，以修為教，以仁為育」作為校訓。所謂「以道為宗」，即「順應學生本性，針對其各異之稟賦，因勢利導，施以合性合理的教化」；「以德為化」是「以仁、義、禮、智、信等我國傳統德行為圭臬，令學生心性得以薰陶」；「以修為教」是「教者必先自我檢點，以言語、行事作學者表率，冀收潛

25 湯國華．道教與香港教育．// 顧明遠、杜祖貽編．香港教育的過去與未來 [M]. 北京：人民教育出版社，2000：603−605.

26 所謂「身體髮膚，受之父母，不敢毀傷」，所以「安全」條列入「孝」篇。

27 就自己的性向以立志，立志後則師事前輩學習，所以「立志」條列入「悌」篇。

移默化之效」;「以仁為育」是「本『己立立人，己達達人』志，有教無類，務使學者修心養性，增知廣知」。[28] 在道教聯合會轄下的學校舉行的禮堂集訓，有指定程序的崇道儀節：[29]

1. 齊集
2. 肅立
3. 請主持人 XXX 先生進場 —— 就位
4. 恭誦《太上道祖頌》
5. 齊向太上道祖聖象行三鞠躬禮
6. 唱校歌
7. 復坐
8. 請 XXX 先生訓話
9. 儀節完畢，起立。大眾肅靜，等候主持人先退，然後魚貫出堂。

雖然該會學校的教學和活動均融合道家的哲理精神，但這些學校德育及公民教育都以「四維八德」為經，校訓中「以德為化，以修為教，以仁為育」的宗旨，均有濃厚的儒家思想色彩。

除了在轄下學校進行道教教育外，香港道教聯合會為了推動中華文化教育工作，藉德育教化大眾，令他們認識道家哲理和道教教義，並懂得如何應用及實踐於日常生活之中，以及推動道教文化的薪火相傳，該會在 2013 年 4 月，成立香港首個由青年主導發展的道教青年團（簡稱「道青團」），團員以 12 至 40 歲青年組成。道青團之宗旨為認識道家哲理，培養品德人格，並發揮領導才能，組織和推動青年服務社會，弘揚道教文化。道青團舉行多元化的活動，包括恒常團聚交誼、領袖發展培

---

28 湯國華 . 道教與香港教育 . // 顧明遠、杜祖貽編 . 香港教育的過去與未來 [M]. 北京：人民教育出版社，2000：605−606.

29 湯國華編 . 道教知識 [M]. 香港：香港道教聯合會學務部，1996.

訓、道教文化研修[30]、義工社會服務、文化藝術活動和外地交流考察。2013年10月舉行的「我命在我」青年活力營以及2014年4月舉行道青團正式成立典禮，播放該團團員拍攝名為「抉擇」的微電影，都足見該團的成立，充分體現該會「命運在我手」的教育信念。[31]

在宣揚道教方面，香港道教聯合會歷年在香港大會堂舉辦道德講座，亦在該會禮堂舉行宣道活動。過去香港宣揚道教，主要是靠經書的流傳及道長的現身說法，同時通過各類宗教活動，如法會、道教節、羅天大醮等等。然而，一般社會大眾以這些活動宗教色彩濃厚，認為道教儀式和思想神秘而產生誤解。因此，香港道教聯合會在2001年開始，團結各壇堂宮觀舉辦「道教日」系列活動，透過文化展覽、專題講座、科儀法會、道樂演奏及敬老齋宴等較世俗化的文化活動，以弘揚正統道教，從而達致以道教教義和哲理淨化人心的目標。以2015年道教節為例，香港道教聯合會便舉行了下列活動：

活動類別	活動名稱
天人信仰	廖宗東大師「福降人間、神佑黎民 —— 道教神仙工筆畫精品展」
興學育才	信善紫闕玄觀獎學金頒獎典禮
玄門科儀	2015年香港道教日開幕典禮暨萬人祈福贊星禮斗大法會
道德教化	道德經（竹林杯）朗誦比賽
玄音道範	道經樂欣賞會

在道經樂欣賞會中，香港道教聯合會主辦的道教音樂團體 ——「香港道經樂團」擔任重要的角色。該團在2006年成立，致力培訓道教音樂人才及提升道經樂水平，以音樂的形式弘揚道教文化。該團在上述的欣賞會中便演奏了〈雙吊掛〉、〈三寶詞〉、〈香花送〉、〈瑤台贊〉等道經

30 如在2013道青團成立首半年，該團團員便先後拜訪了省善真堂、鼎信仙觀、九龍道德會龍慶堂、道教蘊一善壇、善玄精舍、雲泉仙館、嗇色園、青松觀、至和壇、翠柏仙洞、圓玄學院、飛雁洞佛道社、蓬萊閬苑、蓬瀛仙館等取經，以便將來更好培育道教青年領袖，讓道教薪火相傳。

31 為道教將來作好準備，道教青年團正式成立 . http://www.hktaoist.org.hk/index.php?id=152

樂，頗受好評。另一方面，該會成立的香港道教聯合會出版社近年來除了出版多本道教文化書籍外，亦善用網絡科技，出版香港道教界首套電子書——《2000 後・老子》，以擴闊道教文化在海內外的影響。

二、香港道教學院

香港道教學院在 1991 年由青松觀所創辦。該學院以發揚道教「尊道貴德」精神、勸化人心、匡正禮俗以及為往聖承道統，為後世繼絕學為宗旨。它先後開辦了道教文化研習班、道教文化研究班及基礎科儀班，由海內外著名學者如陳鼓應、湯一介、卿希泰和施舟人教授等來院授課。以 2015 年至 2016 年學年為例，課程由香港道教學院主辦、廣州中山大學比較宗教研究所協辦，當中的道教文化研習班提供了「宗教心理學」、「《黃帝陰符經》導讀」、「《太上玄門早晚功課經》」、「莊子與人生」、「論呂祖性命雙修之道」、「武當道教探秘：神仙、經典與修煉」、「道教與中國文學」、「《易・下系》」、「香港全真道堂科儀淺探」、「《黃庭經》導讀」、「早期全真教思想續談」、「洞天福地與道教宮觀建築」和「香港之民間信仰」的科目讓學員選修。當中的課程，不限於道教文化，亦涵蓋中華文化。如「道教與中國文學」一科便解釋了中國文學中的「小說」一詞實來源自《莊子・外物》的「飾小說以干縣令」，這令後來的傳奇小說與道家思想有密切的關係。

至於道教文化研究班，則以「發揚尊道貴德精神、促進道教學術發展、培養道教研究人材、弘揚中華優秀傳統文化」為教學宗旨。課程採用學分制，學員在取得 30 學分後，可向學院申請「初級文憑」；在取得「初級文憑」後，如再取得另外 15 學分，則可申請「高級文憑」。課程內容包括「中國哲學專題」、「宗教理論」、「儒家研究」、「道教思想史」、「兩漢至南北朝道教」、「隋唐道教」、「宋明道教」、「道教與民間信仰」、「道家研究」、「比較宗教學」、「周易研究」和「宗教心理學」等。

香港道教學院除正規課程外，亦經常舉辦大型的國際學術研討會和學術講座，例如：1994 年的「道家道教與中國文化」研討會、1996 年北京的「第一屆道家文化國際學術研討會」、1997 年的「道教與中國民間宗教學術研討會」、1998 年黃龍觀的「第二屆道家文化國際學術研討會」等。近年來，該院更善用網絡資源，將講座和活動的視頻放在網頁上，方便一般社會大眾瞭解道教的文化，當中的內容包括：「宗教面對面」系列的「怪獸家長」、「身．心．靈」、「神聖與世俗」、「人生際遇」；「道教講講講」系列的「道教死亡觀」、「道士生活」、「《南華經》漫談」、「道教學院做甚麼？」、「當代道教發展」、「道教與養生」、「道教的放戒」、「全真與正一」、「正一全真合的實踐」；「道教文化對話」系列的「不言之教可行嗎？」、「道教教育的根本」、「道教教育的宗教角色」以及「青松觀太平清醮」系列的「放水燈科儀」、「煉度科儀」、「正奏申文科儀」等。

第五節　其他機構

除儒家、佛家、道家社團重視傳統文化外，其他弘揚文化的機構，包括香港學校音樂及朗誦協會、全港青年學藝比賽大會、香港中華文化促進中心、香港人文學會、國際經典文化協會、濟川文化研究會、香港中華文化發展聯合會、香港儒學會等，均熱心推動香港的文化教育，功在社會。茲以機構成立先後為序，分述如下。

一、香港學校音樂及朗誦協會

香港學校朗誦節主辦單位——香港學校音樂及朗誦協會於 1940 年成立，為非牟利組織，協會旨在提高學生及教師對中、西樂，以及朗誦、戲劇、詩文及散文方面的水平及興趣。1949 年，協會舉辦首屆香港學校朗誦節，以達成該會的第三個宗旨：「推動學生及年青人積極唱奏出美妙樂韻，並透過朗誦表達心聲。」1952 年首次舉辦了中文歌唱項目，而 1960 年更加添中樂及中文朗誦，使中國文化藝術能藉此廣為傳播。目前，學校朗誦節分粵語、普通話和英語三大語言類別，涵蓋幼稚園、小學、中學、大學不同學習階段，是香港學界每年一度的盛事。多年來，筆者有幸參與其事，作為資深評判，實與有榮焉。茲撮錄 2015 年第 67 屆香港學校朗誦節中文朗誦比賽 12 個項目，以概其餘。

比賽項目	組別	比賽作品
韻文及散文獨誦	公開組	（一）東溝行–黃遵憲 （二）座右銘–崔瑗
詩詞獨誦	粵語女子組–中學五、六年級	（一）七哀詩–曹植 （二）桂枝香–王安石
	粵語女子組–中學四年級	（一）省試湘靈鼓瑟–錢起 （二）漁家傲–李清照
	粵語女子組–中學三年級	（一）感遇十二首（其七）–張九齡 （二）採桑子–歐陽修
	粵語女子組–中學二年級	（一）春夜喜雨–杜甫 （二）蘇幕遮–范仲淹
	粵語女子組–中學一年級	（一）村行–王禹偁 （二）清平樂–黃庭堅
	粵語女子組–小學六年級	水果們的晚會–楊喚
	粵語女子組–小學五年級	稻棚–劉半農
	粵語女子組–小學四年級	雨後–冰心
	粵語女子組–小學三年級	風–尹世霖
	粵語女子組–小學二年級	春天的腳印–謝武彰
	粵語女子組–小學一年級	太陽雨–韋婭
	粵語男子組–中學五、六年級	（一）讀山海經十三首（其一）–陶淵明 （二）西河・金陵懷古–周邦彥
	粵語男子組–中學四年級	（一）和子由澠池懷舊–蘇軾 （二）臨江仙–鹿虔扆
	粵語男子組–中學三年級	（一）擬行路難十八首（其四）–鮑照 （二）鵲橋仙–秦觀

（續前表）

比賽項目	組別	比賽作品
	粵語男子組－中學二年級	(一) 聽蜀僧濬彈琴－李白
		(二) 小重山－岳飛
	粵語男子組－中學一年級	(一) 贈從弟 (其二) －劉楨
		(二) 醜奴兒－辛棄疾
	粵語男子組－小學六年級	春天的魔術師－關登瀛
	粵語男子組－小學五年級	樂觀－胡適
	粵語男子組－小學四年級	月游 (節錄) －朱湘
	粵語男子組－小學三年級	小息－魏鵬展
	粵語男子組－小學二年級	播種－夏早
	粵語男子組－小學一年級	我要做個小仙人－林武憲
詩詞獨誦	普通話女子組－中學五、六年級	(一) 九歌・山鬼－屈原
		(二) 浣溪沙－晏殊
	普通話女子組－中學三、四年級	(一) 賣炭翁－白居易
		(二) 木蘭花慢・江行晚過北固山－蔣春霖
	普通話女子組－中學一、二年級	(一) 商山早行－溫庭筠
		(二) 山坡羊・潼關懷古－張養浩
	普通話女子組－小學五、六年級	深笑－林徽音
	普通話女子組－小學三、四年級	聽雪－金波
	普通話女子組－小學一、二年級	努力－陶行知
	普通話男子組－中學五、六年級	(一) 哀旅順－黃遵憲
		(二) 八聲甘州・寄參寥子－蘇軾
	普通話男子組－中學三、四年級	(一) 致酒行－李賀
		(二) 滿庭芳・夏日溧水無想山作－周邦彥
	普通話男子組－中學一、二年級	(一) 別雲間－夏完淳
		(二) 折桂令・登姑蘇台－喬吉
	普通話男子組－小學五、六年級	故事的老家－張曉風
	普通話男子組－小學三、四年級	停電了－謝武彰
	普通話男子組－小學一、二年級	小蝸牛－楊喚
散文獨誦	粵語女子組－中學五、六年級	我家在柳溪－劉鏞
	粵語女子組－中學四年級	杜鵑花與杜鵑鳥 (節錄) －舒慧
	粵語女子組－中學三年級	茶包 (節錄) －胡燕青
	粵語女子組－中學二年級	如果杜甫在中大 (節錄) －黃國彬
	粵語女子組－中學一年級	看雲 (節錄) －杏林子
	粵語女子組－小學六年級	給一位獨坐沉思的姑娘 (節錄) －宋詒瑞

（續前表）

比賽項目	組別	比賽作品
散文獨誦	粵語女子組–小學五年級	關窗子的道理（節錄）–小思
	粵語女子組–小學四年級	夜間的親吻–宋詒瑞
	粵語女子組–小學三年級	笑（節錄）–冰心
	粵語女子組–小學二年級	我喜歡（節錄）–張曉風
	粵語女子組–小學一年級	煩惱與創作（節錄）–陳之藩
	粵語男子組–中學五、六年級	把仲夏留給校園–朱少璋
	粵語男子組–中學四年級	書（節錄）–朱湘
	粵語男子組–中學三年級	尋夢（節錄）–東瑞
	粵語男子組–中學二年級	樹（節錄）–胡燕青
	粵語男子組–中學一年級	瀑布–柯藍
	粵語男子組–小學六年級	第一聲春雷（節錄）–張君默
	粵語男子組–小學五年級	只揀兒童多處行（節錄）–冰心
	粵語男子組–小學四年級	時針–孫建江
	粵語男子組–小學三年級	老牛–劉半農
	粵語男子組–小學二年級	禮物–杏林子
	粵語男子組–小學一年級	小朋友與不倒翁–孫建江
	普通話女子組–中學五、六年級	春的歡悦與感傷（節錄）–夏丏尊
	普通話女子組–中學三、四年級	《綠荷箋》序（節錄）–小思
	普通話女子組–中學一、二年級	山中雜記 —— 遙寄小朋友（節錄）–冰心
	普通話女子組–小學五、六年級	雨天的好心情–金波
	普通話女子組–小學三、四年級	寄小讀者・通訊七（節錄）–冰心
	普通話女子組–小學一、二年級	是誰家的孩子？（節錄）–宋詒瑞
	普通話男子組–中學五、六年級	回聲（節錄）–陶然
	普通話男子組–中學三、四年級	微笑的命運（節錄）–曾琪淑
	普通話男子組–中學一、二年級	敬酒歌–何達
	普通話男子組–小學五、六年級	米埔觀鳥記（節錄）–黃維樑
	普通話男子組–小學三、四年級	雨後的大森林–金波
	普通話男子組–小學一、二年級	為他人著想是⋯⋯（節錄）–阿濃
説故事	粵語小學五、六年級	指定自選誦材（從略）
	粵語小學三、四年級	指定自選誦材（從略）
	粵語小學一、二年級	指定自選誦材（從略）
二人朗誦	粵語中學五、六年級	南八男兒終不屈（節錄）–劉秋生選編
	粵語中學三、四年級	文化情辭賞對聯（節錄）–陳耀南
	粵語中學一、二年級	少年詩人（節錄）–劉秋生選編
	粵語小學組	優孟論馬–唐羚

（續前表）

比賽項目	組別	比賽作品
宗教作品朗誦	佛教詩文作品朗誦–粵語中學五、六年級	讓生活有新意（節錄）–霍韜晦
	佛教詩文作品朗誦–粵語中學三、四年級	《金剛經》之〈大乘正宗分第三〉
	佛教詩文作品朗誦–粵語中學一、二年級	《妙法蓮華經》之〈觀世音菩薩普門品第二十五〉（節錄）
	佛教詩文作品朗誦–粵語小學四至六年級	心的畫家（節錄）–聖嚴法師
	佛教詩文作品朗誦–粵語小學一至三年級	木魚–印順法師
	道教詩文作品朗誦–粵語中學五、六年級	逍遙遊（節錄）–莊子
	道教詩文作品朗誦–粵語中學三、四年級	前赤壁賦（節錄）–蘇軾
	道教詩文作品朗誦–粵語中學一、二年級	（一）詠茶–王重陽 （二）寄生草・飲–白樸
	道教詩文作品朗誦–粵語小學四至六年級	（一）詠孤竹–譚處端 （二）慶東原・青田九樓山舟中作–喬吉
	道教詩文作品朗誦–粵語小學一至三年級	（一）臥雲–白玉蟾 （二）山坡羊–陳草庵
幼兒獨誦	粵語	螢火蟲（一）–魏鵬展
	普通話	
歌詞朗誦	粵語中學四至六年級	一首傳世之歌–謝霆鋒曲　黃燕萍詞
	粵語中學一至三年級	醫生你真好–劉振華曲詞
	粵語小學組	種樹歌–劉振華曲詞
詩詞集誦	粵語男子或女子或男女合誦–中學五、六年級	（一）茅屋為秋風所破歌–杜甫 （二）賀新郎・別茂嘉十二弟–辛棄疾
	粵語男子或女子或男女合誦–中學三、四年級	（一）詠荊軻–陶淵明 （二）柳梢青–張煌言
	粵語男子或女子或男女合誦–中學一、二年級	（一）岳鄂王墓–趙孟頫 （二）卜算子・詠梅–陸游
	粵語男子或女子或男女合誦–小學五、六年級	香港年宵花市–孫重貴
	粵語男子或女子或男女合誦–小學三、四年級	今夜的風中–韋婭
	粵語男子或女子或男女合誦–小學一、二年級	雨–邵俞

（續前表）

比賽項目	組別	比賽作品
	普通話男子或女子或男女合誦–中學五、六年級	(一) 登池上樓–謝靈運 (二) 念奴嬌・過洞庭–張孝祥
	普通話男子或女子或男女合誦–中學三、四年級	(一) 洛陽女兒行–王維 (二) 訴衷情–陸游
	普通話男子或女子或男女合誦–中學一、二年級	(一) 夜歸鹿門歌–孟浩然 (二) 水調歌頭–蘇軾
詩詞集誦	普通話男子或女子或男女合誦–小學五、六年級	揚子江船夫曲–余光中
	普通話男子或女子或男女合誦–小學三、四年級	鐵匠鋪中–王統照
	普通話男子或女子或男女合誦–小學一、二年級	紙船 —— 寄母親–冰心
詩文集誦	粵語男子或女子或男女合誦–中學五、六年級	(一) 關山月–陸游 (二) 柳州東亭記–柳宗元
	粵語男子或女子或男女合誦–中學三、四年級	(一) 壚峰秋興–韋金滿 (二) 五嶽祠盟記–岳飛
	粵語男子或女子或男女合誦–中學一、二年級	(一) 客至–杜甫 (二) 孟子・公孫丑章句下（節錄）
	粵語男子或女子或男女合誦–小學五、六年級	(一) 四時田園雜興（六十首選一）–范成大 (二) 小雨（節錄）–也斯
	粵語男子或女子或男女合誦–小學三、四年級	(一) 題西林壁–蘇軾 (二) 蓮霧–謝武彰
	粵語男子或女子或男女合誦–小學一、二年級	(一) 春曉–孟浩然 (二) 舊日的校園（節錄）–何紫
散文集誦	粵語男子或女子或男女合誦–中學五、六年級	母親（節錄）–也斯
	粵語男子或女子或男女合誦–中學三、四年級	不卑不亢（節錄）–曾琪淑
	粵語男子或女子或男女合誦–中學一、二年級	醒來（節錄）–阿濃
	粵語男子或女子或男女合誦–小學五、六年級	冬天（節錄）–章衣萍
	粵語男子或女子或男女合誦–小學三、四年級	聲音聲音（節錄）–也斯
	粵語男子或女子或男女合誦–小學一、二年級	小「天文學家」的幻想（節錄）–宋詒瑞
校園生活集誦	粵語敬師篇 – 中學組	師説（節錄）–韓愈
	粵語敬師篇 – 小學組	頌師恩（節錄）–張詠茵

二、全港青年學藝比賽大會

1970 年代由於中國熱的影響，香港不少熱衷於中國文化的機構，有感當時的青年受到西方文化的影響，較少機會鑽研中國文化藝術，各個機構代表開始籌備舉辦多個大型青年學藝比賽，希望寓進修於競賽之中，這既可加強年輕人對中國文化藝術的興趣和認識，更可陶冶性情，納精神生活於正軌。1975 年，全港青年學藝比賽大會在香港政府民政署的支持下創立，目標加深青少年對中國語文、文化、學術及藝術的興趣和認識，從而提高其水平，並以此發揚中國傳統文化。成立初期，舉辦的比賽分為 5 項：寫作、演講、繪畫、翻譯及書法。發展至今，比賽項目已增至 18 項，由各民間文化機構主辦，當中有 13 項和中華文化直接相關，詳見下表：

比賽項目名稱	主辦單位	宗旨
中文寫作	港島獅子會	提高青少年對中文寫作之興趣，引起社會人士對中文寫作之重視，從而提高青少年之中文水平。
演講	國際聯青社	以培養青少年運用中國語言表達其演講技巧，發揮優美儀態為宗旨。
繪畫	觀塘扶輪社	以提高青年人學習國畫和西洋畫的興趣，陶冶品德及情操為宗旨。
中文書法	九龍樂善堂	以發揚中文書法藝術，提高青少年研習中文書法為要旨，藉以陶冶青少年之德性。
中文故事創作	香港西區扶輪社	鼓勵有志寫作的青年創作故事，從而提高其故事創作能力。
象棋	香港深水埗獅子會	以發揚國粹，鍛煉青年思考，並培育象棋界新秀人才為宗旨。
中國古典詩詞朗誦	港島獅子會	透過朗誦形式引發青少年對中國古典詩詞的興趣，以推動青少年多接觸中國古典文學，並瞭解當中精髓，使中國古典文學得以發揚光大。
對聯	全港青年學藝比賽大會	提高青年對「對聯」寫作的興趣和認識。
普通話朗誦（公民教育）	葵青獅子會	旨在提高全港中小學生的普通話朗誦及朗讀表達能力，並且透過比賽的文章選材，加強學生的公民意識。
中文詩創作	灣仔中西區工商業聯合會、鳳凰慈善基金會	提高青年對新詩和近體詩創作的興趣和認識。

（續前表）

比賽項目名稱	主辦單位	宗旨
粵曲	葵青工商業聯會	透過舉辦是項比賽提高青少年對粵曲之興趣，培養青少年的正面喜好，並弘揚中國傳統藝術文化。
醒獅	九龍總商會	提高青少年對醒獅的興趣，藉以鍛煉體格並弘揚中國傳統國粹。

上述各項比賽的參賽者主要來自各大專院校、中、小學生及年齡在45歲以下的在職青年，歷年參賽人次超過47萬人，應邀擔任評判的教授、學者及專家也逾百人。為了與時並進，進一步擴展會務，大會更自2004年起推行「學藝推廣計劃」，邀請名師宿儒到學校主持講座，藉以提高青年學子的國學根基，以及把學藝訊息帶入校園。多年來，筆者恭逢其會，或出任評委，或擔當顧問，深感各機構團體，眾志成城，上下一心，令人敬佩！

三、香港中華文化促進中心

香港中華文化促進中心於1985年成立，宗旨如下：

（一）提倡、介紹和弘揚中華文化；
（二）提高香港整體市民的文化素質和生活情操；
（三）推動香港和海內外華人文化界溝通，促進中華文化的發展；
（四）聯繫世界各地文化、學術機構，促進中外文化交流。

秉承這些宗旨，該中心分別在視覺藝術、表演藝術、學術研究、民族文化、民間藝術、歷史考察等多個範疇上，舉辦過逾千項活動，務求通過多元化的活動，在文化推廣方面達到學術與普及並重的目標。該中心認為，中華文化活動應高雅與普及並重，不限於某一文化或學術派別。同時主張傳統文化應與現代生活結合，在提供多彩文化之餘，推陳出新。該中心舉辦的課程包括：中華文化證書課程、敦煌藝術課程、香港史專題研究課程、對聯詩詞寫作班、昆曲賞析課程、中國園林藝術欣賞課程及文學創作坊等，可謂雅俗共賞。

中華文化證書課程由該中心與香港大學專業進修學院在 2000 年開始合辦，課程內容包括藝術、哲學、戲曲、文學、宗教等不同範疇，深入淺出地介紹中國文化的方方面面，從而為修讀者提供中華文化的基本知識，尤其是可向中小學文史科教師提供正規課本以外的文化補充資料。課程主要講題如下：

中華民族的形成
古典詩詞賞析
從敦煌藝術看民族與民俗
中國傳統戲曲賞析
佛教文化的形成、特色及影響
中國現代文學——文化脈絡下的閱讀
中國近代歷史概述（1911 至 1949）
儒家文化要義、發展及影響
中國民族概論
「易」文化的形成和影響
道家學說要義、發展及影響
書法藝術賞析
從《論語》看中華文化

敦煌藝術課程可說是香港中華文化促進中心所推動的中華文化課程中最富特色者。課程自 1992 年開始，該中心協助國學大師饒宗頤教授在香港開展「敦煌吐魯番專題研究計劃」。在該計劃下，每年均有一至兩位國內學者受邀來港，進行有關研究及學術交流。饒宗頤教授選擇在香港開展此研究計劃，源於香港是中西文化的交匯點，既可吸收世界各地的資訊，亦能延攬海內外的專門人員，更為培養本地專門人才起積極作用。後來該計劃易名為「中華文化專題研究計劃」，保持每年邀請一至兩位內地學者訪港研究，但研究專題則擴大了範圍，不限於敦煌文化方面。

此外，在 2003 年，香港中華文化促進中心主辦、商務印書館協辦敦煌藝術課程，由香港中文大學建築系教授何培斌主講。課程主要通過莫高窟，輔以經文文獻，展現中國早期的佛教文化，包括信仰內容、繪畫題材、建築、儀禮、佛像、寺院經濟等方面。同時，課程亦從藝術方面剖析敦煌的繪畫文化。課程講題如下：

簡介敦煌歷史背景及佛教圖像學	稚拙的北朝洞窟 —— 第 285 窟
纖巧的隋、早唐洞窟 —— 第 57 窟	成熟的早唐洞窟 —— 第 220 窟
絢爛的盛唐洞窟 —— 第 148 窟	壯麗的晚期洞窟 —— 第 61 窟

除了舉辦課程外，該中心亦與中國敦煌吐魯番學會、北京大學中國中古史研究中心及泰國華僑崇聖大學中國文化研究院自 1996 年起出版《敦煌吐魯番研究》學報，約每年出版一卷，以敦煌、吐魯番及相關地區的出土文獻研究為主，內容包括歷史、地理、美術、考古、語言、文學、宗教、政治、法律、經濟、社會各方面的傳統學術問題。

另一方面，敦煌文化亦不限於書本上的認識，該中心每年均舉辦不同主題、地點的文化考察團，讓參加者能夠親歷其境，從而探究中華文化的內涵。歷年舉辦的考察團包括西安、彬縣、平涼、莊浪、天水、寶雞考察之旅，首爾、坡州、北川、南山考察之旅，中亞烏茲別克文化考察之旅，百濟歷史文化探索以至以色列及約旦文化之旅等。

香港中華文化促進中心另一歷史悠久的課程，當為香港史專題研究課程，由著名香港史學者蕭國健教授主持。觀乎該課程的內容，主要集中利用香港傳統村落、寺廟和石刻講解香港歷史變遷，詳情如下：

講題	考察地點
香港古代史及香港傳統農業	清水灣佛堂門天后廟、田下山石刻、元朗錦田古跡等。
香港開埠前後的社會狀況	考察中上環區現存建築文物
香港之淪陷與日治時期	考察在港島現存的抗日作戰遺址：柴灣、黃泥涌等。
香港史研究的發展趨勢	大澳現存之建築文物
二十世紀香港之海防及軍事發展	城門棱堡及魔鬼山要塞
香港之民間信仰	港島南區現存石刻、廟宇
香港之傳統宗教	新界西部範圍之青山寺、青雲觀、長山古寺及崇謙堂等古跡
香港之文物與香港史研究	大埔墟、碗窯、泰坑、林村
香港新界之客籍移民與香港社會	沙田山廈圍、沙田黃屋、元朗凹頭潘屋、元朗逢吉鄉上將府及荃灣三棟屋
宗族繁衍與歷史發展	龍躍頭、平輋、禾坑
粵港海防研究	東莞虎門
客家與香港	惠陽深圳

除上述課程外，該中心亦曾舉辦比較專門的證書課程如「文物考古及文化遺產保護」，以供文化遺產保育和對中國考古文物有興趣人士修讀。課程內容亦見中華文化教育的元素：

考古學基礎	陶瓷鑒賞
中國文物學基礎	文化與環境的關係
華南民族與考古	粵西文化遺產實地考察
青銅器鑒賞	古建築入門並參觀歷史建築
考古調查方法並參觀遺址發掘	玉器鑒賞
文化遺產保護概論	書畫鑒賞

四、香港人文學會

香港人文學會在 1994 年成立，其前身是新亞研究所哲學會，由一班新亞研究所的學生在 1989 年所成立，當時僅以提高研究所內的學術風氣和加強校內哲學組同學的聯繫為宗旨，直至 1994 年才以學術團體的面貌出現，並擴闊至面向社會人士。該會自成立以來，一直關注文化教育的問題，由該會幹事在大學校外課程部及民辦書院開辦多個義教課程，包括中國哲學概述、中國文化要義、中國文化及哲學等。自 2003 年 2 月起，該會更與華夏書院合辦系列文史哲課程，當中又以哲學為主，並定名為「華夏人文學課程」(現稱「現代人文學課程」)，這反映了香港民間機構舉辦中國哲學思想課程的基本水平。2011 年至 2015 年舉辦與中華文化相關的課程如下：

年份	季度	課程名稱
2011 年	春	氣功概論；中華氣功學原理；中華氣功學歷史（一）（上古至漢代）；中華氣功學歷史（二）（魏晉至現代）；科學與中國文化；中國哲學概述；當代中國哲學；陸王心學研究；王船山人文化成論研究
	夏	道教哲學概論（特別課程）；中華管理智慧企業應用（特別課程）；《莊子》研讀（特別課程）；三百年來之中國哲學（特別課程）；禪的智慧與管理；易經智慧；宋明理學；現代中國知識分子之道德精神；中國哲學之道與孔子研究
	秋	氣功概論；中華氣功學原理；中國人文精神之發展）；《老子》研讀；《孟子》研讀；程朱理學經典研究；王船山哲學研究
2012 年	春	道教哲學概論；宗教信仰與現代中國文化；中國哲學的主流思想；《易經．系辭傳》概述；墨子與孟子之道研究
	夏	易經智慧；孟子立人之道
	秋	中國哲學的主流思想；與老子談天道，地道，人道，治道；牟宗三道佛論著研究；道家自然之道研究
2013 年	春	中華文化的現代應用：生命教育；老莊之道研讀；道家哲學原典研讀；佛家邏輯通析
	秋	《易》象占善；先秦人性思想；《論語》的哲學詮釋；牟宗三佛道論著研究；莊子之道研究
2014 年	春	中國哲學主流思想；秦漢人性思想；荀子之道研究
	夏	魏晉人性思想；韓非子之治道
	秋	中華文明史；老莊哲學；佛家人性思想；先秦名言之道研究
2015 年	春	《易》象占善；《墨子》的哲學詮釋；禮記易傳之道；禪宗和宋初言性之思想
	夏	易經智慧；秦漢學術人文之道；朱子之理氣心性論
	秋	中國佛學概述；魏晉才性、神仙與春秋學研究；牟宗三《心體與性體》研究；朱子與陸王之心性本體論

除了舉辦中國哲學文化課程外，香港人文學會亦積極舉辦中華文化思想和人文關懷的講座，自 2010 年至今主辦的講座共 270 多場，幾乎每星期均有一講題，現舉 2015 年度為例如下：

日期	講題
2015 年 1 月 2 日	《太上常清靜經》的宗教哲學探討
2015 年 1 月 9 日	當代老子詮釋一：唐君毅
2015 年 1 月 16 日	當代老子詮釋二：牟宗三
2015 年 1 月 23 日	夢裏乾坤：佛家的睡夢觀
2015 年 1 月 30 日	《維摩經》對天台宗『相即』體系之確立
2015 年 2 月 6 日	《道德經》新解廿五
2015 年 2 月 13 日	周易探源
2015 年 3 月 6 日	禪讓制度與歷史秩序
2015 年 3 月 13 日	《道德經》新解廿六
2015 年 3 月 20 日	莊子哲學之天生我才必有用
2015 年 3 月 27 日	如何憑音樂聆聽進入養生之門
2015 年 4 月 10 日	無憂花開 —— 佛教哲學與現代實踐
2015 年 4 月 17 日	佛家十大生活哲學
2015 年 4 月 24 日	快樂生活之道
2015 年 5 月 8 日	《太上常清靜經》的宗教哲學探討（二）
2015 年 5 月 15 日	淮南鴻烈的軍事兵略
2015 年 5 月 22 日	儒家政治思想
2015 年 5 月 29 日	老子與海德格
2015 年 6 月 5 日	論唐君毅先生對早期墨家思想的詮釋
2015 年 6 月 12 日	老子的人生政治哲學與西方現代文明之危機
2015 年 6 月 19 日	從佛法看真假問題
2015 年 6 月 26 日	程明道與張橫渠的工夫論的差異
2015 年 7 月 3 日	道教史趣談
2015 年 7 月 10 日	莊子是莽夫嗎？ —— 莊子的自由意志觀
2015 年 7 月 17 日	全球倫理、人權、與公共衛生
2015 年 7 月 24 日	道教思想史（一）
2015 年 7 月 31 日	莊子的後現代解構
2015 年 8 月 7 日	三法印與十二因緣
2015 年 8 月 14 日	再説誒拉克勒妥與莊子論同異一多
2015 年 8 月 21 日	尼采與莊子

（續前表）

日期	講題
2015 年 8 月 28 日	道教思想史（二）
2015 年 9 月 4 日	道教思想史（三）
2015 年 9 月 11 日	佛教天台宗與大乘起信論
2015 年 9 月 18 日	道教的民間祭祀文化
2015 年 9 月 25 日	Miri Albahari 與 Mark Siderits 對涅槃的詮釋
2015 年 10 月 2 日	道教思想史（四）
2015 年 10 月 9 日	從中西哲學觀點看「理性」與「非理性」的分辨
2015 年 10 月 16 日	宋明理學詮釋學重構（一）：周濂溪
2015 年 10 月 23 日	荀子思想及「誠」
2015 年 10 月 30 日	太極圖漫談
2015 年 11 月 6 日	佛教對人類生活的和平建設
2015 年 11 月 13 日	《華嚴經》之善財童子五十三參
2015 年 11 月 20 日	牟宗三先生的天人合一觀及其內在超越型態
2015 年 11 月 27 日	魏晉玄學
2015 年 12 月 4 日	心經與般若學
2015 年 12 月 11 日	水文化 —— 大道圓融學

五、國際經典文化協會

國際經典文化協會在 2004 年 3 月成立。溫金海主席憶述協會成立原因如下：[32]

> 近年香港社會爭拗不斷，各執己見，民意撕裂；若干學子，態度激烈、傲慢而令人側目。凡此種種，不免令人慨歎：和諧社會，從何說起？惋惜我國傳統理想如：己所不欲，勿施於人、和為貴、尊師重道、事有不得反求諸己、民無信不立、上善若水（這些也應該是「普世價值」吧！）等等，蕩然無存；而更感其可貴。

32　溫金海 . 主席的話 2015. 2015-5-16，http://www.icca.org.hk/page11780

凡事因果不爽。現今現象，實在是香港社會數十年來所種的「因」，必然的「果」。在 1974 年，唐君毅老師旅港時，深情而憂心忡忡地寫了《說中華民族之花果飄零》，指出我民族逐漸摒棄本身文化，對西方文明趨之若鶩，然而只得其形，不得其神；日漸變成無根而膚淺之眾。可惜，君毅老師擔憂的這趨勢一直不斷，乃至現今教育單位自我摒棄我國傳統文化中的古文、經典、乃至歷史，使年青一代，對四端、五常、八德等道德倫常、及歷史使命，瞠乎異物。這就像《法華經》中的「窮子喻」和「衣珠喻」，不知本身富貴，而徑往他方行乞，可不悲哉！

本不立，道何生？有識之士，洞燭機先，1995 年九位老人率先提出「建立幼年古典學校的緊急呼籲」，繼而先覺學者亦認知到恢復學習傳統文化的必要、逼切性，起而響應。本會慕隨前賢，十年來於海內外勉力推廣「全民經典」：由「兒童讀經」到「終身學經」及「以經行世」；誠冀傳承經典，繼承道統，重聽弦歌聲，再使風俗淳。

溫氏提及九位老人的緊急呼籲，正是指趙樸初、冰心、曹禺、夏衍、葉至善、啟功、吳冷西、陳荒煤和張志公九位一代著名文化人和學者，在 1995 年中國人民政治協商會議第八屆全國委員會第 16 號緊急呼籲的提案。他們認為，中國文、史、哲典籍浩如煙海，依靠中國青年在大學四年的攻讀，實無法掌握這批中國文化的瑰寶；為此，他們作出四項建議：第一，依靠兩三間實力較強的師範大學的中文系、歷史系、哲學系，成立幼年古典學校，使入學學生重點接受古典學科的基本訓練；第二：在此幼年古典學校或古典班中，歷代重要的文、史、哲名篇都要背誦，不必分科；第三，這些幼年古典學校或幼年班可先在大城市中設立兩三個試點；第四，幼年學校或幼年班的學生將來升入相當於中學的古典專科學校或師範大學附屬中學內的古典班，最後升入大學的中文系、歷史系或哲學系，畢業後從事與文學、歷史、哲學教研相關的機構工作。[33]國際經典文化協會有此成立背景，因此該會提倡的兒童讀經活動，並非過時的復古讀經運動，而是希望通過對幼年、青少年讀經活動的推行，使他們與中華文化精華重新接軌，從而負起傳承中華文化的使命。

國際經典文化協會以32字為宗旨：「聖賢為師，經典為友。闡古佐今，承先啟後。正心明志，道極中庸。幼學壯行，肇體大同。」其舉辦的活動，分三大主題。第一是「兒童讀經」，這是最基本、有效的學習方法，亦是該會現階段活動重點；其次是「終身學經」，經典文化，人人可學、人人皆學；第三是「以經行世」，學習經典，最終在「行」，以之提升品德、學養。

參考中國兩岸讀經運動的經驗，國際經典文化協會總結了對讀經活動的基本看法有三：其一為經典誦讀，尤其兒童讀經，是學習傳統文化的不二法門，用得其法，裨益甚多；其二為長遠而言，將經典誦讀、學習融入體制學校內課程，將是最有效普及全民，傳承文化的途徑；最後，該會並不認同把讀經看成是教育的全部，或不問老師素質，只刻意追求文字背誦的數量，這些不符全人教育的做法。他們相信傳統文化中的精神，如「過猶不及」、「因材施教」、「極高明而道中庸」、「教者，上所施、下所效」、「師者，傳道、授業、解惑」、甚至「灑掃應對」等，都是教育本質的至理、指南，值得教育者博學審問，慎思明辨，並篤行實踐。

國際經典文化協會主力在香港提倡「兒童讀經」的理念。所謂「兒童讀經」，該會認為是「兒童智慧開發之中西文化經典導讀」，即教導十三歲前的孩子們誦讀中西文化經典。例如四書五經、弟子規、千字文、唐詩、宋詞、及西方名篇如莎士比亞十四行詩等。該會相信熟讀

33 建立幼年古典學校的緊急呼籲 . http://www.dujing.org/ClCms/Article/ShowInfo.asp?InfoID=1093

經典，可以直探人性本源，輕便地吸收人生智慧，迅速地啟迪自己的理性，從而養成古人所說的「識見」或今人所說的「文化教養」。語文方面，這些中國經典對白話文寫作多有幫助。該會認為「讀經」應只著重「讀」方面，而不是「學」、「理解」或「背」經典。要落實這種「讀經」的方法，老師需要有「信心」、「愛心」和「恒心」，使小孩子喜歡誦讀經典。以 2015 年為例，該會便舉辦以 3 至 13 歲兒童為對象的「開發兒童德育智慧課程」親子班，通過誦讀唐詩 30 首（22 堂）、笠翁對韻（8 堂）的內容，讓學生學懂「孝、悌、忠、信、禮、義、廉、恥」的四維八德，掌握待人接物和處世之道。

另一方面，國際經典文化協會亦鼓勵從事兒童教育的老師或有興趣教授兒童讀經班的人士，參加該會舉辦的導師培訓班，以成為兒童讀經班的主持、傳承中華傳統文化的優秀導師。該課程分為兩個階段，內容如下：

（一）第一階段

1. 讀經理念、溝通、授課及表達技巧等方法
2. 教與學的道理及相關技巧
3. 瞭解兒童與生俱來的智能及學習難題與心態
4. 設計教案及教學策略等技巧
5. 如何培育兒童自尊自信（I）
6. 如何培育兒童自尊自信（II）及培育兒童學習動機

（二）第二階段

1.「兒童讀經班」觀課
2. 於正式讀經班任「助教」
3. 於正式讀經班任「試教」
4. 理事觀課

此外，參考「讀書百遍，其義自見」的古人學習智能，該會每逢星期日早上都舉辦針對成人的「論語一百」和「論語通識」齊誦《論語》的活動。每次活動四小時，首兩小時誦讀《論語》全文兩次，然後全體學生一同練習「平甩功」，鍛煉身體。之後兩小時則由溫先生講解《論語》其中一個章節，發揮當中的微言大義。

除了在該會會址舉行的上述活動外，該會在2009年起與香港大學漢語中心及香港中文大學雅禮中國語文研習所，聯合舉辦「經典翹楚榜」經典知識水平評核大會、書法比賽及徵文比賽。通過為參加者釐定評級，並於頒獎典禮上表揚參加評核者的讀經成果，以鼓勵各界人士誦讀、背誦中華文化經典，藉以提升文化素質。「經典翹楚榜」開始時只有香港和深圳兩地的學生參賽，至今已包括中山、天津，廣東、河南、泰國、馬來西亞等大中華地區學生參與。「經典翹楚榜」評核分六大組別：

幼苗組	幼稚園組	小學組
中學組	公開組	親子組

應評的內容，可以選擇該會指定經典，或自選篇章。內容以一千字為「一級」。自選篇章一般在《詩經》、《尚書》、《禮記》和《左傳》等選取，但需經該會事先認可內容，並評定「級」數。在進行評核時，評核老師在應評篇章內隨意抽取一句，要求應評者續背約五十字。每「級」抽背三句。「經典翹楚榜」指定的應評篇章如下，反映了香港讀經學生的水平：

編號	經典	字數	級數
01	弟子規	1400	1
02	三字經古本	1056	1
03	三字經章炳麟修訂本	1400	1
04	千字文	1000	1
05	增廣賢文	4420	4
06	朱柏廬治家格言	634	1
07	幼學瓊林卷一	3236	3
08	幼學瓊林卷二	5633	6
09	幼學瓊林卷三	5662	6
10	幼學瓊林卷四	5942	6
11	龍文鞭影卷一	1136	1
12	龍文鞭影卷二	888	1
13	龍文鞭影卷三	896	1
14	龍文鞭影卷四	1016	1
15	孝經	1903	2
16	大學	1753	2
17	中庸	3568	4
18	論語上	6500	7
19	論語下	9097	9
20A	孟子(全篇)	46928	47
20	孟子梁惠王第一章	7185	7
21	孟子公孫丑第二章	6796	7
22	孟子滕文公第三章	6556	6
23	孟子離婁第四章	6582	6
24	孟子萬章第五章	6705	7
25	孟子告子第六章	6757	7
26	孟子盡心第七章	6347	6
27	周易上經	7525	8
28	周易下經	7532	8
29	周易繫辭上傳	2862	2
30	周易繫辭下傳	2107	2
31	周易説卦傳、序卦傳、雜卦傳	2681	2
32A	老子(全篇)	5000	5
32	老子道經	2485	2
33	老子德經	2515	2

（續前表）

編號	經典	字數	級數
34	莊子逍遙遊第一	1762	2
35	莊子齊物論第二	3616	4
36	莊子養生主第三	714	1
37	莊子人間世第四	3363	3
38	莊子德充符第五	2268	2
39	莊子大宗師第六	3642	4
40	莊子應帝王第七	1324	1
41A	笠翁對韻（全篇）	6864	7
41	笠翁對韻上卷	3510	3
42	笠翁對韻下卷	3354	3
43	聲律啟蒙上卷	3132	3
44	聲律啟蒙下卷	3142	3
45	孫子兵法	7422	7

上述經典的評級，主要以字數多寡而定，並未以內容深淺而作劃分。可見「經典翹楚榜」著重「讀經」的傳統，不要求兒童在過早的年齡去勉強理解部分經典艱深的內容，而是留待兒童記誦一定數目的經典文字後，理解這些內容自然可水到渠成。

此外，國際經典文化協會亦積極製作誦讀中華文化經典的學習資源，由何叔惠老師指導，鍾偉明先生錄音，製作及出版「中華經典粵音誦讀」的系列書籍，讓有興趣推廣國學之學校及文教團體免費索取。該系列書籍共七冊，內容如下。第一冊：《弟子規》、《三字經》、《千字文》、《昔時賢文》、《朱柏廬治家格言》；第二冊：《孝經》、《大學》、《中庸》；第三冊：《論語》（上冊）；第四冊：《論語》（下冊）；第五冊：《老子》；第六冊：《莊子》；第七冊：《唐詩選》、《笠翁對韻》。

茲摘錄施仲謀教授序言節錄，[34] 以見其旨要。

34　見各冊書序三，2013.

經典是中華民族智慧的結晶，是全人教育的基石。《易》云：「蒙以養正。」從小培養兒童讀經的興趣，可以積累語言與文化修養，提高口頭和書面表達能力。所謂「讀書千遍，其義自見。」隨著學識增長，感悟加深，品德情意日漸薰陶，正確的人生觀得以樹立。

「與善人居，如入芝蘭之室，久而自芳；與惡人居，如入鮑魚之肆，久而自臭也。」優秀的經典，文化內涵豐富，思想內容健康，語言精煉優美，是最佳的誦讀材料。學子通過誦讀這些富有哲思和美感的篇章，與歷代聖賢展開心靈對話，可以直接體驗中華傳統文化的雋永魅力。

國際經典文化協會溫金海主席多年來積極弘揚讀經，因感本港以粵語為母語，然而粵語讀經，向無範本，遂奔波聯繫，力邀「播音皇帝」鍾偉明先生示範朗讀，更得宿儒何叔惠老師指導，編成《中華經典粵音誦讀》系列共七冊，現更蒙香港華人廟宇委員會贊助出版，免費送贈學校及文教團體，經文及錄音亦上載網站，以廣流傳。弘揚文化，啟迪智慧，千秋大業，功在社會！忝為經典研究的同道，我有幸能充當本書的讀者，並樂見其成，故欣然為序。

該會更大力推動「何叔惠老師選講歷代詩文」電子書計劃，將何老師以往的國學課程講義和錄音，集結成電子書，讓有興趣重溫何老師國學課程的人士在網上閱讀學習。內容包括《大學》、《中庸》、《論語》、《孟子》、《道德經》、《齊物論》選講和一系列駢文、古文、散文賦、詩詞，內容豐富，當中保存何老師講義的手稿，可謂彌足珍貴！[35]

35 何叔惠老師選講歷代詩文電子教材 . http://www.icca.org.hk/page1136

六、濟川文化研究會

濟川文化研究會在 2006 年由潘樹仁先生所創辦。潘氏認為「一小點水滴，濟濟一堂，就可以彙聚成河川」，所以成立該會，希望聚集社會上志同道合的君子，將中國古代的優良智慧結晶，貢獻給現代社會人士參考。

該會成立宗旨如下：第一，環境保護。潘氏著作《濟川：水的科學與哲學》一書，談論水的科學，強調人類需要認識濫用水資源，造成嚴重污染以及溫室效應，所以該會著重水的文化，希望增加社會人士保育自然的意識。[36] 第二，道德教育。該會通過舉辦「尊師孝親禮」和「成人加冠禮」，旨在通過禮儀引領青少年做到「克己復禮」，對他們未來成為有禮貌的員工進行準備。簡言之，潘氏提出通過各種慈善事業，使世人受惠，提倡自然養生之道，令人類身心健康，以實踐廿字哲學「忠恕廉明德正義信忍公博孝仁慈覺節儉真禮和」。[37]

根據潘氏在訪談中所表示，「尊師孝親禮」和「成人加冠禮」是該會現時最為著重的文化項目。現時中國台灣和內地均有「成人加冠禮」儀式的進行，作為青年人踏入成年的重要象徵儀式。至於日本，作為受中華文化深厚影響的國家，當地舉行的「成人加冠禮」尤其隆重。舉行加冠的青年人，動輒花費數萬港元製作和服，作為父母亦同樣花費相同的金額製作新和服，以示對加冠禮的重視和尊重。在香港，社會大眾對「成人加冠禮」認識不深，不少認為此儀式純粹是復古，而商界人士亦認為通過這些儀式成為儒家追求的「聖人」目標不切實際。面對這樣的疑問，潘氏一方面強調近年來香港教育和文化界講求創新，但觀乎上述日本的經驗，如果香港能夠重視「成人加冠禮」，香港的家長和社會大眾能

36　潘樹仁．濟川：水的科學與哲學 [M]. 香港：明報出版社，2006.

37　感謝潘樹仁先生接受訪問並提供資料，謹表謝忱。

夠花費整套「成人加冠禮」的禮服，本身便是頗有經濟價值的文化產業。更重要的是，香港和現代的青年，不少在成長的過程中缺乏人生目標，通過在初中和高中階段分別進行「尊師孝親禮」和「成人加冠禮」，讓參與儀式的青年認識到不同人生階段應該承擔的不同責任，代表他們由家庭教育、學校教育跨步到自我教育，著重個人的責任和承擔，由此培養有責任感的青年。濟川文化研究會作為香港首家舉行成人加冠禮的民間機構，其禮序表如下：

（一）奏樂，成人加冠禮典禮開始，主禮嘉賓暨全體貴賓進場登台就座。
（二）擊鼓鳴鐘 – 恭請貴賓擊明德鼓，鳴智慧鐘，擊鼓鳴鐘，九九歸一，贊天地之化育。
（三）唱誦校歌。
（四）主禮嘉賓致辭。
（五）致送紀念品予全體嘉賓，主辦機構及舉辦學校互相餽贈紀念品。
（六）大司禮恭讀禮文。
（七）加冠儀式 – 敬請主禮嘉賓主持，學子恭行拱手作揖禮答謝。
（八）約章宣誓。
（九）學員簽署約章，全體嘉賓見證，學員拱手鞠躬禮謝。
（十）學子朗誦《成人加冠禮謝恩辭》詩篇，感恩回禮。
（十一）致謝辭 – 濟川文化研究會會長。
（十二）學生擊鼓鳴鐘，盛禮圓隆。
（十三）祝賀 – 奏鳴古樂，同伸慶忱。
（十四）禮成。

禮文樣式：

維天運ＸＸ年Ｘ月Ｘ日之良辰，公元ＸＸＸＸ年Ｘ月Ｘ日，茲由濟川文化研究會、＜學校名稱＞舉辦，香港維多利亞聯青社及香港中華禮儀振興會協辦，於中華人民共和國，香港特別行政區，＜學校地址＞，為舉辦成人加冠禮事，竭誠至敬，謹正禱告

天地暨家長校友親朋等，蓋禮以冠為首，此人之為人者，可以容體正而和長幼，

聖人以禮樂詩書教化生民，導之以仁善，今莘莘士子，知其責任與承擔，當為己、為家、為社會負其行動之責，既勇且智，行於正道，明明德以親民，即仁義君子也，以此締建和諧社會，則可成幸福樂土，善為嘉勉。謹告以聞

成人加冠禮約章樣式：

本人ＸＸＸ，今已成人長大，感謝父母生育之恩，擁抱宇宙天地之情，懷緬師長教導之德，謹以至誠，為自己負責，為家庭負責，為社會負責，肩負責任與承擔，向社會貢獻，共同為人類建設幸福快樂，做一個有禮貌之成年人。

致謝辭樣式：

莊嚴典雅而隆重之成人加冠禮圓滿圓成，謹代表濟川文化研究會和XX中學，維多利亞聯青社和香港中華禮儀振興會之協辦，以至誠之心向主禮嘉賓暨各位貴賓，家長以及親朋戚友，所有老師會友，全體工作人員致以萬分謝忱。本會推廣成人加冠禮，提倡古代道德教育，引為現今青少年所用，使禮、樂、詩、書成為人生教育台階，開拓人生大道，提高教育及道德意識，培養富責任感之現

代公民，創建和諧大同之社會。中華國力興起之際，寶貴之文化遺產，必須由各位學子承擔發揚之任務，希望藉此盛禮，為大家增添智慧，面對新紀元之來臨，替全人類謀求幸福快樂。

今天帶著戰戰兢兢和莊嚴肅穆之心，主辦這個典禮，除了感謝校長給予機會之外，更希望各位同學經歷此次古文化之感染，激發創意思維，領悟時光之珍貴，人生不可以倒流，應用簡單而合宜之禮貌，可以敞開生命成長之大門，處世待人接物，以禮為先，勇猛負起責任，敢於承擔義務，為自己及家庭，社會與國家，遍及全人類，創建和諧樂土。用聖人之箴言與同學共勉：「外恭內敬，威儀之節，禮防淫邪，禮懲慢媟，禮以已亂，禮可成哲，人而無禮，禽獸何別。」更以喜上眉梢愉悅之心，祝各位健康快樂幸福。

成人加冠禮謝恩辭樣式：

(一) 雍穆盛典　甘露均霑　成人加冠　責任承擔
(二) 孺子謝恩　匍匐扶持　父母劬勞　孝順及時
(三) 忝列黌宮　師導諄諄　教化仁義　德智駢臻
(四) 長趣喜悅　禮樂薰陶　詩書勤習　效法賢豪
(五) 修文演武　生德濟世　蒼天蔭庇　風和日麗

為了吸引青年學生參加，上述的儀式要求參加者為自己改單字或雙字的「志字」，該會便以此雕刻印章，並由潘氏以學生選取的「志字」用書法撰寫對聯，令參加的學生對於在儀式中許下對自己的約章寄語留下深刻的印象，成為影響人生的一個重要轉捩點。

除了在中學階段舉行「尊師孝親禮」和「成人加冠禮」外，該會亦在小學舉行「尊師開筆禮」，希望小學生在啟蒙之時，便懂得尊師重禮，成為未來社會才德兼備的君子。此儀式的禮序表如下：

（一）奏樂，尊師開筆禮典禮開始，主禮嘉賓暨全體貴賓進場。
（二）擊鼓鳴鐘禮－恭請貴賓擊明德鼓，鳴智慧鐘，擊鼓鳴鐘九九歸一，象天地之贊生教化。
（三）學員誦唱校歌。
（四）主禮嘉賓致辭。
（五）致送紀念品予全體嘉賓。
（六）大司禮恭讀禮文－恭請校長朗讀禮文。
（七）尊師敬禮－學生向校長及老師行三鞠躬禮。
（八）校訓講解。
（九）開筆禮－恭請主禮嘉賓及貴賓替學生開筆寫字，一劃開天。
（十）嘉賓向學生贈送紀念筆，學生向嘉賓和老師送贈「文曲星」祝福及行禮。
（十一）學生宣讀「自勵詞」，向家長及所有嘉賓回禮，行一鞠躬禮。
（十二）高年級學長歌唱，讚頌學弟學妹開筆好學。
（十三）致謝辭－恭請濟川文化研究會創會會長潘樹仁教授致謝辭。
（十四）學長擊鼓鳴鐘向嘉賓尊敬回禮。
（十五）「尊師開筆禮」典禮圓成，古樂演奏，祝賀盛典完隆。

禮文表樣式：

維天運XX年X月初X吉日，〈節氣〉後之良辰，公元XXXX年X月XX日，茲由濟川文化研究會主辦，〈學校名稱〉舉辦，〈協辦機構〉協辦，於中華人民共和國香港特別行政區，〈學校地址〉，為舉行尊師開筆禮事，竭誠致敬，上表禱告天地星辰，老師暨家長校友親朋等，蓋學以師為尊，此大道之可以繼，而智慧之可開也，是以良師出高徒，賢德從小教，化民成善俗，其必由學始者，故古語云：玉不琢，不成器，人不學，不知理。學至善之道，先習其文，欲習斯文，必先用筆書寫，崇敬先

聖先師，創字筆之大義，今學子莘莘，禮服端儀正容，行開筆之盛典，尊老師之春風化雨，諄諄善導，點横撇直等，則一劃開天，八方成物載德，勤修仁義和風，君子學成才德，庶幾父母師長之願成矣。稽首禮謝，謹表以聞 。

致謝辭樣式：

由本會主辦之尊師開筆禮，在一劃開天之和諧氣氛裏完成，於此向全體主禮嘉賓，校長及老師，家長和所有工作人員等，致以萬分謝意，典禮簡單而莊嚴，希望各位少年學子能夠用心體會，尊師重道之傳統能夠永恆存在，就是人人必須從學習之中增加知識，提升智慧，尊重老師，使我們走著更廣闊之勤學道路，獲益良多，華夏文明擁有道德人生之價值內涵，中華文化之象形文字出於自然，同時具備藝術之元素，所以歷久彌新，更有無限之創意空間，用毛筆寫字，確實不是一件易事，是一種趣味性學習文化之開始。

其實在我們身邊，還有很多人須要尊重和景仰，即如父母和家人親屬，也有很多默默為社會貢獻之良朋益友，洋溢著無私奉獻之精神，人生各有不同之目標，必須從今天開始，勤力學習，才有達到目的地之日子，大家身旁，亦有多姿多采之趣味事物，等待著我們發掘和尋找，帶著勤與學，你一生都會充滿著快樂及喜悅。

學生朗誦自勵詞樣式：

(一) 啟蒙勤學　尊師重道
(二) 初生之犢孝雙親　學子練習開書卷
(三) 崇敬聖賢公德行　傳導授業解疑惑
(四) 勤奮提問智仁勇　砥礪琢磨樂趣多
(五) 開筆禮儀謹記心　才德兼修大器成

七、香港中華文化發展聯合會

香港中華文化發展聯合會（簡稱「香港文聯會」）在 2007 年成立，宗旨有三：(一) 凝聚有志推廣及發展中華文化的海內外人士；(二) 為促進中華文化發展事業提供人才、資訊與合作的平台；(三) 聯合社會各界精英，主辦和參與各類大型會議、各項文化藝術活動，共同推廣中華文化。香港文聯會舉辦多元化的文化活動，包括文化旅遊、講座、展覽、主題文化節、文娛比賽及培訓班等，以推動中華文化在香港的傳承工作。

香港文聯會的成立，源於該會成員認為現時香港的年青一代缺乏對中華文化的基本認識。該會相信文化是民族的靈魂，亦是民眾凝聚力的來源，對個人的心靈修為，亦非物質建設所能取代。為此，該會推動各方面的文化活動，推動中華文化在香港的傳播，以求代代相傳。香港文聯會舉行「歷史文化學堂」項目，以期成為香港中小學生學習中華文化歷史的資源，近期已舉行的學堂講題如下：

講題	講者
第一堂：大歷史視角下的國家公民教育	郭兆棠
第二堂：留學生與近代中國	麥勁生
第三堂：滬港之間的角力、互動與交流	梁元生
第四堂：孫中山．辛亥革命再認識	張偉國
第五堂：從敦煌到香港 —— 中西交通史概說	李焯芬
第六堂：和諧與矛盾：論清末至中共建國前的中港關係	丁新豹
總結：如何從大歷史角度學中國歷史	葉國華

特別的是，「歷史文化學堂」項目並非單向式講授中國文化歷史的文化活動，該項目更獲得香港優質教育基金資助，由該會與香港電台合辦名為「電台師生講古仔」的電台節目，由超過 50 所中、小學師生參與製作 80 集廣播劇，以他們的聲音演活中國歷史的帝王將相，頗能反映現時香港中小學生對於中國歷史的水平和基本的印象。茲摘錄 2013 年廣播劇劇目如下：

日期	劇目名稱	學校名稱
2013 年 1 月 6 日	烽火戲諸侯	潔心林炳炎中學
2013 年 1 月 13 日	當慈禧太后遇上維多利亞女皇	玫瑰崗學校（中學部）
2013 年 1 月 27 日	玄武門之變	風采中學
2013 年 2 月 3 日	公審秦始皇	玫瑰崗學校（中學部）
2013 年 2 月 10 日	顧維鈞與「巴黎和會」	新亞中學
2013 年 2 月 17 日	鴉片戰爭	嶺南衡怡紀念中學
2013 年 3 月 19 日	文革春秋	中華基督教會基道中學
2013 年 3 月 3 日	武后奪權	香港中國婦女會中學
2013 年 3 月 10 日	鼓浪嶼 @ 萬國博覽館	玫瑰崗學校（中學部）
2013 年 3 月 17 日	黃帝戰蚩尤	馬錦明慈善基金馬陳瑞喜紀念中學
2013 年 3 月 24 日	和陽明子有個約會	新界鄉議局大埔區中學
2013 年 3 月 31 日	萬曆皇帝的少年時代	保良局唐乃勤初中書院
2013 年 4 月 7 日	保著最後的一塊領土 - 鄭成功	玫瑰崗學校（中學部）
2013 年 4 月 14 日	巫蠱之禍	孔教學院何郭佩珍中學
2013 年 4 月 21 日	「五四」那些事兒	聖公會李炳中學
2013 年 4 月 28 日	李白與清平調	中華基督教會協和書院
2013 年 5 月 5 日	戊戌政變	獅子會中學
2013 年 5 月 12 日	宋家三姊妹	協恩中學
2013 年 5 月 19 日	五四的呼喚	香港道教聯合會圓玄學院第二中學
2013 年 5 月 26 日	伯夷與叔齊	新生命教育協會呂郭碧鳳中學
2013 年 6 月 2 日	偷運國寶？	裘錦秋中學
2013 年 6 月 9 日	守襄陽	伯特利中學
2013 年 6 月 16 日	拳民與太后	妙法寺劉金龍中學
2013 年 6 月 23 日	洪流中的胡適	香島中學
2013 年 7 月 5 日	告密・幽禁・流血	中華聖潔會靈風中學
2013 年 7 月 7 日	光緒，點解？點解？光緒	玫瑰崗學校（中學部）

（續前表）

日期	劇目名稱	學校名稱
2013 年 7 月 14 日	逝去了的歲月	中華基督教會協和書院
2013 年 7 月 21 日	智勇雙全藺相如	東華三院馬振玉紀念中學
2013 年 7 月 28 日	假如我活在明朝	明愛元朗陳震夏中學
2013 年 8 月 4 日	晚清之旅	寧波公學
2013 年 8 月 11 日	穿越時空之奪權	中華基督教會協和書院
2013 年 8 月 18 日	律勞卑－〈大清律例〉下的辛「勞」與「卑」微	英皇書院
2013 年 8 月 25 日	信賞必罰	保良局何蔭堂中學
2013 年 9 月 1 日	四面楚歌	佛教黃鳳翎中學
2013 年 9 月 8 日	西安事變	旅港開平商會中學
2013 年 9 月 15 日	「妃」凡的一生	中華基督教會協和書院
2013 年 9 月 29 日	馬關條約的恥辱	聖瑪加利男女英文中小學
2013 年 10 月 6 日	曹操好色	保良局何蔭堂中學
2013 年 10 月 13 日	甲午風雲	佛教黃鳳翎中學
2013 年 10 月 20 日	妲己亡商紂	中華基督教會協和書院

從上述中學師生聲演的廣播劇劇目來看，當中固然有屬於中華文化中「忠」、「孝」等儒家文化的故事如「伯夷與叔齊」、「信賞必罰」等，但其餘不乏頗有心思、著重中西連繫的主題，如「當慈禧太后遇上維多利亞女皇」、「顧維鈞與『巴黎和會』」，亦有出於假設歷史的題目如「假如我活在明朝」、「穿越時空之奪權」，更有借用歷史推陳出新的題目，如「萬曆皇帝的少年時代」，明顯借用孫中山先生「國父的少年時代」的歷史故事；另一題目「律勞卑－〈大清律例〉下的辛「勞」與「卑」微」，借用了當時清廷為英國首任駐華商務總監 Lord Napier 所作的中文譯名「律勞卑」為引旨，以示清廷對英國商人的蔑視，或許是鴉片戰爭發生的原因之一。這些新穎的評論，提高了中小學生對中國歷史文化的興趣。

2013 年，香港文聯會亦舉辦了優質教育基金資助的「西安歷史文化考察團」，共有 5 所中學參與。考察團完結後，中學生撰寫的感言頗能反映考察團對中學在中華文化教育方面的影響。西安作為秦朝的首都，中學生對秦始皇最感興趣，一般認為秦始皇是歷史上公認的暴君，但這次考察團卻改變了他們對秦始皇的觀感：「初認識秦始皇時，我認為他是個壞人；現時卻對他改觀了。當時人民的手藝及細緻的工藝品甚至比現時的更精巧。我們是否應該比秦朝更進步？」、「秦朝兵馬俑反映了當時秦始王動用浩大民力、殘殺人民，犧牲很多出色人才；同時反映秦朝的工藝及技術比現今的還要先進。」同時亦見現實與小說文化的分別：「身處華山，才知道它是那麼高峻和險要。怎可能如金庸在小說中描寫的『論劍』呢？」[38]

香港文聯會亦是香港少有除儒家以外，選取墨家思想——兼愛作為中華文化活動的主題。該會與 ROUNDTABLE 通識教育交流學會合辦「墨子工作坊」文化項目，取材自墨子「視人之國若視其國，視人之家若視其家，視人之身若視其身」的兼愛精神為理念，而放在現代社會實行一種不分階層、不分種族、不分性別、不論貧富的兼愛行動。此項目相信不求回報、平等待人、老吾老以及人之老的兼愛精神，正是義工服務，服務香港和社會有需要人士最適合的定位。

除了義工服務外，該會亦積極在香港中學推廣墨子的文化知識。香港中華文化發展聯合會秘書處的蘇雪冰便分享她在各中學宣傳墨子思想的經驗：「在天水圍香島中學，一位同學向她南亞裔的同學請教墨子問答題；……在華仁書院，偶見擁擠，一位同學站出來，用半玩笑的語氣說『和諧！和諧！請排隊！』，我笑了，眾男生都笑了，輪候的隊伍馬上恢復了秩序……不知道從甚麼時候開始，兼愛已成為本港同學生活的一部分！」[39]

38 「西安歷史文化考察團」參加者感言集 . http://www.hkccda.org/
39 「兼愛」早已成為生活常態 . http://www.hkccda.org/

八、香港儒學會

香港儒學會為香港著名國學大師陳湛銓弟子——黎世寬先生於2009年成立的學術文化團體，以弘揚中國文化、振興儒學、促進家庭及社會和睦為宗旨。該會通過舉辦詩文欣賞、文學創作、文藝座談、國學研習、專題講座及學術交流等活動，以推動香港普及儒學教育的發展。該會近年舉辦的講座、課程和活動如下：

日期	活動內容
2009年10月1日	〈天人合一〉講座和新亞學院考察
2009年12月20日	〈語言面面觀〉講座
2010年2月7日	〈《孔子》電影觀賞及座談會〉
2010年2月28日	〈孔子是誰〉講座
2010年8月27日	〈儒學與教學〉講座
2010年11月20日	歷史講座系列（一）：〈二戰風雲解碼〉
2011年10月5日	〈核能發電——人類何去何從？〉講座
2012年	課程：〈唐詩選講：杜甫詩選〉
2013年4月27日	〈易經應用與孔子哲學〉講座
2013年7月4日	儒學講座（一）：〈儒家之現代價值〉
2013年8月27日	〈從易經探討戀愛的真諦〉講座
2014年2月22日	〈打破易經之謎〉講座
2014年2月16至7月16日	周易系列課程五：〈2014年周易乾、坤文言課程〉（共20課）
2015年1月10日	〈不孝又如何——儒家孝道在二十一世紀仍然適用嗎？〉講座
2015年1月24日	〈打破易經之謎之二〉講座
2015年2月5日	〈周易：太極圖說〉國學講座
2015年3月8日至8月2日	周易系列課程六：〈2015易經六子課程〉（共20課）
2015年9月5日	〈易經探微〉國學講座
2015年10月至12月	國學講座：〈詩經選講：《衛風．氓》、《王風．黍離》、《小雅．小弁》、《鄘風．載馳》、《衛風．淇奧》、《齊風．雞鳴》〉（共6講）

該會一改以往國學講座單向講授的形式，在學生完成周易系列課程後，要求繳交作業，才能獲得修業證書。作業反映了學生從課程所學習《易經》知識的反思，頗能反映社會大眾對《易經》認知的一般水平。2013年，學會出版學員作品結集，書名《乾坤六子起予集》。2014年，

出版另一學員結集，名為《易經起予二集》。茲附施仲謀教授序言節錄[40]，述其因緣，僅供參考。

> 二零一一年一月，香港大學中文學院、國際經典文化協會及香港大學中華文化交流協會合辦中華經典講座，每星期日在香港大學舉行，歡迎港大同事、同學及社會人士參加，費用全免。首個課程由國際經典文化協會主席温金海先生主持。温主席表示，我們以身為中國人而自豪，因為中國是文明古國，有深厚睿智的五千年歷史文化。但隨著傳統文化斷層已近百年，現代中國人對本國傳統文化，普遍感覺遙遠而艱深。本課程嘗試提供一個從基礎起步，體驗式的中華文化學習法，讓學員找得門徑，做一個堂堂正正的中國人。課程共十二講，由啟蒙經典《三字經》、《千字文》、《弟子規》學起，除為每本經典作深入義理説明外，更教導學員經典誦讀的法門。計劃日後按同學進度及興趣，循序漸進學習儒、道、釋典籍，如《論語》、《大學》、《中庸》、《老子》、《莊子》、《心經》等。第二、三個課程是《周易》乾、坤文言，由黎世寬先生義務執教。黎老師認為，易為五經之首，實為天人之學，其道至大至深。微言大義，往往隱藏於卦象爻辭之中，若能潛心細翫其間，適足以安身立命。如《周易》倡天人合一，實即人應效法天地法則。如四時更替，得天道循環、生生不息之理，是謂天行健。效法之，則曰君子以自強不息。又坤卦之地勢坤，君子以厚德載物，謂大地長養萬物，人亦應以仁厚待人。近今世道澆薄，人多見利忘義，故須提倡儒學以撥亂反正，其中《周易》為最重要典籍，尤應大力提倡。課程反應熱烈，學員有六十多人。之後的六子課程，報名人數更多達一百二十餘人。

40 施仲謀 . 序一 . 乾坤六子起予集 [M]，2013.

黎世寬先生師從國學大師新會陳湛銓先生。自陳先生歿後，繼承絕學，教授易學多年，弘揚經典，不遺餘力。過去兩年，黎老師在香港大學傳授易學，學員獲益良多，感慨殊深。香港大學中華文化交流協會出版總監屠力文同學認同「士不可以不弘毅，任重而道遠」。但願這個活動能傳達一種文化使命感，從自己做起，一點一滴文化傳承。心理學系祝瑩瑩同學覺得老師既出色又用心，帶領大家開啟了一條通往古人智慧的大道。

黎先生集合了乾、坤文言課程學員論文四篇，六子課程學員論文十五篇，都十九篇付梓。這些論文，或則整理前人學説，或則成一家之言，皆為學員辛勤努力的心血成果。因感黎老師高風亮節，好古敏求，擇善固執，功在社會。同學們學古有獲，業精於勤，日新又新，令人敬佩。遂述其緣由，欣然為序。

跋語　香港中華文化教育的展望

跋語首先介紹研究團隊所進行的「傳統文化在香港的承傳和創新」實驗教學研究的內容與成果，然後從立足本地傳統文化推展到如何應對全球化。最後放眼寰宇，審視全球化對中華文化教育的挑戰與對策。末寓展望，寄語從事中華文化教育的工作者，不應只著眼於本地學生，而應當面向全球華人以至外國人，為他們提供學習漢語和中華文化的教學資源，以充分發揮香港作為東西文化交流的橋樑角色。

一、立足本地傳統文化

施仲謀研究團隊在 2003 年至 2011 年先後四次獲得香港教育局優質教育基金資助，進行普及中華文化的研究和實驗教學計劃，並有《中華文化承傳》、《中華文化擷英》、《中華經典啟蒙》、《中華經典導讀》四套叢書的出版成果。然而，上述的計劃主要涵蓋中華傳統經典文化，對於部分香港中小學生希望從身邊日常生活和歷史文化去瞭解中華文化，尚有發揮空間。另一方面，為全面落實香港課程發展議會《個人、社會及人文教育學習領域（中一至中三）》的教學目標，研究團隊在 2011 年將普及中華文化研究的焦點投放到綜合人文學習領域六大範疇中的「時間、延續與轉變」和「文化與承傳」，計劃全方位挖掘香港文化中豐富的傳統文化元素，讓學生通過與生活相關和緊貼社會發展的知識，切身地認識歷史、文化、道德傳統的承傳和變革，進而奠下文化創新的基礎。

對於學習者而言，從身邊的素材入手，由親身感驗而認知，學習效益將更為顯著。美國著名教育家約翰・杜威（John Dewey）提出「經驗學習」、「從做中學」的概念，美國著名組織行為學教授大衛・庫伯（David Kolb）進一步提出「體驗學習圈」理論，認為文化學習是由具體體驗、反思觀察、抽象概括到行動應用等四個階段所組成螺旋上升的完整過程。將個人、社會及人文教育的學習置於不同的時間、地方、制度、文化及價值體系之中，學習者透過研習不同的範疇，反思這些情境中出現的行為、事件和議題，得以探究現今實況、明白過去的關連及思考將來的種種可能性。我們在比較大中華圈的區域文化後，認為香港本地傳統文化將提供一個最佳的藍本。香港在中華文化的傳承、創新及轉化方面，留下許多有價值的探討內容，從中可見與傳統文化的共性及其特性，並呈現其文化的多元及深層內涵。[1]

在為期兩年的實驗教學計劃中，研究團隊面向全香港的中學生，舉辦一系列增強中學生認識富有中華文化特色的香港傳統文化活動，包括：通過全港對聯、風物介紹，注釋和評析撰文的「香港楹聯匯賞徵文比賽」；參觀客家三棟屋、屏山上璋圍和當時即將清拆的新蒲崗衙前圍村的「香港圍村考察」；追蹤著名文學家許地山、陳寅恪、朱光潛、張愛玲、戴望舒、黃霑、許鞍華、林夕等在香港大學足跡的「香港文學漫步」活動和「孫中山與香港大學」文化講座。除了文化活動外，計劃最重要的部份為香港傳統文化實驗教學計劃。計劃成功邀請了 23 所中學參與實驗教學，讓學生學習以下 12 個與香港傳統文化息息相關的範疇和內容：[2]

1　施仲謀、杜若鴻、鄔翠文編 . 香港傳統文化 [M]. 香港：中華書局，2013：i-ii；「傳統文化在香港的承傳和創新」計畫 [J]. 中華文化通訊，第 9 期，2012–5：1.

2　學習範疇 [J]. 中華文化通訊，第 9 期，2012–5：2–3.

歷史沿革	1. 南京條約與香港；2. 北京條約與香港；3. 展拓香港界址專條與香港；4. 孫中山的革命活動與香港；5. 香港九七回歸；6. 香港的文化政策；7. 香港的文化傳承；8. 香港的文化創新
名人蹤跡	1. 劉禹錫、韓愈詠屯門；2. 梁啟超途經香港；3. 魯迅三赴香港；4. 胡適在香港的演講；5. 陳寅恪在港大；6. 戴望舒在香港；7. 張愛玲在香港；8. 梅蘭芳在香港；9. 茅盾三過香港；10. 長眠港島：蔡元培、許地山、蕭紅
節慶活動	1. 太平清醮；2. 大坑舞火龍；3. 盂蘭勝會；4. 天后誕；5. 元宵節；6. 清明節；7. 端午節；8. 七夕節；9. 中秋節；10. 重陽節；11. 冬至；12. 農曆新年
民間風俗	1. 打小人；2. 通勝；3. 開燈；4. 大押（當鋪）；5. 婚禮習俗；6. 派平安米；7. 吉祥春聯；8. 赤口；9. 忌諱；10. 花牌工藝；11. 飄色巡遊；12. 舞龍舞獅
飲食文娛	1.「飲茶」文化；2. 涼茶；3. 鴛鴦奶茶；4. 龜苓膏；5. 齋菜；6. 盆菜；7. 廣東菜系；8. 飲食禁忌；9. 中醫養生；10. 功夫文化
倫理建築	1. 祠堂：屏山鄧氏宗祠、粉嶺彭氏宗祠、愈喬二公祠；2. 圍村：元朗錦田吉慶圍、粉嶺鄧氏宗族的觀龍圍；3. 墟市：元朗舊墟、廈村市；4. 宅第：新田大夫第、八鄉嶺梅莊、屏山清暑軒；5. 書室：覲廷書室、敬羅家塾、恩德書室、若虛書室；6. 建築與風水
廟宇古跡	1. 銅鑼灣天后廟；2. 上環文武廟；3. 元朗楊侯宮；4. 紅磡觀音廟；5. 大澳關帝古廟；6. 古塔 —— 聚星樓；7. 三棟屋；8. 李鄭屋古墓；9. 前九龍寨城衙門；10. 建築裝飾：陶瓷、屋脊、木雕、壁畫、棟樑、斗拱
香港園林	1. 荔枝角公園 —— 具「嶺南之風」；2. 南蓮園池 —— 仿唐園林；3. 九龍寨城公園 —— 仿明末清初江南園林；4. 北區公園 —— 具揚州古典園林風格；5. 鳳德公園 —— 以《西遊記》為主題；6. 志蓮淨苑 —— 仿唐寺院
語言文學	1. 粵方言的形成與分佈；2. 粵方言與古詩欣賞；3. 文學作品中的粵方言詞；4. 粵方言吉祥語的文化意象；5. 古雅的文字 —— 粵方言本字趣談；6. 粵語經典流行曲；7. 文學作品：招子庸的《粵謳》、唐滌生的《帝女花》；8. 武俠小說：梁羽生作品、金庸作品
國學風貌	1. 錢穆；2. 牟宗三；3. 徐復觀；4. 唐君毅；5. 張君勱；6. 饒宗頤
粵劇曲藝	1. 粵劇發展史；2. 神功戲；3. 戲神 —— 田及竇、華光；4. 獨特的表現形式：唱、念、做、打、腳色行當、特技表演、戲曲器樂、人物臉譜、戲曲服飾、戲曲題材；5. 戲曲的社會功能：祭祀、節慶、賀喜、自娛、聯誼
宗教信仰	1. 道教：青松觀、蓬瀛仙館、黃大仙祠、圓玄學院；2. 佛教：寶蓮禪寺、青山禪院、佛誕；3. 孔教：孔誕慶典、孔教學院；4. 天后：天后得名沿革、天后傳說、天后崇拜的流播、天后崇拜活動、天后崇拜的內涵；5. 關公：史家筆下、文學中的關羽、由人到神 —— 關公崇拜之形成、誰人拜關公、關帝廟、關帝崇拜與忠義文化；6. 民間諸神：門神、財神、陸羽、土地公、車公、觀音借庫、福祿壽、七姐、祖先

節慶活動中的「太平清醮」、「大澳端午龍舟遊涌」、「盂蘭節」和「大坑舞火龍」等活動，在 2011 年由香港特區政府獨立申報成為第三批國家級非物質文化遺產。香港傳統民俗文化的重要性，於此可見一斑。

二、應對全球化

當二十一世紀的鐘聲敲響時，也意味著全球化時代離我們越來越近。人類的文化，在未來時代將何去何從？中西文化，又可如何為未來社會的繁榮和穩定做出貢獻？費孝通先生說得好：「各美其美，美人之美，美美與共，天下大同。」假若，不同文化之間能良性互動，合力共振，則我們相信，「天下大同」之願景，並非只是遙不可及的夢。

不管你承認與否，全球化作為一個客觀的經濟、文化以至政治的歷史進程，已成為當今世界發展的潮流。人類文明，已進入了一個全新的時代，它正在突破以往時間和空間的局限，把世界的各個角落越來越緊密地聯繫起來，使各國政治交往更加頻繁，文化交流更加密切，經濟活動連為一體，產生全方位的互動共生。

今天的世界歷史，交往性和開放性日益擴大，與傳統社會的封閉性完全不同。隨著資訊科技的迅速發展和全球經濟的一體化，帶來了資訊傳播內容與方式的革命性改變，開闢了文化傳播與交流的新時代，各種思想、觀念迅速傳播，產生相交影響。

在新的時代格局下，地域空間的限制越來越顯得無足輕重，從而，各個民族和國家，不同文化之間相互融合日益加強，無論其文化歷史背景如何，處於何種發展階段，政治社會制度如何，都不可能完全孤立於世界的進程之外。這不僅對各國的社會、經濟、政治產生深遠的影響，形成新的發展理念和管理模式，同時也將改變人們固有的思維方式以至價值觀念，物質和精神面貌為之煥然一新。

掀開人類文化的歷史，我們清楚看到，中西文化的交匯與碰撞，有著悠久的足跡。十八世紀前，中華文化一直居於世界文化的領先地位，亦對世界文化的進展起著積極的影響。而自十九世紀中葉後，中國由於政治、經濟和社會等因素，內憂外患，中華文化隨著中國國際地位的每下愈況，也顯露出不足之處。於是，近一百多年來，西方文化主導了世界文化的歷史進程。

從文化傳統來看，悠久的中華文化既有落後的一面，也積澱了優秀的恒久價值，雖經歷史的洗禮而絲毫不減其光澤。比如，和而不同的包容胸懷、自強不息的文化精神、天人合一的終極關懷、仁義禮智的道德理想、追求和平的淑世精神等等，這既是中華民族的財富，也是傾向於工具理性、科技主導、經濟實利的西方文化所欠缺的，正可彌補西方文化的不足；而西方文化如重視民主、自由、科學、法治之精神，深具時代意義，是過去倫理型的中國社會較忽略的，則可通過轉化和吸收，成為刷新中華文化的寶貴資源。

在日本、韓國、越南、新加坡等明顯受華夏文化影響的國家地區，接受中文教育的海外華人比較容易認同華夏文化；而即使在美洲、歐洲和澳洲等非華夏文化圈的海外華人，也能夠認同華夏文化，這才是中文教育的更高目標。在澳洲推動中文教育多年的孫浩良，提出中文教育應有的三個特點：第一，讓在海外出生和生活的華人子弟認識中國語言，瞭解中華文化，從而培養中華民族的自信心；第二，協助海外華人整合和凝聚力量；第三，作為東西文化交流的橋樑。當中以第三點最為重要，因為華人子弟一般在日校接受英文教育，回到家裏和週末的中文學校則使用中文，所以他們一開始便生活在東西文化交流的環境下，實際上成為理想溝通東西文化交流的中間人。[3]

無可否認，英文現時仍然是世界上主要的國際語言。在全球化的浪潮下，中華文化教育可否以英文作為教學媒介語？早於 1994 年，時任新加坡副總理的李顯龍便指出，以英文來推廣中華文化並非完全理想：「語言、文化和價值觀是息息相關、脈脈相傳的，假如我們用另一種語

3 孫浩良 . 海外華文教育 [M]. 上海：上海人民出版社，2007：1–6.

言，比如說英語，來表達華族的文化和價值觀，在翻譯的過程中，可能只是翻譯了原文的 70% 或 80%，一些原有的色彩和意義就無法全面地解釋與表達。」李氏更指出，學習華文有著讓學習者打開認識中國古典文化大門鎖鑰的好處。[4] 當然，李氏的看法建基於當時新加坡 78% 的人口屬於華裔，故此即使新加坡的第一語言為英文，新加坡相對於其他華裔聚居的東南亞國家如馬來西亞、印尼等國，仍然有較多的華文報刊、典籍、電視等渠道，讓新加坡華人能夠掌握華語的使用，並以此瞭解中華文化。

然而，對於完全不懂漢語、已屬海外華人第二代和第三代以至外國人，要傳播中華文化，使用英文作為媒介是無可避免的選擇。施仲謀任教香港大學期間，為國際學生開設中文入門課程，著重口語聽説能力訓練，教材採用英語和漢語拼音，教學語言用英語，學習成效甚佳。據李祖清的分析，英文之所以成為國際通用語言，在於英文屬拼音文字，易學易掌握。容易掌握，才能夠普及；能夠普及，才能談得上國際化。[5] 目前，中文電腦越來越普及，漢字可以用拼音輸入，也可以用聲音輸入，在針對外國人的短期中文課程而言，減少或避免認讀、書寫繁難漢字的障礙，用漢語拼音作為拐棍，這對習慣拼音文字的拉丁語系的外國人而言，應是普及中文教育的可行方案。

香港作為東西文化交流的重要橋樑，香港的中華文化教育不應只狹隘地以香港學生為主要的受眾，而是應該面對全球化，面向眾多海外華人以及外國朋友對學習漢語和瞭解中華文化的強大需求。香港的國際漢語學者和教育工作者，可考慮用英文撰寫面向非華裔外國人的中華文化

4　張亞群．東南亞地區華文教育面臨的文化傳承問題辨析．莊善裕編．東南亞地區華文教育文集 [C]. 廣州：暨南大學出版社，1996：127.

5　李祖清．21 世紀華文教育新動向 —— 華文教育國際化．中國海外交流協會文教部編．第三屆國際華文教育研討會 [C]. 北京：華語教學出版社，1999：147.

基礎教材以至入門書籍。施仲謀的 *Introduction to Chinese Culture*（《中華文化精粹》，北京大學出版社，2011），是這方面的嘗試。該書分八個部分，包括 Myths and Legends（神話與傳說）、Festivals and Folklore（節日與民俗）、Scenic Spots and Historic Sites（風景與歷史遺跡）、Food and Sports（飲食與體育）、Arts and Crafts（藝術與工藝）、Language and Literature（語言與文學）、Thought and Enlightenment（思想與啟蒙）和 China and the World（中國與世界）。當中既不乏中華傳統色彩的故事如嫦娥奔月、木蘭從軍、桃園結義、梁山伯與祝英台、白蛇傳等千古傳誦的故事，也有外國遊客到訪中國必然接觸的事物和禮儀，如春節、清明節、端午節、中秋節、盆菜、茶、酒、剪紙藝術等。作者嘗試通過 56 個故事，從不同角度詮釋中華文化，務求令外國讀者更容易理解中華文化及其深層意義。[6]

三、展望

「歷史如人一般，永不停步。」中國具有數千年的悠久文化傳統，在人類的文明進程中作出了突出的貢獻，刻下了深深的烙印。未來的中華文化，又將何去何從？中華文化，如何不斷充實自己，延續歷史的光芒，卓立於世界文化之林？

以開放的胸襟迎接、吸納新的文化要素是應有的前提。中華文化既不是固守傳統，也不是照搬西方的思維模式，而是要在中國固有文化的基礎上建立起來，體現時代精神。在吸收不同的文化優點時，誠如蔡元培所言：「非徒輸入歐化，而必於歐化之中為更進之發明；非徒保存國粹，而必以科學方法，揭國粹之真相。」[7]

---

6 SI CHUNG MOU, SI YUN CHENG. Introduction to Chinese Culture [M]. Beijing: Peking University Press, 2011: iv-vi, 25.

7 《北京大學月刊發刊辭》。

中西文化，互有長短，擷取「華梵聖哲之義諦，東西學人之所說」，互補不足，正是最佳的途徑。而「欲求超勝，必先會通」[8]，兼通中西之學而折其衷，高瞻遠矚，面向世界，非盲目地信古、復古。它不是把傳統文化全盤接收或全面否定，而是要甄別糟粕和精華，然後進行正確的取捨，發揚其優良特質，古為今用。

作為一個文化傳統深厚的泱泱古國，文化傳統的「斷裂」，事實上是不可能做到的，倡導文化傳統的現代意義，「並非認為傳統文化與現代沒有任何衝突，可以原封不動地保存下來，而是立足現實，從傳統文化中汲取可以為今天所用的東西。」[9]

圍繞中華文化的研究工作自五四運動至今，行將走過一個世紀的歷程，如今，海內外的「中華文化熱」正方興未艾。1980 年代以來，學者們紛紛參與了中華文化討論，各種不同的觀點、理論和主張，以多維視野反思中華文化，審視世界文化，思考中西文化的多元互補格局，促進了文化觀念的更新。其最終目的，正是為中華文化的未來探索一條適應時代變化的可行之道。

也正是基於這一認識，21 世紀伊始，本著香港在地理上的優勢，我們正式啓動「中華文化世紀工程」，全面落實中華文化的普及教育。這個工程，從小學、初中到高中，以至大學，由淺入深，設置中華文化各個階段不同的學習內容，從而建構漸進式和系統化的文化學習模式[10]，希望使我們的下一代從小就增進對優秀中華文化的認識、反思和認同，提高批判性思維和獨立思考能力，培養正確的倫理道德觀念，並為衡量傳統文化對當今世界的意義奠定基礎。

---

8 《明史・徐光啟傳》。

9 參見張岱年、方克立主編 . 中國文化概論 [M]. 北京：北京師範大學出版社，2004 年 1 月第 2 版：361.

10 參見施仲謀、杜若鴻 . 中華文化教學的漸進式和系統化研究 [C]. 華人地區漢語教學國際學術研討會，2004.

我們認為，香港教育界應該編寫一系列採用文言文原文經典，但同時具有現代元素的全新讀物。研究團隊開展了「論語與現代社會」和「三字經與現代社會」(https://www.eduhk.hk/analects/) 等研究計劃，目的是讓中小學生多接觸傳統文化，並提升語文水平。我們關注如何提升學生學習中文的興趣，諸如建立網站、設置應用程式、設計有聲書等，都已付諸實行；我們也嘗試結合學生的學習內容和日常生活，這亦是海外華人子弟學習中華文化所面對的共同問題。因此，研究團隊在編寫實驗教材時，嘗試以孔子學說的中心思想、現代社會發展所面對的種種困難，以及學生在個人成長過程中所面對的問題為核心，我們設計了如「談交友」、「怎樣當領袖」、「孔子喜歡賺錢嗎？」、「孔子迷信嗎？」等單元，目的都在引起學生的興趣，並引發作深入思考。

另一方面，傳統文化的內容，必須與最新的現代資訊科技相結合，以引起學生的學習興趣。香港教育大學的「看動畫 · 學歷史」項目 (http://achist.mers.hk/chihistoryanime/)，以生動活潑的動漫呈現十位中國歷史人物生平事跡，啟發學生學習中國歷史、文化和品德情意。另一「與『文』同樂學習計劃」(https://chin.eduhk.mers.hk/)，製作中國語文科動漫、多媒體電子遊戲及配套教材，旨在透過生動多元的學習經驗，培養學童對中國語文及文化的興趣，並藉此建立良好品德。這都是初具成效的具體例子。

這樣安排，是為了讓學生明白他們所學習的中華文化，並不是已經逝去的歷史，而是今天仍然能夠活學活用、增進個人智慧的活知識。我們認為，在編寫中華文化教材時，應該設身處地考慮學生所處的生活環境和社會狀況所可能面對的問題，並結合多媒體的應用。教材編寫者須嘗試從中華文化中挖掘適切的元素和恰當的歷史文化故事，以提高學生的學習興趣，更不應只抱持中華文化本位，故步自封；而是要進行跨文化的比較探究，尊重多元文化，接受不同意見，開闊心胸，有容乃大。

這樣才能令學生、教師和教材三者在教學的過程中作良性互動，從而加強學習的成效。

文化的發展是不可能一蹴即就的。中華文化要以其嶄新的面貌展現於今日世界，在全球化時代發揮應有的作用，就始於我們當下的共同努力。

參考文獻

中文部分

1. 蔡思行 . 香港史 100 件大事（上）[M]. 香港：中華書局，2012.
2. 曹順祥編 . 惠僑英文中學教研文集 —— 以普通話教授中國語文 [M]. 香港：惠僑英文中學，2005.
3. 陳必祥主編 . 中國現代語文教育發展史 [M]. 昆明：雲南教育出版社，1987.
4. 陳方正 . 與中大一同成長：香港中文大學與中國文化研究所圖史，1949–1997 [M]. 香港：中國文化研究所，2000.
5. 陳光磊 . 漢語：跨文化走向世界 [M]. 上海：上海三聯書店，2014.
6. 程美寶 . 地域文化與國家認同：晚清以來「廣東文化」觀的形成 [M]. 香港：三聯書店，2006.
7. 大學國文講義 [M]. 香港：香港中文大學出版社，1973.
8. 大一國文教材 [M]. 香港：大雅文化服務社，1980.
9. 鄧家宙 . 香港佛教史 [M]. 香港：中華書局，2015.
10. 鄧仕樑 . 語文能力和文學修養：新世紀語文和文學的教與學 [M]. 香港：三聯書店，2003.
11. 鄧又同 . 香港學海書樓藏書目錄 . 香港：香港學海書樓，1988.
12. 丁保福 . 佛學大辭典 [M]. 北京：文物出版社，1984.
13. 丁新豹 . 香港早期之華人社會（1841–1870）[D]. 香港：香港大學（博士論文），1988.
14. 丁新豹 . 香港歷史散步（增訂版）[M]. 香港：商務印書館，2010.
15. 杜祖貽 . 從王力教授「只作白話文」的觀點説起並試論文言文的存廢 [J]. 語文雜誌，第 7 期，1981-1：8–9.
16. 方鏡熹 . 中學中國語文科課程綱要評議 [J]. 香港中文大學教育學報，第 16 卷 2 期，1988.
17. 方駿 . 賴際熙與早期港大中文教育的發展 . 方駿、羅天佑編 . 中國史探賾 [M]. 香港：華夏文化藝術出版社，2009.

18. 方駿、麥肖玲、熊賢君編 . 香港早期報紙教育資料選萃 [M]. 長沙：湖南人民出版社，2006.
19. 方美賢 . 香港早期教育發展史（1842–1941）[M]. 香港：中國學社，1975.
20. 郭霖沅編 . 大學國文析義 [M]. 香港：東南印務出版社，1972.
21. 顧明遠、杜祖貽編 . 香港教育的過去與未來 [M]. 北京：人民教育出版社，2000.
22. 何萬貫 . 論語文文學教育的普及化 [J]. 語文雜誌 . 第 7 期，1981–1：13–14.
23. 何文勝 . 世紀之交香港中國語文教育改革評議 [M]. 香港：文化教育出版社，2003.
24. 何文勝 . 從能力訓練角度論中國語文課程教材教法 [M]. 香港：文思出版社，2006.
25. 何文勝主編 . 中國語文教育百年暨新世紀的語文課程改革 [M]. 香港：香港教育學院，2004.
26. 胡文仲 . 文化與交際 [M]. 北京：外語教學與研究出版社，1994.
27. 黃顯華、李玉蓉 . 學校試行新修訂中學中國語文課程的經驗 [M]. 香港：香港中文大學教育學院，2006.
28. 黃汝嘉、蕭寧波 . 香港少數族裔小學生的中文能力水平 [J]，基礎教育學報，第 18 卷第 2 期，2009：123.
29. 檢討提高語文能力措施工作小組 . 檢討提高語文能力措施工作小組報告書 [M]. 香港：教育署，1989.
30. 賴際熙 . 荔垞文存 [M]. 香港：香港學海書樓，1974.
31. 李家樹 . 香港語文教學策略 [M]. 南京師範大學出版社，2000.
32. 李俊菁 . 漢字教學中的文化導入 [M]. 哈爾濱：黑龍江大學，2011.
33. 李學銘、何國祥編 . 語文運用、語文教學與課程：語文教育學院第五屆國際研討會論文集 [C]. 香港：香港教育署，1990.
34. 李學銘、何國祥編 . 何去何從？關於九十年代語文教學、培訓課程的策畫、管理與執行問題 [M]. 香港：香港教育署，1991.
35. 李學銘、何國祥編 . 語文教與學素質的維持與達成：語文教育學院第七屆國際研討會論文集 [C]. 香港：香港教育署，1992.
36. 李祖清 . 21 世紀華文教育新動向 —— 華文教育國際化 . 中國海外交流協會文教部編 . 第三屆國際華文教育研討會 [C]. 北京：華語教學出版社，1999.
37. 梁崇榆 . 我的願望 [J]. 語文雜誌 . 第 7 期，1981-1：12.
38. 梁小島 . 鄭培凱做一個大寫的「中國人」[N]. 文匯報，2009-8-26.

39. 林愷欣 . 從政治退隱到文化抗逆：港澳兩地清遺民的文化志業研究 [D]. 香港：香港大學（博士論文），2014.
40. 劉洋 . 在民國：遜清遺民的文化心態與詩詞書寫 [D]. 長春：吉林大學（博士論文），2012.
41. 盧湘父 . 童蒙書三種 [M]. 香港，1931.
42. 馬忠傑 . 伊斯蘭教知識觀淺説 —— 兼談伊斯蘭教育 [J]. 中國穆斯林 . 1992 年第 6 期：18.
43. 毛鈞年 . 從沒有異議的地方做起 [J]. 語文雜誌 . 第 7 期，1981-1：11.
44. 閔智亭 . 道教的根本教理及其核心信仰 [J]. 中國宗教 . 2003 年 04 期：48–49.
45. 明基全編 . 教不倦：新界傳統教育的蛻變 [M]. 香港：香港區域市政局，1996.
46. 區志堅 . 香港大學中文學院成立背景之研究 [J]. 香港中國近代史學報（第 4 期），2006.
47. 區志堅 . 闡揚聖道，息邪距詖：香港尊孔活動初探（1909 至今）. 湯恩佳編 . 儒教、儒學、儒商對人類的貢獻 —— 第二屆儒學國際學術研討會論文集（下冊）[C]. 香港：香港孔教學院，2006.
48. 區志堅 . 香港學海書樓與廣東學術南下 . 陳明銶、饒美蛟編 . 嶺南近代史論：廣東與粵港關係 1900–1938[M]. 香港：商務印書館，2010.
49. 歐陽禎人 . 對外漢語教學的文化透視 [M]. 北京：北京大學出版社，2009.
50. 潘樹仁 . 濟川：水的科學與哲學 [M]. 香港：明報出版社，2006.
51. 亓華 . 中國對外漢語教學界文化研究 20 年述評 [J]. 北京師範大學學報（社會科學版），2003 年第 6 期（總第 180 期）：104–109.
52. 容國章 . 談談英文書院的中文課程 [J]. 中文通訊 . 第 6 期，1956-3：15.
53. 施仲謀 . 中國內地、台灣、香港、澳門語文能力測試與比較 [M]. 語文出版社，1996.
54. 施仲謀 . 語言教學與研究 [M]. 北京：北京大學出版社，2005.
55. 施仲謀 . 語言與文化 [M]. 香港：中華書局，2013.
56. 施仲謀主編 . 漢語教學與研究新探 [M]. 香港：中華書局，2016.
57. 施仲謀、杜若鴻、鄔翠文 . 中華文化承傳 [M]. 北京：北京大學出版社，2007.
58. 施仲謀、杜若鴻、鄔翠文 . 中華經典導讀 [M]. 北京：北京大學出版社，2010.
59. 施仲謀、杜若鴻、鄔翠文 . 中華經典啟蒙 [M]. 北京：北京大學出版社，2011.
60. 施仲謀、杜若鴻、鄔翠文 . 香港傳統文化 [M]. 香港：中華書局，2013.
61. 施仲謀、杜若鴻、鄔翠文、潘健 . 香港學生看中華文化 [M]. 廣州：暨南大學出版社，2007.

62. 施仲謀、杜若鴻、鄔翠文、潘健．中華文化擷英 [M]. 北京：北京大學出版社，2010.
63. 施仲謀、何偉幟．量體裁衣 —— 談香港大學的「大學中文」教學 [J]. 中國語文通訊．香港中文大學中國文學研究所吳多泰中國語文研究中心，卷 93，第 2 期，2014 年 7 月：77–81.
64. 施仲謀、何志恒編．中國語文教學新探 [M]. 香港：商務印書館，2018.
65. 施仲謀、李敬邦．論語與現代社會 [M]. 香港：中華書局，2017.
66. 施仲謀、李敬邦．三字經與現代社會 [M]. 香港：中華書局，2020.
67. 施仲謀、廖佩莉編．漢語教學與文化新探 [M]. 香港：中華書局，2017.
68. 施仲謀、廖先編．朗誦與朗誦教學新探 [M]. 香港：商務印書館，2019.
69. 施仲謀、葉植興．朗誦教與學 [M]. 香港：中華書局，2009.
70. 單周堯編．香港大學中文學院歷史圖錄 [M]. 香港：香港大學中文學院，2007.
71. 蘇文擢．當前中文教育的教者與教材 [J]. 語文雜誌．第 7 期，1981-1：16–17.
72. 蘇文擢．邃加室講論集 [M]. 台北：文史哲，1985.
73. 孫邦正．教育概論 [M]. 台北：中正書局，1955.
74. 孫浩良．海外華文教育 [M]. 上海：上海人民出版社，2007.
75. 湯國華編．道教知識 [M]. 香港：香港道教聯合會學務部，1996.
76. 唐秀玲等編．語文和文學教學 —— 從理論到實踐 [M]. 香港：香港教育學院，2004.
77. 吐露春風五十年：香港中文大學中文系圖文集 [M]. 香港：香港中文大學中國語言及文學系，2015.
78. 王齊樂．香港中文教育發展史 [M]. 波文書局，1982.
79. 王賡武編．香港史新編 [M]. 香港：三聯書店，1997.
80. 王力．王力談語文教育與文化 [J]. 語文雜誌．第 7 期，1981-1：3.
81. 王陽明撰、鄧艾民注．傳習錄注疏 [M]. 上海：上海古籍出版社，2012.
82. 吳倫霓霞編．邁進中的大學：香港中文大學三十年，1963–1993[M]. 香港：中文大學出版社，1993.
83. 湘父學塾祝聖特刊 [M]. 香港：1930.
84. 香港大學中文學會．中文學會七十周年紀念特刊 [M]. 香港：香港大學中文學會，2002.
85. 香港教育工作者聯會．中小學教師對「推廣普通話和簡體字」的意見調查簡報 [N]，明報，2007-7-12.

86. 香港課程發展處 . 集思廣益（二輯）：開展新世紀的普通話教學 [M]. 香港：香港教育署中文組，2000.
87. 香港課程發展委員會 . 中學中國語文科課程綱要 [M]. 香港：政府印務局，1978.
88. 香港課程發展委員會 . 中國文學科課程綱要 [M]. 香港：政府印務局，1986.
89. 香港課程發展委員會 . 學會學習–課程發展路向 [M]. 香港：政府印務局，2001.
90. 香港課程發展議會 . 中國語文科：小學課程綱要 [M]. 香港：政府印務局，1990.
91. 香港課程發展議會 . 中國語文科：中一至中五課程綱要 [M]. 香港：政府印務局，1990.
92. 香港課程發展議會 . 中學中國語文科課程綱要 [M]. 香港：政府印務局，1990.
93. 香港課程發展議會 . 目標為本課程中國語文科學習綱要補編 [M]. 香港：政府印務局，1996.
94. 香港課程發展議會 . 中國語文課程指引（初中及高中）[M]. 香港：政府印務局，2001.
95. 香港課程發展議會 . 中國語文教育學習領域：中國文學課程指引（中六）[M]. 香港：政府印務局，2002.
96. 香港課程發展議會 . 中國語文教育學習領域課程指引（小一至中三）[M]. 香港：政府印務局，2002.
97. 香港課程發展議會 . 小學中國語文建議學習重點（試用）：聆聽，說話，閱讀，寫作，語文學習基礎知識 [M]. 香港：政府物流服務署，2008.
98. 香港課程發展議會、香港考試及評核局聯合編訂 . 中國語文課程及評估指引（中四至中六）[M]. 香港：政府物流服務署，2007.
99. 香港考試局 . 1983 年香港中學會考中國語文科考試報告 [M]. 香港，1983.
100. 香港中文大學 . 中國語文教學研討會報告書 [M]. 1970.
101. 香港中文大學文物館編 . 三十年入藏文物選粹 [M]. 香港：中文大學文物館，2001.
102. 香港中文大學中文系大學圖文教材小組編 . 大學國文教材（現代漢語之部）[M]. 香港：華風書局，1986.
103. 蕭國健 . 清初遷海前後香港之社會變遷 . 台灣：商務印書館，1986.
104. 謝錫金、李銳清、馮瑞龍編 . 中文教育論文集第二輯（上冊）[C]. 香港：香港大學課程學系，1994：64.
105. 許振興 . 清遺民經學家寓居香港時期的史學視野 —— 區大典《史略》考索 [J]. 中國學術年刊（第 34 期），2012.

106. 許振興 . 1912–1941 年間香港的經學教育 . 施仲謀編 . 百川匯海 —— 文史譯新探 [M]. 香港：中華書局，2013.
107. 學海書樓九十年 [M]. 香港：學海書樓，2013.
108. 葉至善編 . 葉聖陶答教師的 100 封信 [M]. 北京：開明出版社，1989.
109. 尢嘉博編 . 尢列集 [M]. 香港：尢嘉博，2002.
110. 余英時 . 中國文化史通釋 [M]. 香港：牛津大學出版社，2010.
111. 張岱年、方克立主編 . 中國文化概論 [M]. 北京：北京師範大學出版社，2004 年 1 月第 2 版。
112. 鄭楚雄 . 教場觀隅錄：雜説香港文化、教育 [M]. 香港：進一步媒體，2009.
113. 中國語文研究所吳多泰中國語文研究中心編 . 大學國文教材（古代漢語部分）（試用本）[M]. 香港：華風書局，1987.
114. 中六教育工作小組 . 中六教育工作小組報告書 [M]. 香港：政府印務局，1989.
115. 周漢光編 . 優質中文教學 [M]. 香港：香港中文大學出版社，2000.
116. 周明之 . 近代中國的文化危機：清遺老的精神世界 [M]. 濟南市：山東大學出版社，2009.
117. 朱家科 . 大學英語教學中的文化教學 [M]. 武漢：華中科技大學出版社，2009.
118. 朱自清 . 國文教學 [M]. 香港：香港太平書局，1963.
119. 莊善裕編 . 東南亞地區華文教育文集 [C]. 廣州：暨南大學出版社，1996.
120. 鄒麗琴 . 對外漢語漢字教學的文化透視 [M]. 長沙：湖南師範大學，2014.
121. CLAIRE, KRAMSCH. 語言教學的環境與文化 [M]. 上海：上海外語教育出版社，2004.

英文部分

1. BARRY, TOMALIN, and SUSAN STEMPLESKI. Cultural Awareness [M]. Oxford University Press, 1993.
2. BROWN, PENELOPE and STEPHEN C. LEVINSON. Politeness: Some Universals in Language Usages [M]. Cambridge: Cambridge University Press, 1987.
3. CANALE, M. and SWAIN. Theoretical Bases of Communicative Approaches to Second Language Teaching and Testing [J]. Applied Linguistics, 1980.
4. GILES, HOWARD, and BYRNE. An Intergroup Approach To Second Language Acquisition [J]. Journal of Multilingual and Multicultural Development, 1982, 3(1): 17–40.

5. HAMMERLY, H. Synthesis in Language Teaching [M]. W A: Second Language Publications, 1982.
6. HANVEY, R. G. An Attainable Global Perspective [M]. Denver, DC: Center for Teaching International Relations, 1976.
7. KRAMSCH, C. J. Communicating Attitudes and Values in the Foreign Language Classroom [J]. Foreigi n Language Annals 16, 1983: 437–48.
8. KROEBER, A. L., and KLUCKHOHN, C. Culture: A Critical Review of Concepts and Definitions [M]. Harvard University Peabody Museum of American Archeology and Ethnology Papers 47, 1952.
9. LADO, R. Linguistics across cultures: Applied Linguistics for Language Teachers [M]. University of Michigan Press: Ann Arbor, 1957.
10. LUSTING, M. W. and KOESTER, J. Intercultural Competence: Interpersonal Communication Across Cultures [M]. 5th ed. Boston, MA: Pearson, 2006.
11. NOSTRAND, H. L. Describing and Teaching the Socialcultural Context of a Foreign Language and Literature, in A. Valdman (ed) [M]. Trends in Language Teaching, New York: McGraw-Hill, 1966: 1–25.
12. MORAN, P. Teaching Culture: Perspectives in Practice [M]. Boston: Heinle, Cengage Learning, 2001.
13. PEARCE, W. B. Interpersonal Communication: Making Social Worlds [M]. New York: HarperCollins College Publisher, 1994.
14. SAMOVAR, L.A. and PORTER, R. E. (ed.) Intercultural Communication: A Reader (6th ed.) [M]. Belmont, CA: Wadsworth, 1972/1991.
15. SAPIR, E. Language: An Introduction to the Study of Speech [M]. New York: Harcourt, Brace & World Inc., 1921.
16. SCHUMANN. J. H. Research on the Acculturation Model for Second Language Acquisition [J]. Journal of Multilingual and Multicultural Development, 1986.
17. SCHUMANN, J. H. The Acculturation Model for Second Language Acquisition. In R. C. Gingras. (ed.) Second Language Acquisition and Foreign Language Learning [M]. Washington, D.C.: Center for Applied Linguistics, 1978.
18. SEELYE, N. Teaching Culture: Strategies for Foreign Language Educators [M]. Lincolnwood: National Textbook Company, 1993.
19. SI, C. M. and SI, Y. C. Introduction to Chinese Culture [M]. Beijing: Peking University Press, 2011.

20. STERN, H. H. Issues and Options In Language Teaching [M]. Oxford: Oxford University Press, 1992.
21. TYLOR, E. Primitive Culture: Researchers Into the Development of Mythology, Philosophy, Religion, Language, Art, and Custom [M]. London: J. Murray, 1920.